Hawaiian Dictionary
for
Hula Dancers
たくさんのメレ(うた)から集めた言葉たち4

はじめに

この本を手に取っていただき、ありがとうございます。おかげさまで、シリーズ第四弾の完成です。前三作同様、ハワイ語の歌「メレ」の意味を知るための本です。日本のフラダンサーとハワイアン・シンガーのために作りました。歌の意味を知ってこそ踊りに心を込めることができます。この本がハワイの歌を歌い踊るシンガー&ダンサーのお役に立てることを願っています。

この本を通して、大好きなハワイの魅力、文化がより多くの人に伝わったらぼくは幸せです。歌の内容からハワイアンの考え方、価値観が透けて見えてきます。

さて第四弾の内容です。新たに選曲した100曲のメレから言葉を集めて五十音順に並べた辞書形式の書籍です。それぞれの語に対して以下の情報がつめ込まれています。

●見出し語　カタカナ表記
五十音順に並べることを考慮し、以下のルールのもとに表記しています。
1. カハコー(ā)、オキナ(ʻa)はあえて反映しない
2.「wa」は「ヴァ」と発音することもありますが、「ワ」で統一

●見出し語　ハワイ語アルファベット表記
●発音　カタカナ表記
●言葉の意味（＋解説）
●用例　（メレの歌詞から引用）
●用例の意訳
●用例出典メレのタイトル

言葉を集めるにあたって選曲したソングリストは巻末にあります。歌詞用例逆引きができるよう、曲名、曲解説、キーワード（地名、人名、植物・動物・風・雨などの固有名詞）リスト、用例掲載の単語番号を並べました。

単語から、曲タイトルから、どちらからもメレ言葉の意味調べに入っていくことができます。

メレの言葉ひとつひとつの意味を知って歌い踊る、心を動かす素敵なシンガー／フラダンサーを目指すあなたのそばに、いつも本書があることを願って。

よしみだいすけ

あの言葉

ア a / ā [ア/アー]

接続詞、前置詞
〜と、〜の、そして、〜するとき、〜まで 他
用例：Kū aku la 'oe i ka Malanai a ke Kipu'upu'u
あなたは立つ、マラナイとキプウプウの風の中
[ホレ・ワイメア]
用例：Lei 'ohu'ohu 'oe Maui nui a Kama
Ka roselani onaona o ke 'ala hola
レイで飾られる、偉大なカマ王のマウイ
ロゼラニ、広がる香りの心地良さ
[レイ・オフ]

▼ ノ・ナ・カウ・ア・カウ＝永遠に（季節に次ぐ季節）
用例：He lei pāpahi no ku'u kino
No nā kau ā kau
私の体を飾るレイ
永遠に
[クウ・レイ・マイレ]
▼ ア・メ
→ アメ ā me / ame

〈1〉

ア 'ā [アー]

① 炎、灼熱。燃える、燃やす、灯す
用例：'Ā! luna, 'ai lalo, ne'ene'e 'eā
'O Pele ka wahine mai Kahiki 'eā
上へ下へと燃え広がる
カヒキから来た女神ペレ
[アイア・ラ・オ・ペレ・イ・ハワイ]
② あー！（感嘆）

〈2〉

アア a'a [アア]

根
用例：'A'ole nō e pau lilo ana
I ke a'a kūpa'a o ka 'āina
完全に失われはしない
この地に張った不動の根
[ヘ・レイ・アロハ（ノ・ヒロ）]

〈3〉

の言葉

アアラ 'a'ala [アアラ]

良い香り、甘い香り、高貴な、上品な

用例：He 'ala kou e māpu mai nei la honi 'a'ala e pili ai kāua
あなたの香り、漂ってくる甘い口づけ、二人を一つにする
[ピカケ・ラウナ・オレ]

〈4〉

アアリイ 'a'ali'i [アアリイ]

【植物】ハワイアン・ハウチワノキ（羽団扇の木）赤い花のように見える紙状の種子の鞘が特徴の低木。1センチ大の黄／赤色のカプセル状の実をつける。実の房を葉とともにレイにする。ハワイ火山国立公園やマウナケア、ハレアカラで見られる。

用例：'Auhea wale 'oe e ke 'a'ali'i
Pua lei māhua i ke anuanu
あなたはどこに、アアリイの花よ
寒い場所で生い茂るレイの花
[クウ・レイ・フリリ]

〈5〉

アイ
ai［アイ］

① 性交、性的関係を持つ

② 先行詞を修飾する節
▼イ＋動詞＋アイ
用例：I laila kāua i walea ai
Me ka wai 'o ka 'ūlālā'ehō
そこで二人は楽しむ
歓喜の水で
［ナニ・コオラウ］

③ 指示、強意
▼エ＋動詞＋アイ
用例：He 'ala kou e māpu mai nei
la honi 'a'ala e pili ai kāua
あなたの香り、漂ってくる
甘い口づけ、二人を一つにする
［ピカケ・ラウナ・オレ］

④ アイア aia の短縮形

アイ
aʻi［アイ］

イーと同義
歌の中で代用されることが多い
用例：Ha'ina ka puana a'i lohe 'ia
Kou inoa hanohano (kau) i ka 'iu
歌に伝える、聞こえるように
敬意を表してあなたの名を
［ヘ・レイ・アロハ（ノ・ヒロ］

の言葉

アイ
'ai ［アイ］
① 食物、食用植物
用例：Māhuahua ka 'ai o Hoi
Ua lupalupa i ka wai o Pū'ōlena
豊富な食物、ホイのタロ
プオレナの水で元気に育つ
［アロハ・クウ・ホメ・ア・イ・ケアロヒ］

② 食べる、破壊する、（溶岩・火が）焼き尽くす
用例：'Ai a mā'ana, inu a kena
Ke aloha ia o nā kūpuna
満腹に食べて、たくさん飲んで
祖父母の愛を受けて育った
［クウ・ワ・リイリイ］

〈8〉

アイ
'ā'ī ［アーイー］
首
用例：▼レイ・アイ＝首にかけるレイ
He pulelo ha'aheo a i ka makani
Kō hainakā nui lei 'ā'ī
首に巻いたあなたの大きなバンダナ
誇らしげにはためく、風の中
［クウ・ホア・ホロリオ］

〈9〉

アイア
aia ［アイア］
ある／いる、そこ／どこ
用例：Aia i Hāmoa i ka 'ehukai
A he wehiwehi ho'i i ka ulu hala
ハモアにある波しぶき
ハラの林が生い茂る
［エオ・ハナ］

〈10〉

アイナ
'āina [アーイナ]

土地、大地
用例：He 'āina nani kamahoi, kamaha'o
'Āina i ke ahi a Pele
素晴らしい景観、並外れて
ペレの火の地
[アイナ・オ・ミロリイ]

〈11〉

アイラナ
'ailana [アイラナ]

① 愛する、恋する、惚れる
用例：Poniu 'ailana ku'u mana'o
Ke 'ike i ka nani a'o ia pua
愛しさ募るこの思い
花の美しい姿
[クウ・レイ・フリリ]
② 島（英語の island が語源）

〈12〉

アイワイワ
āiwaiwa [アーイワイワ／アーイヴァイヴァ]

驚くべき、すてきな、神秘的な
用例：He home noho mau na ka Wahine
Ka āiwaiwa nani o Kīlauea
女神の定住地
キラウエアの驚くべき美しさ
[カウ・ヌイ]

〈13〉

アウ
au [アウ]

① 私（は、が）
ワウ wau ともいう。
用例：'A'ole au e 'auana hou
Ke maopopo he Hawai'i au
もうさまよったりしない
気づいたから、私はハワイアン
[ヘ・ハワイ・アウ]
② 漂流する、(海に) 浮かぶ、急ぐ

〈14〉

の言葉

アウ a'u [アウ]

私
用例：E ku'u lei mae 'ole
A'u i kui a lawa
私の枯れないレイ
私が繋げる
[ヴェヒヴェヒ・オエ]

⟨15⟩

アウアウ 'au'au [アウアウ]

浸す、浸かる、入浴する
用例：Paoa 'ia nā pali o Makana
I ka wai 'au'au o Kanaloa
強く香るマカナの頂
カナロアの水を浴びて
[フエノエ・マイカイ・ケ・アロハ]

⟨17⟩

アウ 'au [アウ]

①泳ぐ、遠くの海を行く
用例：E 'au mai ana i Lālākea
Ma'e'ele ku'u kino
ララケアで泳いでみたら
ぞくぞくする私の体
[ワイピオ・パエアエア]
②突き出す（岬、小島）
③車軸、ハンドル

⟨16⟩

アウアナ 'auana [アウアナ]

漂う、さまよう、転々とする
用例：'A'ole au e 'auana hou
Ke maopopo he Hawai'i au
もうさまよったりしない
気づいたから、私はハワイアン
[ヘ・ハワイ・アウ]

⟨18⟩

アウイリ／アヴィリ
'āwili [アーウィリ／アーヴィリ]

混ざる、混ぜる、からみつく
用例：Hoʻoheno i ka wai o Palahemo
Ia wai ʻāwili me ke kai
尊いのはパラヘモの水
海水と混ざる水
[カウ・ヌイ]

〈19〉

アウエ
auē [アウエー]

おー！わー！あー！などの感嘆詞
用例：Ākea ka moana o ka Pākīpika ē
Lei e nā moku ē, auē ē, Hōkūleʻa ē
太平洋の大海原に、島のレイを紡ぐ
おー！（なんて素晴らしい）ホクレアよ
[カウラナ・カ・イノア・オ・ホクレア]

〈20〉

アウクウ
ʻaukuʻu [アウクウ]

【動物】ゴイサギ。ハワイ在来種の陸鳥
用例：Ua like nō a like, iā
Me ka ʻaukuʻu kiaʻi loko, iā
それはまるで
中を覗くゴイサギみたい
[クヒヘワ]

〈21〉

あ の言葉

アウヘア
'auhea [アウヘア]

疑問文で「どこに」、肯定文で「聞いて」という意味で文頭に来る。両方の意味でメレの歌い出しに多用される。

用例：'Auhea 'oe e ke 'ala kiele
E liliko ana i ka mōlehulehu
あなたはどこに、ガーデニアの香り
黄昏時に輝く
[アイア・イ・オラア・クウ・アロハ]

用例：'Auhea 'oe e ka rose onaona
Onaona lei i sa 'ohu kuahiwi
聞いてあなた、香るバラよ
山の霧、甘い香りのレイ
[ロゼ・オナオナ]

用例：'Auhea wale 'oe e ke 'ali'i
Pua lei māhua i ke anuanu
あなたはどこに、アアリイの花よ
寒い場所で生い茂るレイの花
[クウ・レイ・フリリ]

アウモエ
aumoe [アウモエ]

夜更け、深夜

用例：I ke ano ahiahi, i ka pili aumoe
Mōhala ia pua i ka poli pumehana
夜の時間、深夜の逢瀬
花開く、あたたかい胸の中
[ピカケ・ラウナ・オレ]

アエ
a'e / ae ［アエ］

① 方向（上・横）、位置（近い）、時間（前後）、質・量（大小）を示す語
用例：I Pu'u Mā'eli'eli la
Pi'i a'e Hina la i luna
プウ・マエリエリで
ヒナが空へ昇る
［ヘエイア］

用例：Kapa 'ia mai au he hūpēkole
A nui a'e he wahine u'i
鼻垂れって呼ばれてたけど
育った今はきれいな女よ
［クウ・ワ・リイリイ］

▼アエ・ネイ＝位置・時間の「近さ」（ここで・たった今）を示す
用例："Upu a'e nei ka hali'a aloha
I kou nani'i ka pō nei
物思いにふける、愛の記憶
昨夜のあなたの美しさ
［クウ・レオ・アロハ］

② エ e の役割で使われることもある。
用例：He makana hiwahiwa no Anahulu
A ka malihini a'e kipa mai ai
アナフル川への大切な贈り物
訪れる訪問者
［ハレイワ・ホテル（ハノハノ・ハレイワ）］

〈24〉

アエ
'ae ［アエ］

① はい（と言う）、同意・許可する
② （潮が）満ちる
▼アエ・オネ＝浜辺
▼アエ・カイ＝波打ち際
用例：He kai nehe mai i ka 'ae one, 'eā
I ka pā honehone
海の浜辺で鳴る音
優しい音色
［アリイ・イオラニ］

〈25〉

あ の言葉

アエラ
a'ela [アエラ]

アェ a'e ＋ラ lā
上、横への方向を示す語
用例：A nui a'ela ala wau
Mai hea hō'ea ana 'o iala
大人になった私に
「そこのあなた、どこから来たの？」
[クウ・ワ・リイリイ]

アオ
ao [アオ]

① 光、日光、夜明け、昼間、目覚め、啓発、悟り
用例：Ke ao ha'aha'a lana i ka lani
I uka i ka mauna ki'eki'e, ē
空に低く浮かぶ光
そびえ立つ山の上に
[ヘ・メレ・アロハ・ノ・プナ]

② 雲

③ 世界、地球、領域
用例：He loa ka helena ma ke ala hele
E huli i wahi ma kēia ao
長い、旅の道のり
探す、この世界に自分の場所
[ヘ・ハワイ・アウ]
用例：Hō'ike aku 'oe i ke ao o nā akua
i nā pua onaona kamaha'o
あなたは現れる、神の領域に
花々が香る素晴らしい場所
[ハワイ・アケア]

④ 気をつける、注意する、用心する
用例：Ke hea mai nei Water Lily
E ao mai 'oe iā kāua
スイレンは呼びかける
私たちに、用心するように
[サノエ]

アオ
a'o ［アオ］

オo／'o'oと同義
用例：'Ike 'ia i ka nani a'o Halema'uma'u
Me ke ahi kaulana a'o ka wahine
眺めるはハレマウマウの美しい景色
そこには名高き女神の火
［ハレマウマウ］

〈28〉

アオ
'a'o ［アオ］

【動物】ハワイマンクスミズナギドリ
ハワイ固有種の海鳥で背は黒く腹が白い。
用例：'Alawa aku ho'i au
Ke kani mai a ke 'a'o
私は振り仰ぐ
アオ鳥の鳴き声に
［ハナレイ・ベイ］

〈29〉

アオイア
'ā'oia／'ā'oia ［アーオイア］

あー！そう！（感嘆）（ア 'ā ＋オイア 'oia)
用例：'Ā'oia e puana kēia mele
'O Tita o ke aumoe lā 'eā
そう、それがこの歌のメッセージ
夜の時間のシスター
［クウ・ティタ］

〈30〉

の言葉

アオヘ
'a'ohe [アオヘ]

（なにも）ない、（だれも）いない
用例：'A'ohe anu, 'a'ohe mā'e'ele
寒さも凍えることもない
[ヘ・レイ・アロハ（ノ・ヒロ）］

〈31〉

アオレ
'a'ole [アオレ]

ない、しない、いいえ、違う
用例：A 'ike i ka nani o nā pua like 'ole
'Ole no e like me 'oe
美しい貴重な花々も見てきた
でもあなたのような人はいない
［クウ・イポ・オナオナ］

〈32〉

アカヒ
'akahi [アカヒ]

1、一番、初めて
用例：'Akahi au 'ike maka, lā
Ka puni hana nowelo, lā
初めて見る
求愛好き
［クヒヘワ］

〈33〉

アカヒクレアナ
'Akahikuleana [アカヒクレアナ]

【人名】アカヒクレアナ（アカピコ）
'Akahi-kuleana-a-ka-piko はハワイ島首長リロアの子を生むことになる伝説の美女の名前
用例：He ali'i nui 'oe e ku'u ipo
Nāu 'Akahikuleana a ka piko
偉大なる首長、愛しいあなた
あなたのアカヒクレアナアカピコ
［アカヒクレアナ・ア・カ・ピコ］

〈34〉

アカヘレ akahele [アカヘレ]

慎重に、丁寧に、注意深く
用例：Alaka'i mai 'oe me ka akahele
Kū ke alapi'i holo a kāua
あなたは慎重に導かれる
私たちの行く手には上り坂
[オ・カ・ホロ・リオ]

⟨35⟩

アク aku [アク]

方向を示す語
内から外、近くから遠く、ここから向こう
用例：↔マイ mai
'Alawa aku ho'i au
Ke kani mai a ke 'a'o
私は振り仰ぐ
アオ鳥の鳴き声に
[ハナレイ・ベイ]

⟨36⟩

アクア akua [アクア]

神、女神
用例：Hō'ike aku 'oe i ke ao o nā akua
i nā pua onaona kamaha'o
あなたは現れる、神の領域に
花々が香る素晴らしい場所
[ハワイ・アケア]

⟨37⟩

アケ ake [アケ]

（強く）望む、欲情を抱く
用例：Mai nō 'oe a ho'opoina
I ka lawe ha'aheo ake kīpuka 'i'i
忘れるなよ、お前さん
投げ縄で捕らえた望みの獲物
[レペ・ウラウラ]

⟨38⟩

の言葉

アケア
ākea [アーケア]

広い、広がる
用例：E Hawai'i ākea, 'o 'oe he huliau
He manawa kūpono a kāua
広大なハワイ、母なる地
然るべき時、私たち
［ハワイ・アケア］

⟨39⟩

アコ
'ako [アコ]

摘む
用例：Na wai ia lima i 'ako aku
A lei a'e i ka nohea o ia pua
誰の手が摘んだのか
レイに飾られる愛らしいその花
［アイア・イ・オラア・クウ・アロハ］

⟨40⟩

アナ
ana [アナ]

時制を示す語

▼動詞＋アナ＝完了／未完了の事象・命令・声明
用例：O ka pi'o ana mai o ke ānuenue
Ho'oheno ana i ka welelau pali
虹が描く弧
慈しむのは山の頂点
［コウラ］

▼エ＋動詞＋アナ＝未来・現在・未完了
用例：'Auhea 'oe e ke 'ala kiele
E līiko ana i ka mōlehulehu
あなたはどこに、ガーデニアの香り
黄昏時に輝く
［アイア・イ・オラア・クウ・アロハ］

⟨41⟩

アナ
'ana [アナ]

▼動詞+アナ＝動名詞
用例：Huli aku nānā iā Pu'uohulu 'eā
Oni 'ana Heleakalā ma hope pono
振り返って眺めるプウオフル
後ろに見えるヘレアカラ
［ナナクリ］

⟨42⟩

アナ
āna [アーナ]

彼の、彼女の（三人称所有格）
用例：Eia ka kaula lopi āna
Hei kō pu'uwai kapalili
ここに綱、彼女のロープ
捕らえるのはあなたの高鳴る心
［プア・ククイ］

⟨43⟩

アナパ
'anapa [アナパ]

光る、きらめく、ぱっと照らす
用例：Ka hola 'elima o ke ahiahi
'Anapa ka uila hana kupanaha
夕刻5時に
光る閃光、特別なこと
［ハレイワ・ホテル（ハノハノ・ハレイワ）］

⟨44⟩

アナフル
Anahulu [アナフル]

【地名】オアフ島ワイアルアの川
用例：He makana hiwahiwa no Anahulu
A ka malihini a'e kipa mai ai
アナフル川への大切な贈り物
訪れる訪問者
［ハレイワ・ホテル（ハノハノ・ハレイワ）］

⟨45⟩

の言葉

アニ
ani [アニ]

そよぐ、手招きする
用例：Kuahiwi ani a ka makani
Pā mai kahi lau hinahina
山にそよぐ風
吹く場所にヒナヒナの葉
[ノエノエ・マイカイ・ケ・アロハ]

⟨46⟩

アニアニ
aniani [アニアニ]

透き通った、透明な、ガラス、鏡
用例：I ka wai hu'ihu'i aniani
Ko'iawe ka huila wai
冷たくて清らかな水
水車のシャワー
[オールド・プランテーション]

⟨47⟩

アヌ
anu [アヌ]

寒い、涼しい、冷たい
用例：Hanohano mau no 'o Punalu'u
I ka wai anu a'o Pūhau
いつもたたえられるプナルウ
プハウの冷たい水
[カウ・ヌイ]

⟨48⟩

アヌアヌ
anuanu [アヌアヌ]

アヌ anu の繰り返し語
用例：Pā mai nei i ke kula
Hō'olu me ke anuanu ē
平原を吹き抜ける
涼しい風に癒やされる
[マラマ・マウ・ハワイ]

⟨49⟩

021　Hawaiian Dictionary for Hula Dancers

アヌエヌエ
ānuenue ［アーヌエヌエ］

虹
用例：Manoa he uʻi nō i kaʻu ʻike
I ka piʻo mai a ke ānuenue
マノア、美しい景観
虹のアーチがかかる
［オアフ］

アヌヘア
anuhea ［アヌヘア］

ひんやりとした、ほのかに香る、甘い
用例：Ua kili iho mai he wehi aloha
E ka ua kēhau anuhea
優しく降ったアロハの飾り
冷たい滴の霧雨
［ヘ・ヴェヒ・アロハ］

アネ
ʻane ［アネ］

間もなく、近づく
用例：E ʻane kō ka ʻiʻini
I kuʻu nui aloha
もうすぐ叶う望み
私の深い愛
［プア・アラ・アウモエ］

アネイ
ʻaneʻi ［アネイ］

ここ
▼マ・アネイ／イ・アネイ＝ここに、ここへ、ここで
用例：Hāliʻi mai ka noenoe i Waikiʻi
Ma ʻaneʻi mai ʻoe e kuʻu aloha
広がる霧がワイキイに
ここにいるあなたは私の恋人
［クウ・レイ・フリリ］

の言葉

アノ
ano ［アノ］

① 静けさ、しじま、沈黙

② 時間

用例：i ke ano ahiahi, i ka pili aumoe
Mohala ia pua i ka poli pumehana
夜の時間、深夜の逢瀬
花開く、あたたかい胸の中
［ピカケ・ラウナ・オレ］

〈54〉

アノイ
'ano'i ［アノイ］

願望、欲求、切望、あこがれ、恋人、愛人
愛しの、敬愛する、愛されている
慕う、あこがれる、〜したがる
用例：E ka noe o ka lani e mālu mai
Eia ka 'ano'i a ka love ma 'ane'i
空の霧よ、振り向いて
ここに願望、ここに愛
［プア・モハラ・イ・カ・ヴェキウ］

〈55〉

アハ
'aha ［アハ］

より紐
用例：Kaulana no ka 'aha olonā
Me nā 'alihilele o kai
名高いオロナのより紐
海で使われる地引網
［アイナ・オ・ミロリイ］

〈56〉

アパアパア
'Āpa'apa'a ［アーパアパア］

【固有名詞】ハワイ島コハラのメレにも同名の風あり。
カウアイ島ハナレイの風と雨の名前
用例：Lei Kohala i ka ua ka 'Āpa'apa'a
E pāpahi ana iā Kokoiki
コハラに雨のレイ、アパアパア風
ココイキに授ける
［ヘ・レイ・ノ・カマイレ］

〈57〉

アハイ
'āha'i [アーハイ]

運ぶ、追う、追い出す
用例：Eia a'e nō 'o Pelo
Manu 'āha'i 'ōlelo
ここにペロ
言葉を運ぶ鳥
[サノエ]

⟨58⟩

アハフイ
'ahahui [アハフイ]

団体、会、社会、仲間
用例：Lohe aku nei nā kuhina nui
A he 'ahahui ko Loma
高官たちは耳にした
ローマの集まりのこと
[サノエ]

⟨60⟩

アパパネ
'apapane [アパパネ]

[動物] ハワイ・ミツスイ（ハワイアン・ハニークリーパー）
紅色のボディーに黒い羽と尾を持つ鳥。ライエイカワイの伝説の中に、アパパネの鳴き声が密会の合図として語られるシーンがある。
用例：'Auhea wale 'oe, e ku'u sweet 'apapane
Nōweo 'ula i ka 'ehu ahiahi
呼びかけるのはあなた、私のかわいいアパパネ
夜の霧に映える赤色
[スイート・アパパネ]

⟨59⟩

アヒ
ahi [アヒ]

火、炎
用例：'Ike 'ia i ka nani a'o Halema'uma'u
Me ke ahi kaulana a'o ka wahine
眺めるはハレマウマウの美しい景色
そこには名高き女神の火
[ハレマウマウ]

⟨61⟩

の言葉

アヒアヒ
ahiahi [アヒアヒ]
夕方、夜
用例：I lei ho'ohiehie
No ke ano ahiahi
美化してくれるレイ
夜の時間に
［ヴェヒヴェヒ・オエ］

⟨62⟩

アヒヒ
'āhihi [アーヒヒ]
【植物】フトモモ科のオアフ島固有種オヒア・レフアによく似た近縁種で赤い花を咲かせる。オアフ島ワイアナエ山脈とコオラウ山脈の高地で見られる。
用例：'O ka pua 'āhihi e mōhala mai
Mālama 'ia e ko Pūnāwai
アヒヒの花が開く
守られる、プナワイに
［ヘ・アロハ・ヌウアヌ］

⟨63⟩

アフ
'ahu [アフ]
衣、ケープ
用例：Eō Hāna i ka Uakea
Noenoe ku'u kapa 'ahu 'ohu i ka pali
呼びかける、ハナのウアケア雨
霧雨は私の衣、頂を包む霧
［エオ・ハナ］

⟨64⟩

アプアケア
'Āpuakea [アープアケア]
①【地名】オアフ島カネオヘへの地名
②【固有名詞】オアフ島カネオヘへの雨の名前
用例：Ho'oipo ē ke 'ala me ka ua noe
Noenoe mai i ka 'Āpuakea
愛おしむ霧雨とその香り
煙るアプアケア雨の中
［ロゼ・オナオナ］

⟨65⟩

アフイマヌ
'Āhuimanu [アーフイマヌ]

[地名] オアフ島カネオへの地名
用例：E noho mai ana
I ka 'olu o 'Āhuimanu
住んでいる
心地良いアフイマヌに
[カ・ポリ・オ・カハルウ]

⟨66⟩

アフワレ
ahuwale [アフワレ／アフヴァレ]

明らかになる、露出する
用例：Ahuwale ka ha'alewa ē
Me ke kai e holu mau ana
浮かび上がる踊り
波打つ海のように
[クウ・レオ・アロハ]

⟨67⟩

アヘ
ahe [アヘ]

そよ風、風がそよぐ
用例：He ho'oheno nō 'oe e ka 'Ōlauniu
Makani ahe 'olu o ke ahiahi
愛されるあなた、オラウニウ
夜の心地良いそよ風
[カヒコ・カパラマ]

⟨68⟩

アヘアヘ
aheahe [アヘアヘ]

優しい、弱い、柔らかい（音や風）
用例：Eia lā 'oe e ku'u līhau
Na ka makani lau aheahe
ここにいるあなた、私の霧雨
優しい風に吹かれて
[クウ・プア・イリマ]

⟨69⟩

の言葉

アホ
aho ［アホ］

① 釣り糸
用例：Hoe nā kānaka i nā wa'a kaulua
Hī aku ka lawai'a i ke aho
人々は漕ぐ、双胴カヌー
釣り糸で魚の流し釣り
［アイナ・オ・ミロロイイ］

② ▼エ・アホ〜＝〜のほうがいい、〜するといい（比較、勧誘）

⟨70⟩

アポ
'apo ［アポ］

つかむ、つかまえる、抱く、受けとめる
用例：Poli'ahu ka wahine kapa hau anu
Punehana ka wahine e 'apo mai ē
女神ポリアフ、冷たい雪のブランケット
抱きしめて暖めてくれる女性
［クウ・ポリアフ］

⟨71⟩

アマアマ
'ama'ama ［アマアマ］

【動物】 ボラ
用例：Aia i Kalimuloa ka ia 'ama'ama
A me ke kūhonu au 'ūkele kai
カリムロアにいるアマアマ魚
そしてカニのいる沼
［アロハ・クウ・ホメ・ア・イ・ケアロヒ］

⟨72⟩

アメ
ā me / ame ［アーメ／アメ］

そして（接続詞）
用例：Aloha ku'u home a i kāne'ohe
A me nā pali hāuliuli o nā Ko'olau
ご挨拶をカネオへの我が家に
そして緑濃いコオラウの山並に
［アロハ・クウ・ホメ・ア・イ・カネオヘ］

⟨73⟩

アラ
ala [アラ]

① 道
用例：Hikina a ka lā ma Kumukahi
Ke ala ka pawa i Puna, ē
東の太陽がクムカヒに
夜明け前の暗い道はプナへ
[ヘ・メレ・アロハ・ノ・プナ]

▼アラ・ヘレ＝小道、過程
用例：He loa ka helena ma ke ala hele
E huli i wahi ma kēia ao
長い、旅の道のり
探す、この世界に自分の場所
[ヘ・ハワイ・アウ]

② 目覚める、起こす
用例：E ala ē 'o Kona
I ke kai o Kalehuawehe
目覚めよコナ
カレフアヴェへの海
[メレ・ホアラ・モク]

③ 立ち上がる、向かってくる、刺激する、興奮する、よみがえる
用例：E nā mokupuni 'o Hawai'i nei e ala mai
E nā mano kini a lehu e ala mai
ハワイの島々よ、立ち上がれ
大勢の民衆よ、立ち上がれ
[エ・ナ・キニ]

④ 指示詞［あの、この、その、あれ、それ、そこに］を表す
▼メ・ヘ・アラ〜＝みたい
▼メ・ヘ・〜・アラ＝あたかも〜のよう
用例：A lauāhea ke 'ala
Me he ala ku'u hoa pili 'ia
噂の香り
友達に触れられているよう
[ハナレイ・ベイ]

アラ
'ala [アラ]

（甘く心地よい）香り、芳香
用例：E ku'u lei pua kenikeni
E ku'u lei 'ala onaona
私のプア・ケニケニ・レイ
甘い香りの私のレイ
[クウ・レイ・プア・ケニケニ]

の言葉

アラウィキ／アラヴィキ
alawiki [アラウィキ／アラヴィキ]

急ぐ、速く
用例：Mai lohi mai 'oe e ku'u ipo lā
E alawiki mai 'oe
もたもたしないであなた
急いであなた
[クウ・イポ・オナオナ]

〈76〉

アラカイ
alaka'i / Alaka'i [アラカイ]

① 導く、案内人、指導者
用例：Alaka'i mai 'oe me ka akahele
Kū ke alapi'i holo a kāua
あなたは慎重に導かれる
私たちの行く手には上り坂
[オ・カ・ホロ・リオ]

②【地名】カウアイ島ワイメアにある湿地
用例：'Alawa i ka nani a'o Alaka'i
Aia ka lehua pua maka noe
目を向けるのはアラカイの美景
レフア・マカ・ノエが咲くところ
[ルウルウ・イ・ナ・ウア・ヌイ・オ・ハナレイ]

〈77〉

アラカヒ
Alakahi [アラカヒ]

[地名] ハワイ島ワイピオの川と滝の名前
用例：'O Waimā, Kawainui
Ko'iawe me Alakahi
ワイマ、カワイヌイ
コイアヴェとアラカヒ
[ワイピオ・パエアエア]

⟨78⟩

アラヌイ
alanui [アラヌイ]

通り、道路、ハイウェイ
用例：Huli aku nānā i Hālawa Valley
I laila i ka nani, ke alanui o Hawai'i
振り返り見るハラワ谷
そこに立派なハワイのハイウェイ
[ハラワ]

⟨79⟩

アラピイ
alapi'i [アラピイ]

上り坂、階段、音階
用例：Alaka'i mai 'oe me ka akahele
Kū ke alapi'i holo a kāua
あなたは慎重に導かれる
私たちの行く手には上り坂
[オ・カ・ホロ・リオ]

⟨80⟩

アラフラ
alahula [アラフラ]

経路、通り道
用例：Kaulana nō 'oe e Pu'uloa
Alahula hele nō 'oe 'o Ka'ahupāhau
名高いあなた、プウロア
カアフパハウの通り道
[ハラワ]

⟨81⟩

の言葉

アラワ
'alawa ［アラワ／アラヴァ］

ちらっと見る、一見する
用例：'Alawa i ka nani a'o Alaka'i
Aia ka lehua pua maka noe
目を向けるのはアラカイの美景
レフア・マカ・ノエが咲くところ
［ルウルウ・イ・ナ・ウア・ヌイ・オ・ハナレイ］

〈82〉

アリイ
ali'i ［アリイ］

首長、貴族、王族、統治者、王
用例：He ali'i nui 'oe nā ka malihini
O neia 'āina pāhoehoe
あなたは偉大な首長
この溶岩の地の訪問者にとって
［ハレマウマウ］

〈83〉

アリヒレレ
'alihilele ［アリヒレレ］

地引網
用例：Kaulana no ka 'aha olonā
Me nā 'alihilele o kai
名高いオロナのより紐
海で使われる地引網
［アイナ・オ・ミロリイ］

〈84〉

アレ
'ale ［アレ］

波、波頭、うねり、さざめく、伝播する
用例：I hea kāua e la'i ai 'eā?
Ika 'ale nui a'e li'a nei 'eā
どこで私たちは安住できる？
愛する大きなうねりの上
［アイア・ラ・オ・ペレ・イ・ハワイ］

〈85〉

031　Hawaiian Dictionary for Hula Dancers

アロ
alo [アロ]

正面、顔、表面、存在
用例：Alo aku'i ke kula a'o Hā'ena
Nā hala o Naue
ハエナの原野に顔向ければ
ナウエのハラ林
[ナ・ウイ・オ・カウアイ]

⟨86⟩

アロハ
aloha [アロハ]

愛、情け、慈悲、思いやり、親切、感傷、慈善
挨拶、恋人、愛人
愛する、尊ぶ、挨拶する
用例：I ka pā kōnane a ka mahina
Hā'awi au i ko'u aloha iā 'oe i Lanikai
月明かりが照らす
あなたに贈る私の愛、ラニカイで
[イ・ラニカイ]

⟨87⟩

アロヒ
'ālohi [アロヒ]

光る、輝く、きらめく、明るい
用例：He kohu kula kaimana
'Alohi nei i ka lā
ダイアの草原のよう
輝く太陽の下
[ライマナ]

⟨88⟩

アロヒロヒ
'ālohilohi [アーロヒロヒ]

アロヒ 'alohi の繰り返し語
用例：Ka paia keleawe e hulali nei
'Ōpu'u kaimana 'ālohilohi
金属の壁が輝く
きらめくダイアモンドの円錐
[ホノルル・ハーバー]

⟨89⟩

Hawaiian Dictionary for Hula Dancers   032

あ の言葉

アワ
awa [アワ／アヴァ]

港、入江、水路
用例：Ho'okomo i ke awa a'o Honolulu 'eā
Ua piha hau'oli nā malihini 'eā
ホノルル・ハーバーに寄港
歓喜する訪問者たち
[ファララィ]

⟨90⟩

アワ
'awa [アワ／アヴァ]

① 【植物】カヴァ。コショウ科の潅木
用例：I ka pali 'ioleka'a la
Mama ka 'iole i ka 'awa
イオレカアの崖で
ねずみがカヴァを噛む
[ヘエイア]
② 冷たい山の雨・霧

⟨91⟩

アワアワ
'awa'awa [アワアワ／アヴァアヴァ]

苦い、まずい、酸っぱい
用例：A i mua e nā pōki'i a inu i ka wai 'awa'awa
A e mau ka lanakila, e nā kini o ka 'āina
前進しよう若者よ、苦い水を飲んで
先に栄光あれ、この地の民よ
[エ・ナ・キニ]

⟨92⟩

アワプヒ
'awapuhi [アワプヒ/アヴァプヒ]

【植物】ジンジャー
花はレイに、根は薬用、食用、手染めの色材料に使われる。
用例：Nuʻuanu i ka makani lawe mālie
I ke ʻala o nēia pua o ka ʻawapuhi
ヌウアヌで穏やかな風に運ばれる
この地に咲くジンジャーの香り
[オアフ]

アワワ
awāwa [アワーワ/アヴァーヴァ]

谷、渓谷
用例：Kaulana o Moʻoʻula
Kū ka nani i ke awāwa
名高いモオウラ
谷に見せる見事な姿
[ヘ・メレ・ノ・ヒナ]

アワプヒ

いの言葉

イ
i [イ]

① イ＋名詞／代名詞／方向・位置を表す語＝
〜で・に・を・へ

用例：I luna a'e 'oe e ho'ola'ila'i
I laila ko'u mana'o pili me 'oe
あなたは高いところでじっとしている
私の思いはそこに、あなたのそばに
［プア・メリエ］

用例：'Ā i luna, 'ā i lalo, ne'ene'e 'eā
'O Pele ka wahine mai Kahiki 'eā
上へ下へと燃え広がる
カヒキから来た女神ペレ
［アイア・ラ・オ・ペレ・イ・ハワイ］

② イ＋動詞（＋アイ）＝動詞の状態、完了、過去を表す

用例：'O 'oe no ka'u i mana'o ai lā
He mea nui 'oe na ka pu'uwai lā
あなたが私の思う人
私の心のなかの一番大切なもの
［クウ・イポ・オナオナ］

③ イ＋動詞＝緊急、奨励、目的を表す

用例：I puia i ke 'ala onaona
Me ka ua hāli'i i ka nahele
快い香りが広がる
雨に包まれた森で
［ヴェヒヴェヒ・オエ］

④ ア＋イ＋節＝仮定を表す

⑤ イ＋節＝イの前のものを修飾する関係代名詞

用例：Mahalo no nā mea i a'o 'ia
Pūlama 'ia i ka pu'uwai
感謝、教えられたすべてのことに
心に刻んで大切にする
［レイ・ハラ］

の言葉

イー [イー]

言う、告げる、伝える
用例：Kō mau maka
E ī mai ana
あなたの両目が
言っている
[モアニケアラオナプアマカヒキナ]

〈96〉

イア ia [イア]

①彼、彼女、それ（代名詞）
用例：Pua aʻe ka manaʻo my beloved
Ua lawa kuʻu lei, he wehi nō ia
思い溢れる、愛しい人
満たす私のレイ、それは飾りもの
[ロゼ・オナオナ]

②この、あの、前途の（指示詞）
用例：Kaulana ke onaona o ia lei
Honi aku honi mai i ka ua noe
名高いのはこのレイの甘い香り
口づけし合う、霧雨の中
[マイ・スイート・ピカケ・レイ]

〈97〉

イア iʻa [イア]

魚、海産動物全般
用例：E ala ē ʻo ʻEwa o ka iʻa hāmau leo
目覚めよ、エワ[沈黙の声の魚]
[メレ・ホアラ・モク]

〈98〉

イア
'ia [イア]

① 動詞＋イア＝受動態（〜される）
用例：Carnation i wili 'ia me maile lauli'i
'Iliwai like ke aloha pili pa'a
カーネーションは編まれる、マイレ・ラウリイと
それはまるで、寄り添うアロハ
[カマラニ・オ・ケアウカハ]

② エ＋動詞＋イア＝要求、忠告、仮定（〜されるべき、はず）
⟨99⟩

イア
iā [イアー]

〜で、に、を、へ、だから（前置詞）
目的の場所・人・物（固有名詞・人名・人称代名詞）が続く
用例：I ka pā kōnane a ka mahina
Hā'awi au i ko'u aloha iā 'oe i Lanikai
月明かりが照らす
あなたに贈る私の愛、ラニカイで
[イ・ラニカイ]
⟨100⟩

イアウ
ia'u [イアウ]

私、私に、私を、私によって
用例：He 'i'ini ko'u ke ona mokihana
Kono mai ana ia'u ku'u 'i'ini
私の望みはモキハナの優しい香り
引き出す私の願望
[ルウルウ・イ・ナ・ウア・ヌイ・オ・ハナレイ]
⟨101⟩

の言葉

イアラ
iala ［イアラ］

イア ia ＋アラ ala
（そちらの）あなた
用例：A nui a'ela ala wau
Mai hea hō'ea ana 'o iala
大人になった私に
「そこのあなた、どこから来たの？」
［クウ・ワ・リイリイ］

〈102〉

イイニ
'i'ini ［イイニ］

願望、欲求、求める、欲しがる、切望する、望む、恋しく思う、慕う
用例：'O 'oe a 'o wau ua kō ka 'i'ini
Ke aloha e hi'ipoi nei
あなたと私、願望は満たされた
大切にする愛
［プア・メリエ］

〈104〉

イイヴィ
'i'iwi ［イイヴィ］

【動物】赤色のハワイ・ミツスイ鳥
羽が伝統工芸に使われた。多くのチャントやハワイアン・ソングに登場する。
用例：Huli ka 'i'iwi i ka pua hiwahiwa
イイヴィは探す、最愛の花
［カ・レファ・プノノ］
▼イイヴィ・ポレナ＝若い成長途中のイイヴィのこと。羽の色が黄緑。

〈103〉

イウ
'iu ［イウ］

高位の、気高い、優雅な、神聖な、崇められる
用例：Lehua o ka 'iu
Pili kāua i ka ua
聖なるレファ
二人は一緒、雨の中
［ヘ・プア・ヴェヒワ］

〈105〉

イウイウ
'iu'iu [イウイウ]

イウ'iuの繰り返し語
高貴な、威厳のある、壮大な、素晴らしい、とても高いところ、神の領域
用例：'Iu'iu kūlana o ia pua
'O Naupaka nō i ka wēkiu
ナウパカは頂点に
名声高き花
［ヘ・レイ・アロハ（ノ・ヒロ）］

⟨106⟩

イヴィクアモオ
iwikuamo'o [イヴィクアモオ]

従者、家来
用例：He waiwai nui ke ali'i
Na iwikuamo'o
類まれなアリイ
仕える従者
［カヒリ・ナイ］

⟨107⟩

イオ
'i'o [イオ]

①本物の、真の、心からの
用例：Ha'aheo 'i'o nō
Ua kaulana ko inoa
誇り高い、心から
知れ渡ったあなたの名前
［カ・レオ・マヌ・オ・ハワイ］

②実り、肉、身
▼イオ・クプ＝歯茎
用例：I laila māua kukuni e ka hao
Kokope e ka 'i'o kupu kuku'i e ka papa niho
そこでおれたち、焼印を押す
かきはがす歯茎、顎打って
［レペ・ウラウラ］

⟨108⟩

イオラニ宮殿

イオラニ
'Iolani [イオラニ]

① 【固有名詞】宮殿の名前
② 【人名】カメハメハ二世・四世の名前
意味は「王家の鷹」
用例：He aku no wau eō mai 'oe, 'eā
Ali'i 'Iolani, Ali'i 'Iolani
私は呼びかける、答えてあなた
アリイ・イオラニ、イオラニ王
[アリイ・イオラニ]

⟨109⟩

イオレ
'iole [イオレ]

【動物】ねずみ
用例：I ka pali 'ioleka'a la
Mama ka 'iole i ka 'awa
イオレカアの崖で
ねずみがカヴァを噛む
[ヘエイア]

⟨110⟩

イオレカア
'Ioleka'a [イオレカア]

【地名】オアフ島ヘエイアの谷、川
「転がるねずみ」の意
用例：I ka pali 'ioleka'a la
Mama ka 'iole i ka 'awa
イオレカアの崖で
ねずみがカヴァを噛む
[ヘエイア]

⟨111⟩

いの言葉

イケ
'ike [イケ]

見る、知る、理解する、神の啓示を受ける
知識、自覚、理解、幻、先見、洞察

用例：'Ike 'ia i ka nani a'o Halema'uma'u
Me ke ahi kaulana a'o ka wahine
眺めるはハレマウマウの美しい景色
そこには名高き女神の火
[ハレマウマウ]

用例：Maopopo a ua 'ike ho'i
Ka home i loko o ku'u pu'uwai
わかった、やっと覚えた
故郷が自分の心の中
[ヘ・ハワイ・アウ]

▼イケ・マカ＝目撃する、目にする
用例：'Oli'oli nō au e 'ike maka
Ka huilili o ka wai no Kaliko
喜びは、私が目の当たりにする
まばゆいカリコの水
[ハナレイ・イ・カ・ピリモエ]

▼イケ・リヒリヒ＝ちらりと見える、おぼろげな感知、それとなく感づく
用例：Ka wai hanini i ka maka o ka lehua
He 'ike lihilihi iā 'oe e Hōpoe
レフアの花から溢れ落ちた水
垣間見るあなた、ホポエ
[エ・ヒアアイ・イ・カ・ナニ・オ・ホポエ]

▼イ・カウ・イケ＝（私の）目に映る景色、光景、景観
用例：Mānoa he uʻi nō i kaʻu ʻike
I ka pi'o mai a ke anuenue
マノア、美しい景観
虹のアーチがかかる
[オアフ]

〈112〉

イケナ
'ikena [イケナ]

眺め、景色、知識
用例：Nani wale ka 'ikena ka wai lana mālie
美しい景色、穏やかに凪いだ水
[クウ・プア・マエ・オレ]

〈113〉

イニキ
'iniki [イニキ]

痛み
用例：Nani Koʻolau a he pō anu
Ka ʻiniki welawela a ka Makasila
美しいコオラウ、満ちる冷気
焼けるような痛み、マカシラ風
[ナニ・コオラウ]

〈114〉

イヌ
inu [イヌ]

飲む
用例：Koili ka manu i ka pua lehua e
A inu i ka wai o ka hōpoe pua
レフアの花にとまる鳥
満開の花の蜜を吸う
[カ・レファ・プノノ]

〈115〉

イノア
inoa [イノア]

① 名前
用例：E ō e ka wohi kū kahi
Kalākaua he inoa lā ē
呼びかける高官の傑出した子
その名はカラカウア
[フェノエ・マイカイ・ケ・アロハ]

② 人・場所をたたえるチャント・歌

〈116〉

イヒ
ʻihi [イヒ]

神聖な
用例：He ʻaina kaulana ʻo Kalapawai
Ka ʻaina ʻihi kapu i ka wā kahiko
名高い地、カラパワイ
古代の神聖な地
[ハノハノ・ノ・オ・カイルア]

〈117〉

い の言葉

イヒイヒ
'ihi'ihi [イヒイヒ]

① イヒ 'ihi の繰り返し語
用例：'Ihi'ihi nō ho'i nā 'iwa kaulana
Kaha mālie i luna o ka 'āina
威厳溢れる名高いイワが
空を静かに飛ぶ地
[ハノハノ・ノ・オ・カイルア]

② 【植物】水生シダ類、デンジソウ属、クローバーに似た小さな葉。 〈118〉

イフ
ihu [イフ]

① キス、鼻、くちばし、靴のつま先
用例：Nani pua 'a'ala onaona i ka ihu
E moani nei i ka pae puhala
きれいな花、鼻に甘く香る
風に香るハラの林
[カマラニ・オ・ケアウカハ]

② 船首
用例：Kukui mālamalama
I ka ihu o Mauna Kea
輝く光
マウナケア号の船首
[カワイハエ]

〈119〉

イプ
ipu [イプ]

① ひょうたん。ひょうたんで作った打楽器
▼イプヘケ=ひょうたんを二連にした打楽器

② 入れ物全般
▼（ハレ・）イプ・ククイ=灯台
用例：Kaulana mai nei Honolulu Harbor
'O ka ipu kukui mālamalama
名高いホノルル港
灯台が輝く
[ホノルル・ハーバー]

〈120〉

イヘ
ihe [イヘ]

槍
用例：Ua 'eha 'ia i ka maka o ka ihe
Kū ke ali'i kūnou ke kānaka
槍の先の痛み
首長が現れ人々は頭を垂れる
[アカヒクレアナ・ア・カ・ピコ]

〈121〉

イホ
iho [イホ]

下への方向を示す語
用例：E 'ike iho ia Kalaupapa
Moloka'i nui a Hina
見下ろす、カラウパパ
ヒナから生まれたモロカイ
[ヘ・メレ・ノ・ヒナ]

〈122〉

イポ
ipo [イポ]

恋人、愛しい人
用例：E ku'u ipo
My ei nei
恋人よ
私の愛しい人
[マイ・スイート・ピカケ・レイ]

〈123〉

い の言葉

イホナ
ihona [イホナ]
降下、下り坂、下げる
用例：Hākālia ka ihona hoʻi i Waimea
Ua kō ka ʻiʻini aʻo ke kuini
ゆっくりと下る。ワイメアに
王女の望みは果たされた
[オ・カ・ホロ・リオ]

〈124〉

イミ
ʻimi [イミ]
見る、探す、探求する
用例：Ua ao ē ka uka, nā pua kamalei
Ua wili ʻia a paʻa ka ʻimi naʻauao
山の手で学んだ、大切な子供たち
しっかり編みこまれた、知恵の探求
[カヒコ・カパラマ]

〈125〉

イリ
ʻiʻi [イリ]
①座礁
②走り抜ける、走り回る
用例：Iʻi aku ka manaʻo
I ka ihiihi kai aʻo Manolau
思いは走る
マノラウの海岸線まで
[ハナレイ・ベイ]

〈126〉

イリ
ʻili［イリ］

① 肌、皮膚
用例：Me ka ua kaulana aʻo Hāʻao Hoʻopulu ʻelo i ka ʻili o ka malihini
ハアオの名高い雨
訪問者の肌をびっしょり濡らす
［カウ・ヌイ］

② 皮、革
▼キプカ・イリ＝（革製）投げ縄
用例：Mai nō ʻoe a hoʻopoina
I ka lawe haʻaheo ake kipuka ʻili
忘れるなよ、お前さん
投げ縄で捕らえた望みの獲物
［レペ・ウラウラ］

③ 表面、地面、海面

④ 石

イリイリ
ʻiliʻili［イリイリ］

小石
フラソングのなかでは波打ち際で波に洗われ音を鳴らす小石が描かれる。
フラの楽器としても使われる。
用例：Aia i ke one o Honomalino
Ke kai nehe i ka ʻiliʻili
ホノマリノの浜
さざ波が小石を鳴らす海
［アイナ・オ・ミロリイ］
▼イリイリ・ハナウ＝バースストーン
用例：I ka ʻiliʻili hānau aʻo Kōloa
A me ka nalu holu aʻo Kāwā
コロアのバースストーン
波立つカワと
［カウ・ヌイ］

Hawaiian Dictionary for Hula Dancers　048

イリマ

イリヒア
ilihia ［イリヒア］

尊敬の念、感激、興奮、圧倒する
用例：E hoʻoni nei i ka puʻuwai
Iihia wale au i kou nani
胸をかき乱す
あなたの美しさにどきどきする
［クウ・レオ・アロハ］

〈129〉

イリマ
ʻilima ［イリマ］

【植物】キンゴジカ属アオイ科の植物
2〜3センチ大の黄色〜オレンジ色の花をつ
ける。一日しかもたない儚い花。レイは花びら
を500枚以上連ねて作る。オアフ島の島花。
用例：Ua nani kuʻu pua ʻilima
Aloha wau iā ʻoe
美しい私のイリマ・フラワー
愛している
［クウ・プア・イリマ］

〈130〉

イリワイ
'iliwai [イリヴァイ]

①表面（に出る）、浮上する
用例：Carnation i wili 'ia me maile lauli'i 'iliwai like ke aloha pili pa'a
カーネーションは編まれる、マイレ・ラウリイとそれはまるで、寄り添うアロハ
[カマラニ・オ・ケアウカハ]

②水のホース

⟨131⟩

イワ
'iwa [イヴァ]

①【動物】グンカンドリ
用例：Hanohano nō 'o Kailua i ka mālie 'ike i ka nani o ka manu 'iwa
素晴らしいカイルアは穏やかに見えるのはイワ鳥の飛ぶ美景
[ハノハノ・ノ・オ・カイルア]

②【植物】シダの一種、イワイワ 'iwa'iwa のこと

⟨132⟩

イワイワ
'iwa'iwa [イヴァイヴァ]

【植物】シダの一種
黒ずんだ茎とツルツルな表面の葉
用例：Kau mai kou lei ia waioleka Haku 'ia a u'i me ka 'iwa'iwa
あなたのすみれのレイが出来上がる美しく編まれた、イワイワ（シダ）と
[クウ・ホア・ホロリオ]

⟨133⟩

うの言葉

ウア
ua [ウア]

①雨、雨が降る
歌のなかで雨は、豊穣や生命、セックスの象徴として描かれることも多い。
用例：Ohaoha pua
Nolu pē i ka ua
咲き乱れる花
雨に濡れている
[ヘ・プア・ヴェヒワ]

特定の土地に降る雨に名前がつけられている。
降り方の特徴、あるいはその土地の伝説などと関連付けられる。Ka ua 〜と呼ばれ、多くのフレージングのなかに登場する。
用例：Launa 'ole kou nani, ke kilohi aku wau
Ho'ōla i ka ua Tuahine
美しすぎるあなたを眺める
癒してくれるのはトゥアヒネの雨
[ハワイ・アケア]

▼ウア・ケア＝霧（雨）。「白い雨」という意味。

▼ウア・ココ＝地面近くの低い虹、大雨で流れた赤土で染まる河川、雲に映る虹、彩雲

用例：Pū'o'a o ke ali'i maoli
I ka ua koko
人民の頂点のアリイ
虹のなか
[カヒリ・ナイ]

②ウア＋動詞＝完了・過去を表す
用例：Kou u'i ua 'ike 'ia
Kō aloha ua hi'ipoi 'ia
知られるあなたの美しさ
大事にされたあなたの愛
[ウイラニ]

〈134〉

ウアケア
Uakea [ウアケア]

【固有名詞】マウイ島ハナに降る雨の名前
「白い雨」という意味。
用例：Eō Hāna i ka Uakea
Noenoe ku'u kapa 'ahu 'ohu i ka pali
呼びかける、ハナのウアケア雨
霧雨は私の衣、頂を包む霧
[エオ・ハナ]

〈135〉

の言葉

ウアポ
uapo [ウアポ]

波止場、埠頭
用例：Kawaihae, ka uapo a'o Hilo
カワイハエ、ヒロの波止場
[カワイハエ] 〈136〉

ウイ
u'i [ウイ]

若々しい、端正な、かわいい、きれい
用例：He u'i o Leolani
Don't you forget me my love
きれいだ、レオラニ
ぼくのこと忘れないで、愛する人
[レオラニ] 〈137〉

ヴィヴォオレ
wiwo'ole / wiwo 'ole [ヴィヴォオレ]

恐れ知らず、勇敢な、大胆な
用例：Mea 'ole ē na 'ale huku ana ē
Holo wiwo 'ole ē, ka ho'okele ē
どんな大きな波も取るに足らない
恐れずに進む、ナビゲーターの指揮のもと
[カウラナ・カ・イノア・オ・ホクレア] 〈138〉

ウイナ
'u'ina [ウイナ]

水や溶岩がパチパチ、パシャパシャ（と音をたてる）
用例：Ua kani ā 'u'ina a mauna 'ia
E 'ano'i pono nō e pūlama mau ē
鳴るのは痛めつけられる音
正義を切望する、永遠に守られること
[クウ・ポリアフ] 〈139〉

ウイラ
uila [ウイラ]

稲妻、電気
用例：Ka hola 'elima o ke ahiahi 'Anapa ka uila hana kupanaha
夕刻5時に
光る閃光、特別なこと
[ハレイワ・ホテル（ハノハノ・ハレイワ）]

⟨140⟩

ウイラニ
uilani [ウイラニ]

うずうず、やきもき、そわそわ、むらむら、いそいそ
用例：I laila mākou uilani ai
A me ka wai noenoe e pipi'i ana
そこで私たち、うずうず
霧のような水が溢れ出す
[アロハ・クウ・ホメ・ア・イ・カネオヘ]

⟨141⟩

ウイラニ
U'ilani [ウイラニ]

【人名】『ウイラニ』に歌われる、作者レナ・マシャドの孫娘。「天上の美女」の意。
用例：U'ilani ku'u lei, ku'u milimili ē
He pōkē pua mae 'ole o nā kūpuna
ウイラニ、私が愛おしむレイ
枯れることないクプナへの花束
[ウイラニ]

⟨142⟩

ウイリ／ヴィリ
wili [ウイリ／ヴィリ]

①編む、ねじる、絡める
用例：Ua ao ē ka uka, nā pua kamalei
Ua wili 'ia a pa'a ka 'imi na'auao
山の手で学んだ、大切な子供たち
しっかり編みこまれた、知恵の探求
[カヒコ・カパラマ]
②鳥

⟨148⟩

の言葉

ヴェキウ wēkiu [ヴェーキウ]

頂点、先端、山頂
用例：Pua mōhala kau mai i luna i ka wēkiu
咲く花が山頂の上に見える
［プア・モハラ・イ・カ・ヴェキウ］

ヴェヒ wehi [ヴェヒ]

① 装飾、飾り、飾る
用例：Ua kiʻi iho mai he wehi aloha
E ka ua kēhau anuhea
優しく降ったアロハの飾り
冷たい滴の霧雨
［ヘ・ヴェヒ・アロハ］

② （人に贈られる）歌
用例：Haʻina kou wehi
Hanohano kou inoa
伝えるのはあなたの歌
その素晴らしき名をたたえて
［カヒリ・ナイ］

ヴェヒヴェヒ wehiwehi [ヴェヒヴェヒ]

青々とした、生い茂った、華やいだ
用例：Aia i Hāmoa i ka ʻehukai
A he wehiwehi hoʻi i ka ulu hala
ハモアにある波しぶき
ハラの林が生い茂る
［エオ・ハナ］

ヴェヒワ wehiwa [ヴェヒワ/ヴェヒヴァ]

選ばれた、選りすぐり
用例：He pua wehiwa
He wehi no kuʻu kino
選りすぐりの花
私の体を飾る
［ヘ・プア・ヴェヒワ］

ヴェラヴェラ
welawela [ヴェラヴェラ]

ヴェラ wela（熱い、焼けた）の繰り返し語
用例：Nani Koʻolau a he pō anu
Kaʻiniki welawela a ka Makasila
美しいコオラウ、満ちる冷気
焼けるような痛み、マカシラ風
[ナニ・コオラウ]

〈148〉

ヴェレヴェカ
weleweka [ヴェレヴェカ]

ベルベット、ビロード
用例：Ka moena weleweka ka moena ia
Keʻala lauaʻe e moani nei
ベルベットの絨毯が敷かれ
ラウアエが風に香る
[ホノルル・ハーバー]

〈149〉

ヴェレラウ
welelau [ヴェレラウ]

先端、頂点、端
用例：O ka piʻo ana mai o ke ānuenue
Hoʻoheno ana i ka welelau pali
虹が弧を描いている
慈しむのは山の頂点
[コウラ]

〈150〉

ウォヒ／ヴォヒ
wohi [ウォヒ／ヴォヒ]

高官の子
用例：E ō e ka wohi kū kahi
Kalākaua he inoa lā ē
呼びかける高官の傑出した子
その名はカラカウア
[ノエノエ・マイカイ・ケ・アロハ]

〈151〉

の言葉

ウカ
uka [ウカ]
内陸、山の手、高台
用例：Ua ao ē ka uka, nā pua kamalei
Ua wili 'ia a pa'a ka 'imi na'auao
山の手で学んだ、大切な子供たち
しっかり編みこまれた、知恵の探求
[カヒコ・カパラマ]

⟨152⟩

ウケレ
'ūkele [ウーケレ]
ぬかるみ、泥深い
用例：Aia i Kalimuloa ka i'a 'ama'ama
A me ke kūhonu au 'ūkele kai
カリムロアにいるアマアマ魚
そしてカニのいる沼
[アロハ・クウ・ホメ・ア・イ・ケアロヒ]

⟨153⟩

ウヒ
uhi [ウヒ]
カバー、ベール、蓋
包まれる、覆われる、纏う
用例：A 'ike i ka pali a'o Ka'ai
Ua uhi 'ia e ka 'ohu
見えるのはカアリの崖
霧に包まれている
[アロハ・カエオ]

⟨154⟩

ウヒウハ
'ūhī'ūhā [ウーヒーウーハー]
（燃える溶岩の）吹き出す音
用例：'Ūhī'ūhā mai ana 'eā
Ke nome a'e lā iā Puna, 'eā
（溶岩の燃える）吹き出し音とともに
食べ尽くす、プナの地を
[アイア・ラ・オ・ペレ・イ・ハワイ]

⟨155⟩

057　Hawaiian Dictionary for Hula Dancers

ウプ
'upu [ウプ]

物思いに耽る、望む、求める、繰り返し胸に抱く思い、願望、愛情
用例：Noho aku i ka laʻi aʻo kuʻu home
ʻUpu aʻe ka manaʻo no nā hoaloha
平和な我が家で落ち着く
友人たちの思い出が蘇る
[アロハ・クウ・ホメ・ア・イ・カネオヘ]
⟨156⟩

ウヘネ
'uhene [ウヘネ]

① 陽気な音（音楽）を奏でる
② 焦らして興奮させる、ささやきかける
用例：Pū kukui kāua, i ke ahiahi
E ʻuhene la, a pili kāua i Lanikai
灯りの中二人で一緒の夜
ささやき合い、私たちは交わる、ラニカイで
[イ・ラニカイ]
⟨157⟩

ウマウマ
umauma [ウマウマ]

胸、心、核心
用例：ʻO ʻoe nō kuʻu pua
Kau umauma
あなたこそ私の花
心に寄せる
[モアニケアラオナプアマカヒキナ]
⟨158⟩

ウミアリロア
ʻUmialīloa [ウミアリーロア]

【人名】15世紀にハワイ島を統治していた首長の名前
用例：He aloha, he aloha
Ka ʻāina o ʻUmialīloa
愛する、愛する
ウミアリロアの地
[ワイピオ・パエアエア]
⟨159⟩

うの言葉

ウメウメ
'ume'ume [ウメウメ]

ウメ 'ume（気を引く、誘惑する）の繰り返し
語
用例：Holu nape mai ka lau o ka niu
'Ume'ume i ka pu'uwai
風にそよぐはヤシの葉
心和む
[アイナ・オ・ミロリイ]

〈160〉

ウラ
'ula [ウラ]

① 赤
▼ココ・ウラ＝虹
用例：E ka ua Kipu'upu'u
Lei kōkō 'ula I ke pili
キプウプウの雨よ
虹のレイをピリ草に
[プア・オ・カ・ヘイ]

② 神聖

③ 血、血統

④ 霊、魂、心、気
用例：Hehi a ka 'ula 'ole i ka hemo
Me ka wai 'o ka ua la'a kua
コツコツするけど開く気配なし
背には雨の水
[ナニ・コオラウ]

〈161〉

ウラウラ
'ula'ula [ウラウラ]

真っ赤な

用例：Lepe 'ula'ula lepe o ka moa
Ke hua kūlina 'ai a ka pelehū
真っ赤なニワトリのとさか
とうもろこしを食べる七面鳥
[レペ・ウラウラ]

〈162〉

ウララエホ
'ūlālā'ēhō [ウーラーラーエーホー]

[Hawaiian Dictionary] に登録なし
『ナニ・コオラウ』を近年レコーディングしたケアウホウの歌詞カードには、「delight（喜び・歓喜）」と訳されている。
用例：I laila kāua i walea ai
Me ka wai 'o ka 'ūlālā'ēhō
そこで二人は楽しむ
歓喜の水で
[ナニ・コオラウ]

〈163〉

ウリ
Uli [ウリ]

①【人名】魔術を使う女神の名前
②【地名】ハワイ島ワイメアの高地の一部の名前

用例：Kū aku la 'oe i ka Malanai a ke Kīpu'upu'u
Nolu ka maka o ka 'ōhāwai a Uli
あなたは立つ、マラナイとキプウプウの風の中
ウリに咲くオハワイの花びらは柔らかく
[ホレ・ワイメア]

〈164〉

ウリウリ
uliuli [ウリウリ]

濃い色（海の青、植物の緑など）
用例：Nā kula uliuli he nohea ke 'ike aku
緑濃い平野、華麗な景色
[ヒロ・ナニ・エ]

〈165〉

の言葉

ウル
ulu [ウル]

① 育つ、増える、広がる、強まる、守る、成長
用例：Punia i ka hana ē
Ulu māhuahua e mōhala i kou nani ē
たくさんの仕事に囲まれながら
強く成長して、花開くあなたの美しさ
［メレ・ア・カ・プウワイ］

② 林、群がり
用例：Aia i Hāmoa i ka 'ehukai
A he wehiwehi ho'i i ka ulu hala
ハモアにある波しぶき
ハラの林が生い茂る
［エオ・ハナ］

⟨166⟩

ウルア
'ulua [ウルア]

【動物】オキアジ、シマアジ、ロウニンアジなどアジ科に属する大型の魚
用例：'O 'oe ka 'ulua a'o moana 'eā
A ka lawai'a e li'a mau nei 'eā
あなたは海のウルア
漁師のお気に入り
［フアラライ］

⟨167⟩

ウルヴェヒ
uluwehi [ウルヴェヒ]

緑の茂った（場所）
用例：Ma'ema'e ke kino o ka pala'ā
Uluwehi i uka a'o Maunawili
清らかなパラアのからだ
マウナウィリの山に茂る
［プア・モハラ・イ・カ・ヴェキウ］

⟨168⟩

ウルヴェヒヴェヒ
uluwehiwehi [ウルヴェヒヴェヒ]

ウルヴェヒ uluwehi の繰り返し語
美しく茂った、深い森、ガーデン
用例：Uluwehiwehi i ka pala'ā
Me ka hala paoa i ke 'ala
美しく茂るパラア
強く香るハラと
[カ・ポリ・オ・カハルウ] 〈169〉

ウレ
ule [ウレ]

ペニス
▼カ・ウレ・オ・ナナホア＝モロカイ島の男根
岩
用例：Aia i Pālā'au
Ka wahi kapu o ka ule o Nānāhoa
パラアウにある
聖地カ・ウレ・オ・ナナホア
[ヘ・メレ・ノ・ヒナ] 〈170〉

カ・ウレ・オ・ナナホア

えの言葉

エ [エ]

① 呼びかけ
用例：E nā mokupuni 'o Hawai'i nei e ala mai
E nā mano kini a lehu e ala mai
ハワイの島々よ、立ち上がれ
大勢の民衆よ、立ち上がれ
[エ・ナ・キニ]

② ～に、によって
用例：A 'ike i ka pali a'o Ka'ali
Ua uhi 'ia e ka 'ohu
見えるのはカアリの崖
霧に包まれている
[アロハ・カエオ]

③ エ＋動詞＝命令・強意（～してください、しましょう）
用例：E ala ē 'o Waialua o Kūkaniloko i ke kapu
目覚めよワイアルア、聖なるクカニロコの地
[メレ・ホアラ・モク]

④ エ＋動詞＝不定詞（～すること）
用例：'A'ole au e 'auana hou
Ke maopopo he Hawai'i au
もうさまよったりしない
気づいたから、私はハワイアン
[ヘ・ハワイ・アウ]

⑤ エ＋動詞＋アイ＝命令・意志（～してください、します）
用例：Kāhiko Kapālama i ke aloha
He aloha nui ia e ho'oheno mau ai
カパラマは愛で飾られる
常に大切にされる大きな愛
[カヒコ・カパラマ]

⑥ エ＋動詞＋アナ＝未来・未完了（～します）
用例：He aloha ho'okāhili kuaola
E ho'ōla mai ana i nei 'aina
愛するは優しくあおぐ緑の山
この大地を癒やしてくれる
[カ・ポリ・オ・カハルウ]

⑦ エ＋動詞＋ネイ＝現在進行、未来（～しています、します）
用例：'O 'oe a 'o wau ua kō ka 'i'ini
Ke aloha e hi'ipoi nei
あなたと私、願望は満たされた
大切にする愛
[プア・メリエ]

⟨171⟩

えの言葉

ē [エー]

前の語句を強調する
用例：E ala ē 'o Kona
I ke kai o Kalehuawehe
目覚めよコナ
カレフアヴェへの海
[メレ・ホアラ・モク]
用例：Ākea ka moana o ka Pākīpika ē
Lei e nā moku ē, auē ē, Hōkūle'a ē
太平洋の大海原に、島のレイを紡ぐ
おー！（なんて素晴らしい）ホクレアよ
[カウラナ・カ・イノア・オ・ホクレア]〈172〉

ea [エア]

①生命、主権
用例：Mau ana ke ea o Hawai'i ē
E mālama pono i ka 'āina ē
ハワイの命を永続させる
大地をしっかりと守りながら
[マラマ・マウ・ハワイ]

②昇る、上へ行く
用例：Makiki ka home o nā manu
He uʻi ke ea mai i ka lani
マキキ、鳥たちの帰る家
美しい、空へ飛んでいく
[オアフ]〈173〉

エア
'eā [エアー]

感嘆詞
「ですよね」「でしょ?」「まったく」「その通り」
「ね」「わかる?」というニュアンスを伝える。

用例：O ka holo lio a'o ke kuini
I luna 'eā a'o Alaka'i
王女の馬に乗って行く旅
山の上のアラカイへ
[オ・カ・ホロ・リオ]

〈174〉

エイ
ei [エイ]

▶エイ・ネイ＝（恋人同士や夫婦間で）相手への呼びかけ。英語の「ダーリン」、日本の「あなた」

用例：E ku'u ipo
My ei nei
恋人よ
私の愛しい人
[マイ・スイート・ピカケ・レイ]

〈175〉

エイア
eia [エイア]

ここ、ここに、この場所
用例：'Auhea wale 'oe e ku'u aloha lā
Eia mai au ke kali nei ā
聞いてあなた、私の愛する人
私はここで待っている
[クウ・イポ・オナオナ]

〈176〉

エウエウ
'eu'eu [エウエウ]

いたずらな、みだらな
用例：Ko maka 'eu'eu
Kūlana ho'ohaehae
あなたのいたずらな目
評判の焦らし
[ホオハエハエ]

〈177〉

の言葉

エオ
eo ［エオ］

負ける、打ち負かされる
用例：Eo ana 'oe iā Limaloa
I nā kilioe i nā pali
打ち負かされるあなた、リマロアに
頂のキリオエに
［ノェノェ・マイカイ・ケ・アロハ］

〈178〉

エオー
eō ［エオー］

答える、呼びかける
用例：Eō Hāna i ka Uakea
Noenoe ku'u kapa 'ahu 'ohu i ka pali
呼びかける、ハナのウアケア雨
霧雨は私の衣、頂を包む霧
［エオ・ハナ］

〈179〉

エナ
'ena ［エナ］

燃える、燃え上がる
用例：Ala a'e ka hinano wehi aumoe
O 'ena ku'u li'a nou e Kaha'i
夜の飾りヒナノがそそのかす
燃える私の欲求、カハイへの
［エオ・ハナ］

〈180〉

エハ
'eha ［エハ］

痛い、苦しい、傷ついた
痛み、苦しみ、傷
用例：He 'eha mai loko mai
Mau nō ke aloha i ka poli
痛みは心の底に
けれど胸に残り続けたアロハ
［ハワイ・アケア］

〈181〉

エハ
'ehā [エハー]

4、四つ、四人、四番
用例：Ka lehua, ka roselani, 'ilima, mokihana
O nā moku 'ehā
レフア、ロゼラニ、イリマ、モキハナ
四つの島
[レイ・オフ]

⟨182⟩

エフ
'ehu [エフ]

① 霧、飛沫、泡
用例：Luhe 'ehu ka palai i ka nu'a
I ka 'olu o ka Old Plantation
霧にしなだれるパライの重なり
心地良い古いプランテーション
[オールド・プランテーション]
▼エフ・カイ
→エフカイ 'ehu kai / 'ehukai
② ホコリ
③ 花粉
④ ポリネシア系の人の茶髪

⟨184⟩

エフ
ehu [エフ]

'ehu と同義
▼ノル・エフ＝霧に湿った
用例：Puana ke mele o ka lehua pūnono
Nolu ehu pua hiwa i ke kili 'ohu
伝えるのは輝くレフアの歌
霧雨に濡れた特別な花
[カ・レフア・プノノ]

⟨183⟩

の言葉

エフカイ
'ehu kai / 'ehukai ［エフカイ］

波飛沫
用例：Lei ana Pua'ena i ka 'ehu kai
Ua wali ke one o Māeaea
プアエナを包む波しぶき
パウダー・サンドのマエアエア
［ハレイワ・ホテル（ハノハノ・ハレイワ）］
〈185〉

エリマ
'elima ［エリマ］

5、五つ
用例：Ka hola 'elima o ke ahiahi
'Anapa ka uila hana kupanaha
夕刻5時に
光る閃光、特別なこと
［ハレイワ・ホテル（ハノハノ・ハレイワ）］
〈186〉

エルア
'elua ［エルア］

2、二つ、二人、二番
用例：'Elua wale iho ho'i māua
Ka hau hāli'i a'o Wainea
ただ二人きりの私たち
霜が包み広がるワイメア
［レペ・ウラウラ］
〈187〉

エレレ
'elele ［エレレ］

使者、代理人
用例：He leo aloha ē, e ho'i mai ē
'Elele kaulana ē, e ha'aheo ai ē
アロハのメッセージ、帰ってくる
名高き使者、誇り高く
［カウラナ・カ・イノア・オ・ホクレア］〈188〉

071　Hawaiian Dictionary for Hula Dancers

エロ
'elo [エロ]

湿った ▼プル・エロ＝びしょ濡れの、すっかり浸された

用例：Me ka ua kaulana a'o Hā'ao
Ho'opulu 'elo i ka 'ili o ka malihini
ハアオの名高い雨
訪問者の肌をびっしょり濡らす
[カウ・ヌイ]

⟨189⟩

エワ
'ewa / 'Ewa [エヴァ]

① ゆがんだ、ねじれた

② 【地名】オアフ島6地域の一つ。島の中部、コオラウ山脈とワイアナエ山脈にはさまれた地域。パールハーバー以西一帯。

用例：E ala e 'o 'Ewa o ka i'a hāmau leo
目覚めよ、エワ［沈黙の声の魚］
[メレ・ホアラ・モク]

⟨190⟩

おの言葉

オ o [オ]

～の

(A)＋オ＋(B)＝(B)の(A)

用例：He home noho mau na ka Wahine
Ka āiwaiwa nani o Kīlauea
女神の定住地
キラウエアの驚くべき美しさ
[カウ・ヌイ]

オ 'o [オ]

名前、代名詞の前に置いて主語にする標識

▼オ＋(A)＋(B)＝(A)は(B)です

用例：'O 'oe nō ku'u pua
Kau umauma
あなたこそが私の花
心に寄せる
[モアニケアラオナプアマカヒキナ]

▼(A)＋オ＋(B)＝(B)は(A)です

用例：He ho'ohie nō 'o Kahālo'ipua
Ka makuahine a'o nei lehulehu
際立つ人、カハロイプア
みんなが母のように慕う
[ハレイワ・ホテル（ハノハノ・ハレイワ）]

お の言葉

オ
ō [オー]
答える
用例：Nā kihi 'ehā o ka 'āina
E ō mai, ē Ni'ihau, i kou inoa
島の四方・四隅
答えて、あなたの名はニイハウ
[アロハ・カエオ]

〈193〉

オアフ
O'ahu [オアフ]
【地名】首都ホノルルのあるハワイ諸島3番目に大きな島
島花：イリマ
島色：黄色
用例：Ha'ina 'ia mai ana ka puana
O'ahu ka 'āina o ke aloha
歌は伝える
オアフ島、アロハの島
[オアフ]

〈194〉

オイ
'oi [オイ]
ベスト、最高、優れている
極上の、とびきりの
用例：Hō'ike a'e 'oe i kou nani
I ka mālamalama 'oi kelakela
あなたが見せるその美しさ
並外れてとびきりの輝き
[ホノルル・ハーバー]

〈195〉

オイヴィ
'ōiwi [オーイヴィ]
①その土地で生まれた人、先住民、その国の言語を第一言語とする人
②姿の良い
用例：'Ōiwi nani ku'u rose ku'u lani
He lani nui 'oe na'u e ku'u ipo
美しく姿の良い私の最上のバラ
あなたはとても高貴な私の恋人
[ロゼ・オナオナ]

〈196〉

オウ
ou [オウ]

あなたの（もの）
用例：E 'ole ou malu iani lā ē
'A'ohe anu, 'a'ohe mā'e'ele
あなたの守護がなくても
寒さも凍えることもない
[ヘ・レイ・アロハ（ノ・ヒロ）]

〈197〉

オウェー
'owē [オウェー]

ざわめき、さざめき、そよぎ、さらさら、（風や水が）流れる音
用例：Ka 'owē a ka wai o Nāmolokama
Ahe wai hu'ihu'i
さらさら、ナモロカマの水
風に吹かれる冷たい水
[ナ・ウイ・オ・カウアイ]

〈198〉

オウェセ
'owese [オウェセ]

'oweke = 'uweke（開く）の変形
※メレ・ホイボイボ（エッチ・ソング）の中では語源の意味と関係なく意味深に挿入されることがある。
用例：Hone ana, 'owese, sonisoni mālie
He manene mai ho'i kau
悪戯して（開く）静かなどきどき
もうムラムラ
[クウ・ティタ]

〈199〉

オエ
'oe [オエ]

あなた
用例：He ali'i nui 'oe nā ka malihini
O neia 'āina pāhoehoe
あなたは偉大な首長
この溶岩の地の訪問者にとって
[ハレマウマウ]

〈200〉

お の言葉

オオ
'ō'ō [オーオー]

① 突く、刺す、穴を開ける、槍
用例：Lā'au kala'ihi 'ia na ke anu
'Ō'ō i ka nahele a'o Mahiki
冷気の中でかたく育った木の幹
マヒキの森で突く（槍）
[ホレ・ワイメア]

② 掘る道具として使う棒

③【動物】ボディーは黒い羽に覆われ、尾のあたりは黄色い羽のハワイ固有のミツスイ鳥。ハワイ島、モロカイ島、オアフ島、カウアイ島、それぞれの島に固有の種が生息していたそうですが、残念ながらもう実物を見ることはできません。絶滅してしまったのです。

〈201〉

オナ
ona [オナ]

① 夢中にさせる、心惹かれる、優しい香り
用例：He 'ini ko'u
Ke ona mokihana
私の望み
夢中にさせる（優しい香りの）モキハナ
[ルウルウ・イ・ナ・ウア・ヌイ・オ・ハナレイ]

② 所有格　彼の、彼女の、その

〈202〉

オナオナ
onaona [オナオナ]

ほのかな香り、優しい、甘い、誘惑的、心奪われた
※発音に要注意！'ona'onaは真逆の意味（悪臭）となってしまいます。
用例：E ku'u lei pua kenikeni
E ku'u lei 'ala onaona
私のプア・ケニケニ・レイ
私の甘く香るレイ
[クウ・レイ・プア・ケニケニ]

〈203〉

オニ
oni [オニ]

現れる、見える
用例：Huli aku nanā iā Pu'uohulu 'eā
Oni 'ana Heleakalā ma hope pono
振り返って眺めるプウオフル
背後に見えるハレアカラ
[ナナクリ]

〈204〉

オニ
'oni [オニ]

動く、移動する、よじる、くねる
用例：Ke 'oni a'ela i luna
E like me Likelike
上へ向けて動く
リケリケのよう
[サノエ]

〈205〉

オニパア
'onipa'a [オニパア]

不動の、断固とした
用例：Mai Hawai'i 'o Keawe a Kaua'i 'o Manokalani
'Onipa'a mau
ハワイ島のケアヴェからカウアイ島のマノカラニまで
いつも断固としよう
[エ・ナ・キニ]

〈206〉

お の言葉

オネ
one [オネ]

砂、砂浜、(詩的に) 地
用例：Ke one kaulana a'o Kaununui
Ke one uʻi o nā momi
名高いカウヌヌイの浜
美しいニイハウ・シェルの浜
［アロハ・カエオ］

▶ アエ・オネ＝浜辺
用例：He kai nehe mai i ka 'ae one, 'eā
I ka pā honehone
海の浜辺で鳴る音
優しい音色
［アリイ・イオラニ］

▶ オネ・ハナウ＝誕生地、生まれ故郷
用例：He aloha ku'u one hānau
ʻO kaʻū nui hiehie i ka makani
愛する故郷
広大で圧巻のカウは風の中
［カウ・ヌイ］

〈207〉

オノ
'ono [オノ]

美味しい、美味、味
用例：Kuhi au o ka 'ono i'a
A ke pu'u a'e moni nei
私は美味しいもの想像して
喉に飲み込みたくなる
［ファ・ククイ］

〈208〉

オノヒ
'ōnohi [オーノヒ]

① 目玉、中心、瞳
用例：Kau aku kuʻu maka i ka ʻōnohi
Hiaʻai i ka nani o puʻu Kaʻuiki
私の目、瞳に映るのは
嬉しい美しさ、カウイキの丘
［エオ・ハナ］

② 虹の欠片

〈209〉

オハオハ
ohaoha [オハオハ]

① 青々と育つ
用例：Ohaoha pua
Nolu pē i ka ua
咲き乱れる花
雨に濡れている
[ヘ・プア・ヴェヒワ]

② 人なつっこい、友好的、好意的、親しみやすい

〈210〉

オハナ
'ohana [オハナ]

家族、親類、一族
用例：Hali'a ana ku'u lā 'ōpio
Me nā 'ohana a me nā hoa
思い出す、私の子供時代
家族と友達との
[ハラワ]

〈211〉

オハワイ
'ōhāwai [オーハーワイ／オーハーヴァイ]

【植物】キキョウ科のハワイ固有種 細いラッパ型の花をつける。花の底に溜まる蜜を吸いに来るイイヴィなどミツスイ鳥が受粉役を果たした。
用例：Kū aku la 'oe i ka Malanai a ke Kipu'upu'u
Nolu ka maka o ka 'ōhāwai a Uli
あなたは立つ、マラナイとキプウプウの風の中
ウリに咲くオハワイの花びらは柔らかく
[ホレ・ワイメア]

〈212〉

Hawaiian Dictionary for Hula Dancers　080

の言葉

オヒ
ohi [オヒ]

若い雌
用例：Mōlio ke kaula 'ili
I ka lae o ka pipi ohi
ピンと張る革の縄
若い雌牛の額に
[プア・ククイ]

⟨213⟩

オピオ
'ōpio [オーピオ]

若い人、若者
用例：Poina 'ole nō 'oe e Hālawa housing
Hali'a ana ku'u lā 'ōpio
忘れないあなたのこと、ハラワ住宅
思い出す、私の少年時代
[ハラワ]

⟨214⟩

オフ
'ohu [オフ]

霧、露、雲、山にかかる霧雲、（レイなどで）飾られた
用例：A 'ike i ka pali a'o Ka'ali
Ua uhi 'ia e ka 'ohu
見えるのはカアリの崖
霧に包まれている
[アロハ・カエオ]

⟨215⟩

オプア
'ōpua [オープア]

（真綿のような）雲
用例：Kau ana la i ka heke
Hiehie me ka 'ōpua
最高の姿を見せる
雲とともに神々しく
[クウ・レイ・プア・ケニケニ]

⟨216⟩

オープウ
'ōpu'u [オープウ]

蕾、円錐
用例：Ka paia keleawe e hulali nei
'Ōpu'u kaimana 'ālohilohi
きらめくダイアモンドの円錐
金属の壁が輝く
[ホノルル・ハーバー]

〈217〉

オフオフ
'ohu'ohu [オフオフ]

オフ 'ohu の繰り返し語
用例：Nā hala o Naue
'Ohu'ohu i lulu'u pali
ナウエのハラ林
霧雲が重々しく崖を飾る
[ナ・ウイ・オ・カウアイ]

〈218〉

オホ
oho [オホ]

① 植物の葉
用例：Ho'ola'i nā manu i laila
Ho'oipo i ke oho o ka niu
鳥たちはそこで和み
愛おしむヤシの葉
[オールド・プランテーション]

〈219〉

② 叫ぶ、叫び声、歓声

オラ
ola [オラ]

命、健康、救い、癒し
生きる、救う、癒やす、生き残る
用例：Me ka lā e nōweo nei
Ka'i ana ma ke ala pono o ke ola ē
太陽のように輝き照らす
人生の正しい道を導く
[メレ・ア・カ・プウワイ]

〈220〉

の言葉

オラア
ōla'a / Ōla'a [オーラア]

① 【植物】ラズベリーの一種でキイチゴ科の植物。それとは別にレイに使われる「オラア・ビューティー」という呼び名の小さな紫色の花がある。

② 【地名】ハワイ島キラウエアの森林地区
用例：Aia i 'Ōla'a ku'u aloha
Kapalili ohaoha ka lau o ka palai
オラアにいる私の恋人
喜びに震えるパライの葉
[アイア・イ・オラア・クウ・アロハ]

〈221〉

オラウニウ
'Ōlauniu [オーラウニウ]

【固有名詞】風の名前（ハワイ島、オアフ島ホノルル）
用例：He ho'oheno nō 'oe e ka 'Ōlauniu
Makani ahe 'olu o ke ahiahi
愛されるあなた、オラウニウ
夜の心地良いそよ風
[カヒコ・カパラマ]

〈222〉

オリオリ
'oli'oli [オリオリ]

オリ 'oli の繰り返し語
楽しみ、喜び
用例：'Oli'oli nō au e 'ike maka
Ka hulili o ka wai no Kaliko
喜びは、私が目の当たりにする
まばゆいカリコの水
[ハナレイ・イ・カ・ピリモエ]

〈223〉

オリノ
'ōlino [オーリノ]

輝く、まぶしい、輝かしい
用例：'Ōlino ha'a mai ana
I ku'u nui aloha
眩しすぎてクラクラする
私の深い愛
[プア・アラ・アウモエ]

〈224〉

オル
ʻolu [オル]

爽快な、心地良い、気分がいい、落ち着いた、しなやかに

用例：He aloha Nuʻuanu i kaʻu ʻike
I ke kāwelu haʻa i kaʻolu
我が愛しのヌウアヌの光景
しなやかに踊るカヴェル
[ヘ・アロハ・ヌウアヌ]

〈225〉

オルオル
ʻoluʻolu [オルオル]

オル ʻolu の繰り返し語
楽しい、心地良い、感じの良い、親しみやすい、ハッピー、親切な

用例：Precious ʻala kupaoa ʻoluʻolu a ka beauty
Na ka lani punahele e milimili
満ちる特別な香りが心地よくて美しい
王族が可愛がるお気に入り
[プア・モハラ・イ・カ・ヴェキウ]

〈226〉

オレ
ʻole [オレ]

〜でない、しない、ない、否定語

用例：E ʻole ou malu lani lā ē
ʻAʻohe anu, ʻaʻohe māʻeʻele
あなたの守護がなくても
寒さも凍えることもない
[ヘ・レイ・アロハ（ノ・ヒロ）]

〈227〉

オレロ
ʻōlelo [オーレロ]

言葉、言語、話す、言う

用例：E ʻōlelo mai kahiko mai
O Pukaʻilima
語りかける、古き日々
プアカイリマの
[カウラナ・オ・カワイハエ]

〈228〉

の言葉

オロナ
olonā ［オロナー］

【植物】イラクサの一種
樹皮を編んで漁の網を作った。
用例：Kaulana no ka 'aha olonā
Me nā 'aihilele o kai
名高いオロナのより紐
海で見られる地引網
［アイナ・オ・ミロリイ］

⟨029⟩

オワカ
'owaka ［オワカ］

稲光、閃光、輝き
用例：'Owaka i ka lani, nokenoke
E Pele ē Pele ē
空に光を放ち続ける
ペレよ、ペレよ
［アイア・ラ・オ・ペレ・イ・ハワイ］

⟨030⟩

か の言葉

カ
ka [カ]

① 冠詞 単数の語（ke, e, a, o, ' 以外の文字で始まるもの）の前に置かれる。
→ケ ke
用例：'Ike 'ia i ka nani a'o Halema'uma'u
Me ke ahi kaulana a'o ka wahine
眺めるはハレマウマウの美しい景色
そこには名高き女神の火
[ハレマウマウ]

② カ ka＋イ ī ＝〜した人・もの

⟨231⟩

カ
kā [カー]

驚きや、軽いいらだちを表現する感嘆詞
用例：'O 'oe kā i pane mai
I ku'u nui aloha
あなたが答え
私の深い愛
[プア・アラ・アウモエ]

⟨232⟩

カアプニ
ka'apuni [カアプニ]

周遊する、廻る、一周する
用例：Kaulana kou inoa i nā malihini 'eā
Ka'apuni kou nani puni ka honua
訪問客に名高いあなたの名前
世界に知れ渡るあなたの美しさ
[ワイキキ・フラ]

⟨233⟩

カアフパハウ
Ka'ahupāhau [カアフパーハウ]

[人名] サメの女神の名前
パールハーバーの守護神。
用例：Kaulana nō 'oe e Ka'ahupāhau
Alahula hele nō 'oe, 'o Pu'uloa
カアフパハウの通り道
名高いあなた、プウロア
[ハラワ]

⟨234⟩

の言葉

カアフマヌ
Ka'ahumanu [カアフマヌ]

【人名】カメハメハ大王の妻のひとり 大王亡き後クヒナ・ヌイ（摂政）として力を持った。カ・アフ（クローク、マント）＋マヌ（鳥）でフェザー・クロークという意味。マウイ島ハナ出身。

用例：Ku'u a'e i ka makani
Ka mo'olelo o Hawai'i ē
O Ka'ahumanu
風が伝える
ハワイの歴史物語
カアフマヌ
［マラマ・マウ・ハワイ］

〈235〉

カアラ
Ka'ala [カアラ]

【地名】オアフ島ワイアナエ山脈の最高峰の山の名前

用例：He nani Ka'ala kau mai i luna
Kuahiwi kaulana kū kilakila
美しいカアラ、高々と見える
名高い山がそびえ立つ
［ネネウ］

〈236〉

カアリ
Ka'ali'i [カアリ]

【地名】ニイハウ島北東部の崖の名前
用例：A 'ike i ka pali a'o Ka'ali'i
Ua uhi 'ia e ka 'ohu
見えるのはカアリの崖
霧に包まれている
［アロハ・カエオ］

〈237〉

カイ
kai [カイ]

海、海水、海辺、潮、海流
用例：Aia i ke one o Honomalino
Ke kai nehe i ka 'ili'ili
ホノマリノの浜
さざ波が小石を鳴らす海
[アイナ・オ・ミロリイ]

〈238〉

カイ
ka'i [カイ]

① 先導する、道案内する、導く
用例：Me ka lā e nōweo nei
Ka'i ana ma ke ala pono o ke ola ē
太陽のように輝き照らす
人生の正しい道を導く
[メレ・ア・カ・プウワイ]
② 観客の前に踊りながら登場すること、またそのときに歌われるチャント

〈239〉

カイアウル
Kaiāulu [カイアーウル]

【固有名詞】オアフ島ワイアナエに吹く、心地良い貿易風の名前
用例：'O ka pā kolonahe a ke Kaiāulu
Halihali mai ana ke 'ala lipoa
心地良く吹く風カイアウル
運んでくるのはリポアの香り
[ネネウ]

〈240〉

カイマナ
kaimana [カイマナ]

ダイアモンド
用例：He kohu kula kaimana
'Alohi nei i ka lā
ダイアの草原のよう
輝く太陽の下
[ライマナ]

〈241〉

かの言葉

カイマナヒラ
Kaimana Hila [カイマナヒラ]

【地名】ダイアモンド・ヘッドのハワイ語訳。本来のハワイ語名は「レアヒ Lēʻahi」。
用例：Huli aku nānā ia Kaimana Hila ʻeā ʻike i ka nani aʻo Honolulu
振り返って眺めるダイアモンド・ヘッド 見えるのはホノルルの美景
[ワイキキ・フラ]

〈242〉

カイルア
Kailua [カイルア]

【地名】オアフ島ウィンドワードにある市、湾、ビーチ、パーク。
白いパウダーサンドのカイルア・ビーチは特に有名。
用例：Hanohano nō ʻo Kailua i ka mālie ʻike i ka nani o ka manu ʻiwa
素晴らしいカイルアは穏やか 見えるのはイワ鳥の飛ぶ美景
[ハノハノ・ノ・オ・カイルア]

〈243〉

カウ
kau [カウ]

① 置く、現れる、見える、姿を見せる、浮かぶ、吊るす、かける、貼り付ける、落ち着く、休む、乗る
（太陽が）沈む、（月が）昇る、（風が）吹く
▼カウ・マイ・イ・ルナー＝上に出る（現れる）
用例：Kau mai i luna, o Māhealani
Ua hula kāua, i ke one kea
空に見える十六夜月 二人でフラを踊った、白い砂浜で
[イ・ラニ・カイ]
▼カウ・イ・カ・ハノ＝名誉な、誉れ高き
用例：Puana ʻia mai no ke one kaulana
ʻO Kailua, ʻāina kaui i ka hano
伝えるのは名高い砂浜 カイルア、誉れ高き地
[ハノハノ・ノ・オ・カイルア]
▼カウ・カ・マナオ＝思い浮かぶ

② 季節、時期
▼カウ・ア・カウ＝いつまでも（季節から季節へ）
用例：He lei pāpahi no kuʻu kino

No nā kau ā kau
私の体を飾るレイ
永遠に
[クウ・レイ・マイレ]

③ 最上級を表現するフレーズ
▼ホイ・カウ
用例：He manene mai hoʻi kau
E nanea pū kāua
もうムラムラ
二人一緒に楽しもう
[クウ・ティタ]

〈244〉

カウ
kaʻu ［カウ］

私の、私のもの
用例：He aloha Nuʻuanu i kaʻu ʻike
I ke kāwelu haʻa i ka ʻolu
我が愛しのヌウアヌの光景
しなやかに踊るカヴェル
[ヘ・アロハ・ヌウアヌ]

〈245〉

カウ
Kaʻū ［カウー］

[地名] ハワイ島南部の地名
カラエ岬とカウラナ湾の絶景で知られるハワイ州（そして米国）最南端の地。
用例：He aloha kuʻu one hānau
ʻO Kaʻū nui hiehie i ka makani
愛する故郷
広大で圧巻のカウは風の中
[カウ・ヌイ]

〈246〉

カウア
kaua ［カウア］

戦い、戦、競技
用例：O ke kani a ka pio hone i ke kula
E kono mai iaʻu hui kaua
ホイッスルの音、グラウンドに心地良く鳴る
私を誘う、競技への参加
[カ・パニオロ・ヌイ・オ・モロカイ]

〈247〉

の言葉

カウア
kāua [カーウア]

私たち二人（私とあなた）

用例：He 'ala kou e māpu mai nei
la honi, 'a'ala e pili ai kāua
あなたの香り、漂ってくる
甘い口づけ、二人を一つにする
[ピカケ・ラウナ・オレ]

⟨248⟩

カウアイ
Kaua'i [カウアイ]

[地名] ハワイ諸島4番目に大きい島の名前
ニイハウ島の東、オアフ島の西隣りに位置する。ワイアレアレ山、ハナレイ湾、ワイメア・キャニオンなどを有する。
島花：モキハナ（花ではなくベリーの実）
島色：紫

用例：Ku'u lei mokihana
Kaulana 'oe Kaua'i
私のモキハナ・レイ
名高いあなた、カウアイ
[ナ・ウイ・オ・カウアイ]

⟨249⟩

カウアイカナナ
Kauaikananā [カウアイカナナー]

[地名] カウアイ島北岸、ナパリ・コーストの渓谷と川の名前

用例：Eia nō kāua i Kauaikananā
E ho'omalumalu e ho'opumehana
私たちはここ、カウアイカナナで
雨露をしのぎ暖まる
[オ・カ・ホロ・リオ]

⟨250⟩

カウイキ
Ka'uiki [カウイキ]

[地名] マウイ島東部ハナの岬の名前
神話の半神マウイの故郷、カアフマヌ王妃の出生地として知られる。

用例：Kau aku ku'u maka i ka 'ōnohi
Hia'i i ka nani o pu'u Ka'uiki
私の目、瞳に映るのは
嬉しい美しさ、カウイキの丘
[エオ・ハナ]

⟨251⟩

カヴェル
kāwelu [カーヴェル]

① 【植物】ハワイ在来種の風草。ヌウアヌ・パリを舞台にするメレによく登場する。
用例：He aloha Nuʻuanu i kaʻu ʻike
I ke kāwelu haʻa i ka ʻolu
我が愛しのヌウアヌの光景
しなやかに踊るカヴェル
[ヘ・アロハ・ヌウアヌ]

② フラ・ステップの名前。カラカウアをたたえるチャントのフラがこのステップではじまることから、カラカウア・ステップとも呼ばれる。

〈253〉

カウナカカイ
Kaunakakai [カウナカカイ]

【地名】モロカイ島の中心の町の名前。海岸には港がある。
用例：Kaunakakai, ka uapo Molokaʻi
Hoehoe nā waʻa
カウナカカイ、モロカイ島の波止場
カヌーを漕ぐ
[カワイハエ]

〈253〉

カウヌ
kaunu [カウヌ]

艶事、どきどき、情熱、愛を交わす、魅了される
用例：ʻO ka hae Hawaiʻi kaʻu aloha
E kaunu nei me ka hae o Maleka
ハワイの旗、私の愛
アメリカの旗と仲良くしてるよ
[ハレイワ・ホテル（ハノハノ・ハレイワ）]

〈254〉

の言葉

カウヌヌイ
Kaununui [カウヌヌイ]

[地名] ニイハウ島の岬とサーフポイントの名前
用例：Ke one kaulana a'o Kaununui
Ke one uʻi o nā momi
名高いカウヌヌイの浜
美しいニイハウ・シェルの浜
[アロハ・カエオ]

⟨255⟩

カウラ
kaula [カウラ]

綱、縄
用例：Eia ka kaula lopi āna
Hei kō puʻuwai kapaliʻi
ここに綱、彼女のロープ
捕らえるのはあなたの高鳴る心
[プア・ククイ]

⟨256⟩

カウラナ
kaulana [カウラナ]

有名な、名高い、世に知られた、知れ渡る
用例：Kaulana ka inoa ē, Hōkūleʻa ē
Ka waʻa kaulua ē, no Hawaiʻi ē
その名も高きホクレアよ
ハワイの双胴カヌーよ
[カウラナ・カ・イノア・オ・ホクレア]

⟨257⟩

カウルア
kaulua [カウルア]

双胴カヌー、一対
用例：Kaulana ka inoa ē, Hōkūleʻa ē
Ka waʻa kaulua ē, no Hawaiʻi ē
その名も高きホクレアよ
ハワイの双胴カヌーよ
[カウラナ・カ・イノア・オ・ホクレア]

⟨258⟩

カウルラアウ
Kaululā'au ［カウルラーアウ］

[人名] マウイ島の伝説の首長の名前
用例：Aia ka palena i Maui 'eā
'Āina o Kaululā'au 'eā
境界線（海峡）の向こうにマウイ島
カウルラアウの地
［アイア・ラ・オ・ペレ・イ・ハワイ］

⟨259⟩

カエオ
Ka'eo ［カエオ］

[地名] ニイハウ島中央にある丘の名前
用例：Aloha Ka'eo kau mai i luna
Ke kuahiwi kaulana a'o Ni'ihau
愛するカエオ、高々と見える
ニイハウの名高き山
［アロハ・カエオ］

⟨260⟩

カエナ
Ka'ena ［カエナ］

[地名] オアフ島北西の先端にある岬の名前
ペレとともにハワイにやってきて、この地に
残った兄（または従兄弟）の名前が由来。
用例：Aia i Ka'ena ku'u lei momi
I ka ho'opulu 'ia e ka huna kai
カエナに私の真珠のレイ
波しぶきに濡れて
［カエナ（クウ・レイ・モミ）］

⟨261⟩

カオナ
kaona ［カオナ］

① 隠喩、裏の意味、二重（数重）の意味
② 町、村
用例：A 'ike i ka nani a'o Pu'uwai
Ke kaona aloha o nā 'ohana
見えるのはプウワイの美景
家族に愛される村
［アロハ・カエオ］

⟨262⟩

の言葉

カカニ
kakani ［カカニ］

騒ぎ、やかましい、繰り返す音、おしゃべり、チューチュー、キーキー
用例：Kakani le'a ka wao, na ka manu o uka
森は楽しげに賑やか、山の鳥の声で
［スイート・アパパネ］

⟨263⟩

カカヒアカ
kakahiaka ［カカヒアカ］

朝
用例：Pōhai 'ia me ke aloha
I ka 'ehu kakahiaka
愛に包まれる
朝霧の中
［クウ・レイ・マイレ］

⟨264⟩

カクヒヘワ
Kākuhihewa ［カークヒヘヴァ］

【人名】15世紀にオアフ島を統治していた王の名前
オアフ島をたたえる代名詞として多くのメレの詞に登場します。
用例：Lei 'ohu'ohu 'oe Kākuhihewa
Ka 'ilima melemele kau po'ohiwi
レイに飾られるあなた、カクヒヘワ
黄色いイリマがあなたの肩に
［レイ・オフ］

⟨265⟩

099　Hawaiian Dictionary for Hula Dancers

カコウ
kākou [カーコウ]

私たち、みんな（自分を含むすべてのここにいる人達） ※三人以上
→カウア kāua＝私たち（二人）
用例：Hea aku o Māʻeliʻeli he kupa o ka ʻāina
He hale, he ʻai, he iʻa no kākou
マエリエリと呼ぶ地元民の地
家と食物と魚がみんなのためにある地
[アロハ・クウ・ホメ・ア・イ・ケアロヒ]

⟨266⟩

カナカ
kānaka [カーナカ]

カナカ kanaka の複数形
用例：Ua ʻeha ʻiā i ka maka o ka ihe
Kū ke aliʻi kūnou ke kānaka
槍の先の痛み
首長が現れ人々は頭を垂れる
[アカヒクレアナ・ア・カ・ピコ]

⟨267⟩

カナロア
Kanaloa [カナロア]

① [地名] カホオラヴェ島の初期の名称
② [人名] 太平洋四大神の一柱
用例：Paoa ʻia na pali o Makana
I ka wai ʻauʻau o Kanaloa
強く香るマカナの頂
カナロアの水を浴びて
[ノエノエ・マイカイ・ケ・アロハ]

⟨268⟩

カニ
kani [カニ]

① 音、鳴る、鳴く、響く
用例：Kou maka onaona kaʻu i aloha
Kou leo kani hone, hone i ke kula
あなたの優しい目、私の愛するもの
あなたの優しい声、平原に響く
[カエナ（クウ・レイ・モミ）]

② 乾きを潤す、飲む

⟨269⟩

の言葉

カニカニ
kanikani [カニカニ]

カニ kani の繰り返し語
カチカチ、チリンチリン、鳴る
用例：O ka makinikela koʻu mahalo
Me na kēpā kanikani o ke kāmaʻa
胸がい（馬具）、私の称賛するもの
ブーツの拍車がカチカチ鳴る
[クウ・ホア・ホロリオ]

〈270〉

カニレフア
Kanilehua [カニレフア]

【固有名詞】ハワイ島ヒロに降る雨の名前
意味は「レフアが飲む雨」
用例：He wehi ʻoe no Piʻihonua
E kū ana i ka ua Kanilehua
あなたは飾り付けるピイホヌア
成長する、カニレフア雨の中
[スイート・アパパネ]

〈271〉

カネ
kāne / Kāne [カーネ]

① 男、夫
②【人名】ロノ、ク、カナロアと並ぶハワイの四大神の一柱の名前
生命、日光、水を司る
用例：Alo lua Hina me Kāne o ka lā
He pō kapu ʻia, hoʻāo na akua
重なるヒナと太陽のカネ
神聖な夜、神の結婚
[カハ・カ・マヌ]

〈272〉

カネオヘ
Kāneʻohe [カーネオヘ]

【地名】オアフ島ウィンドワードの町、地区、湾の名前
用例：ʻĀina kaulana i ka nani
Hanohano ʻo Kāneʻohe
美景で名高い地
すばらしいカネオヘ
[カネオヘ]

〈273〉

カハ
kaha [カハ]

① 場所
用例：My darling sweet lei onaona o ia kaha
E ho'oipo nei me ke kamalani o Keaukaha
ダーリン、この場所の甘く香るレイ
愛を交わす、ケアウカハの大切な人と
[カマラニ・オ・ケアウカハ]

② 滑空する、空に浮かぶ、通りすぎる
用例：Kaha ka manu, pa'a ka lā
Pō'ele nā moku, pōuliuli
滑空する鳥、太陽を遮る
暗闇の島々、日食
[カハ・カ・マヌ]

カパ
kapa [カパ]

① 樹皮で作った布、タパ
用例：Poli'ahu ka wahine kapa hau anu
Pumehana ka wahine e 'apo mai ē
女神ポリアフ、冷たい雪のブランケット
抱きしめて暖めてくれる女性
[クウ・ポリアフ]
▼カパ・モエ＝ブランケット

② サラサラ、カサカサ、パラパラ、バシャバシャ、ザーザー

③ 呼ぶ、名付ける、称する
用例：Kapa 'ia mai au he hūpēkole
A nui a'e he wahine u'i
鼻垂れって呼ばれてたけど
育った今はきれいな女よ
[クウ・ワ・リイリイ]

かの言葉

カハイ
Kahaʻi [カハイ]

【人名】『エオ・ハナ』に歌われる人の名前
アルバムの歌詞カードには「話の達人」という
英訳になっていますが、作者のカマカさんによ
ると人の名前とのこと。語源＝カ（冠詞）＋ハ
イ（言う、話す）
用例：Ala aʻe ka hinano wehi aumoe
O ʻena kuʻu liʻa nou e Kahaʻi
夜の飾りヒナノがそそのかす
燃える私の欲求、カハイへの
[エオ・ハナ]

⟨276⟩

カハオネ
kahaone / kaha one [カハオネ]

砂浜
用例：Ua pakele mai kahaone
I ka popoʻi mai o nā nalu
砂浜は逃れた
波に飲み込まれる災難から
[ヘ・レイ・アロハ（ノ・ヒロ）]

⟨277⟩

カパカ
Kapaka [カパカ]

【地名】オアフ島北東部ハウウラ地域のカリウ
ワア谷にある地区
地名の由来は「タバコ ka paka」。かつてこの
地区で栽培されていた。
用例：Hanohano ʻia home aʻo Kapaka
E kipa aʻe e nā pua a ka lehulehu
名声高き故郷、カパカ
たくさんの人々が訪れる
[ホメ・カパカ]

⟨278⟩

カパラマ
Kapālama [カパーラマ]

【地名】オアフ島ホノルルのカリヒカリヒの山
側の地区。カメハメハ・スクール・カパラマ・
キャンパスがある。
用例：Kāhiko Kapālama i ke aloha
He aloha nui ia e hoʻoheno mau ai
カパラマは愛で飾られる
常に大切にされる大きな愛
[カヒコ・カパラマ]

⟨279⟩

カパリリ
kapalili [カパリリ]

ドキドキする、ソワソワする、(胸が) 高鳴る
用例：Ka ho'oheno 'ana mai, lā
Kapalili ai nei pu'uwai
大切に思われていると
胸高鳴って
[クヒヘワ]

〈280〉

カハルウ
Kahalu'u [カハルウ]

【地名】オアフ島ウィンドワード、カネオヘの北にあるコオラウ山脈麓の地域
森林保護区、ビーチパーク、湾を有する。
用例：Aia i ka poli o Kahalu'u
Ka ua Pō'aihale he aloha
カハルウの奥に
ポアイハレ雨、愛するもの
[カ・ポリ・オ・カハルウ]

〈281〉

カハーロイプア
Kahālo'ipua [カハーロイプア]

【人名】『ハレイワ・ホテル』に歌われるホテル支配人の妻、女将の名前
用例：He ho'ohie nō 'o Kahālo'ipua
Ka makuahine a'o nei lehulehu
際立つ人カハーロイプア
みんなが母のように慕う
[ハレイワ・ホテル (ハノハノ・ハレイワ)]

〈282〉

Hawaiian Dictionary for Hula Dancers　104

か の言葉

カヒ
kahi [カヒ]

① 一、一つ、一人、～も
同僚、妻、連れ
ある人、誰か他の人
用例：Hoehoe nā wa'a
Ho'okano kahi selamoku
カヌーを漕ぐ
硬くする、あの船乗り
[カワイハエ]
▼ ク・カヒ＝傑出した
用例：E ō e ka wohi kū kahi
Kalākaua he inoa lā ē
呼びかける高官の傑出した子
その名はカラカウア
[ノエノエ・マイカイ・ケ・アロハ]

② （～の・する）場所
用例：Kahi o nā pua 'a'ala kaluhea
香りを放つ花々の場所
[カマカヒキラニ]

〈283〉

カヒキ
Kahiki [カヒキ]

① 【地名】タヒチ
② 水平線の向こうの地（外国、桃源郷）
用例：'O Pele ka wahine mai Kahiki 'eā
'Owaka i ka lani, nokenoke
カヒキから来たペレ
空に光を放ち続ける
[アイア・ラ・オ・ペレ・イ・ハワイ]

〈284〉

カヒコ
kahiko [カヒコ]

古い、古代の、昔
用例：E 'ōlelo mai kahiko mai
O Puaka'ilima
語りかける、古き日々
プアカイリマの
[カウラナ・オ・カワイハエ]

〈285〉

カヒコ
kāhiko ［カーヒコ］

飾り、装飾品、着飾る、飾り付ける
用例：'O 'oe no ka'u e lei mau ai
I kāhiko no ku'u nui kino
あなたが私の永遠のレイ
飾り付ける、私のすべてを
［ピカケ・ラウナ・オレ］

カヒリ
kāhili / Kāhili ［カーヒリ］

① 鳥の羽で作った円筒状の飾りを先端につけた幟のようなもの。アリイの存在を示すために用いられたロイヤル・シンボル。
用例：O kamali'i, kāhili na'i
子孫よ、勝利者のカヒリ
［カヒリ・ナイ］

② ［植物］ジンジャーの一種

③ ［人名］『ハレイワ・ホテル』に歌われるピアノ弾き。ホテル支配人夫婦の娘。
用例：Ka piano hone i ke kakahiaka
Ho'oheno 'ia e ka u'i Kāhili
朝には甘く優しいピアノ
尊ばれる美女はカヒリ
［ハレイワ・ホテル（ハノハノ・ハレイワ）］

か の言葉

カフ kahu [カフ]

守護者、摂政、管理人、番人、師匠、神官
用例：I Ko'amano Makanui la
He kahu hānai manō
コアマノにはマカヌイ
サメの番人
[ヘェイア]

⟨288⟩

カプ kapu [カプ]

禁忌、禁制、神聖、禁断
用例：Aia i Palā'au
Ka wahi kapu o ka ule o Nānāhoa
パラアウにある
聖地カ・ウレ・オ・ナナホア
[ヘ・メレ・ノ・ヒナ]

⟨289⟩

カフア kahua [カフア]

土台,基礎,いしずえ、拠所、基盤、アリーナ、競技場
用例：He aku no wau eō mai 'oe, 'eā
Ali'i 'Iolani, nou ke kahua
私は呼びかける、答えてあなた
アリイ・イオラニ、あなたの拠所
[アリイ・イオラニ]

⟨290⟩

カヘ kahe [カヘ]

流れる、滴る、漏れる
用例：E kahe ana, kāhele ana
Nā wai i Wailoa
流れる、流れる
いくつもの川がワイロアに
[ワイピオ・パエアエア]

⟨291⟩

107　Hawaiian Dictionary for Hula Dancers

カヘア
kāhea [カーヘア]

呼ぶ、叫ぶ、思い起こさせる
用例：O kāhea wale ana mai
O ka hanu nehe i ka poli
私を誘う
胸のため息
[ファ・アラ・アウモエ]

〈292〉

カヘラ
kāhela [カーヘラ]

広がる、広大に横たわる（大地や海）
用例：Waiho kāhela
Luhe i ka wai
目の前に広がる
滴る水
[アリイ・イオラニ]

〈293〉

カヘレ
kāhele [カーヘレ]

流れる
用例：E kahe ana, kāhele ana
Nā wai i Wailoa
流れる、流れる
いくつもの川がワイロアに
[ワイピオ・パエアエア]

〈294〉

カヘレラニ
Kahelelani [カヘレラニ]

① 【人名】ニイハウ島を納めていた古代の首長の名前
② 【固有名詞】ニイハウ島で見つけることができる小さな色のついた貝の名前
用例：'O ka hano o Kahelelani
Ku'u lei ia, kau keha ē
カヘレラニの麗しさ
私のレイ、高嶺のレイ
[カマカヒキラニ]

〈295〉

の言葉

カマ
kama / Kama [カマ]

① 子供、人
② 縛る、結びつける
③ 【人名】マウイ島の歴史上最も偉大な王のひとり、カマラワルを略してカマ
用例：Lei 'ohu'ohu 'oe Maui nui a Kama
Ka roselani onaona o ke 'ala hola
レイで飾られる、偉大なカマ王のマウイ
ロゼラニ、広がる香りの心地良さ
［レイ・オフ］

⟨296⟩

カマア
kāmaʻa [カーマア]

ブーツ、靴、サンダル
用例：O ka makinikela ko'u mahalo
Me na kēpā kanikani o ke kāma'a
胸がい（馬具）、私の称賛するもの
ブーツの拍車がカチカチ鳴る
［クウ・ホア・ホロリオ］

⟨297⟩

カマアイナ
kamaʻāina [カマアーイナ]

生まれ育った土地の人
カマ kama（子供）＋アイナ 'āina（大地）
顔見知り
用例：I noho a kama'āina
Ka makani 'Ōlauniu
ここに暮らす地元民
オラウニウ風
［プア・オ・カ・ヘイ］

⟨298⟩

カマイレ
Kamaile [カマイレ]

【人名】『ヘ・レイ・ノ・カマイレ』に歌われる、作者ケアリイ・レイシェルが愛してやまなかった祖母
用例：Hi'ilei 'ia mai
E 'oe, e Kamaile ē
レイのごとく慈しまれる
あなたに、カマイレに
［ヘ・レイ・ノ・カマイレ］

⟨299⟩

カマカヒキラニ
Kamakahikilani ［カマカヒキラニ］

[人名]『カマカヒキラニ』に歌われる、作者クアナ・トレス・カヘレの育ての母。ニイハウ島生まれ。
用例：Iā 'oe, e ka lei anuhea
Ku'u lei, Kamakahikilani
あなたにひんやりとしたレイ
私の大切な人、カマカヒキラニ
［カマカヒキラニ］

⟨300⟩

カマハオ
kamaha'o ［カマハオ］

素晴らしい、並外れた、驚くべき
用例：Piha pono i ka nani kamaha'o
Hanohano 'o Kāne'ohe my home
完璧、並外れた美しさ
カネオヘはすばらしい私の家
［カネオヘ］

⟨301⟩

カマホイ
kamahoi ［カマホイ］

素晴らしい、見事な、素敵な、輝かしい
用例：E lei, 'ia mai
Ia wehi kamahoi
レイがかけられる
素晴らしい飾り
［ヘ・レイ・ノ・カマイレ］

⟨302⟩

カマラニ
kamalani ［カマラニ］

大切に扱われた子、箱入り・お気に入りの子、王族の子
用例：My darling sweet lei onaona o 'ia kaha
E ho'oipo nei me ke kamalani o Keaukaha
ダーリン、この場所の甘く香るレイ
愛を交わす、ケアウカハの大切な人と
［カマラニ・オ・ケアウカハ］

⟨303⟩

の言葉

カマリイ
kamali'i [カマリイ]

子供たち、子孫、跡継ぎ
用例：Kamali'i mākou o Kualapu'u
Ka paniolo nui o Moloka'i
我らは、クアラプウの子供
モロカイ島の偉大なカウボーイ
[カ・パニオロ・ヌイ・オ・モロカイ]

⟨304⟩

カマレイ
kamalei [カマレイ]

愛する我が子、愛されている子、大切な人
用例：Ua ao ē ka uka, nā pua kamalei
Ua wili 'ia a pa'a ka 'imi na'auao
山の手で学んだ、大切な子供たち
しっかり編みこまれた、知恵の探求
[カヒコ・カパラマ]

⟨305⟩

カメハメハ
Kamehameha [カメハメハ]

① 【人名】18世紀にハワイ諸島を統一しハワイ王国を建国した初代国王カラニ・パイエア・ヴォヒ・オ・カレイキニ・ケアリイクイ・カメハメハ・オ・イオラニ・イ・カイヴィカプ・カウイ・カ・リホリホ・クヌイアケア。ハワイ島コハラ出身。
用例：Hahai mau ana
Ka pu'uwai o Kamehameha ē
I ka moana
追随し続けた
カメハメハの心
海を越え
[マラマ・マウ・ハワイ]

② 【固有名詞】1887年に男子校として開校したハワイ人学校（現在は共学）。ビショップ博物館の敷地に開校後、1931年に現在のカパラマ・キャンパスへ移転。

⟨306⟩

カラ
kala [カラ]

① 解放する、許す、ほどく、緩める
②【動物】(魚) クロハギ、アイゴ
③ 長い時間、ずっと前
用例：E kala neia kino
I piliwi ai laila
長いこと私自身
信じていた、そこにあること
[サノエ]

⟨307⟩

カライヒ
kalaʻihi [カライヒ]

かたい
用例：Lāʻau kalaʻihi ʻia na na ke anu
ʻŌʻō i ka nahele aʻo Mahiki
冷気の中でかたく育った木の幹
マヒキの森で突く（槍）
[ホレ・ワイメア]

⟨308⟩

カラウパパ
Kalaupapa [カラウパパ]

【地名】モロカイ島ウィンドワードにある半島の名前
ハンセン病患者隔離地区としての歴史がある。
用例：E ʻike iho ia Kalaupapa
Molokaʻi nui a Hina
見下ろす、カラウパパ
ヒナが産んだモロカイ
[ヘ・メレ・ノ・ヒナ]

⟨309⟩

かの言葉

カラカウア
Kalākaua [カラーカウア]

【人名】 第七代ハワイ国王の名前（王位1874-1891）
キング・デヴィッド・カハレポウリ・ピイコイ・カラカウア
カアフマヌ王妃によって1830年に禁止されたフラを在位中に復活させた。ウクレレをハワイの楽器として広める後押しをするなど、ハワイ文化芸能を愛したことで知られる。フラ競技会の名称として知られる「メリー・モナーク（陽気な君主）」はカラカウアのニックネーム。
用例：E ō e ka wohi kū kahi
Kalākaua he inoa lā ē
呼びかける高官の傑出した子
その名はカラカウア
［ノエノエ・マイカイ・ケ・アロハ］ 〈310〉

カラパワイ
Kalapawai [カラパワイ／カラパヴァイ]

【地名】 オアフ島カイルアの海辺の地区
用例：He ʻāina kaulana ʻo Kalapawai
Ka ʻāina ʻihi kapu i ka wā kahiko
名高い地、カラパワイ
古代の神聖な地
［ハノハノ・ノ・オ・カイルア］ 〈311〉

カリ
kali [カリ]

待つ
用例：ʻAuhea wale ʻoe e kuʻu aloha lā
Eia mai au ke kali nei lā
聞いてあなた、私の愛する人
私はここで待っている
［クウ・イポ・オナオナ］ 〈312〉

カリウワア
Kaliuwa'a / Kali'uwa'a ［カリウヴァア］

【地名】オアフ島北東部ハウウラ地域、セイクレッド・フォールズが流れる谷
用例：A 'ike i ka nani o Kali'uwa'a
Ka beauty a'o Sacred Falls, a'u i aloha
見えるのはカリウワアの美景
私が愛する美しいセイクレッド・フォールズ
［ホメ・カパカ］

〈313〉

カリコ
Kaliko ［カリコ］

【地名】カウアイ島ハナレイの峰
用例：'Oli'oli nō au e 'ike maka
Ka huilli o ka wai no Kaliko
喜びは、私が目の当たりにする
まばゆいカリコの水
［ハナレイ・イ・カ・ピリモエ］

〈314〉

カリムロア
Kalimuloa ［カリムロア］

【地名】オアフ島ヘエイアのボラ釣り場の名前
用例：Aia i Kalimuloa ka i'a 'ama'ama
A me ke kūhonu au 'ūkele kai
カリムロアにいるアマアマ魚
そしてカニのいる沼
［アロハ・クウ・ホメ・ア・イ・ケアロヒ］

〈315〉

カルヘア
kaluhea ［カルヘア］

香り
用例：Kahi o nā pua 'a'ala kaluhea
香りを放つ花々の場所
［カマカヒキラニ］

〈316〉

の言葉

カレフアヴェヘ
Kalehuawehe [カレフアヴェヘ]

【地名】古代ワイキキの波乗りエリアの名前
用例：E ala ē 'o Kona
I ke kai o Kalehuawehe
目覚めよコナ
カレフアヴェへの海
[メレ・ホアラ・モク]

⟨317⟩

カレポニ
Kaleponi [カレポニ]

【地名】カリフォルニア
用例：Lohe aku Kaleponi he 'āina nani
Ua kau ka hōkū i waenakonu
カリフォルニアは伝え聞く、美しい地のこと
太平洋の真ん中の星印
[ホノルル・ハーバー]

⟨318⟩

カワ
Kāwā [カーワー／カーヴァー]

【地名】ハワイ島南部カウにある入江の名前
古代のサーフィンスポット。
用例：I ka 'ili'ili hānau a'o Kōloa
A me ka nalu holu a'o Kāwā
コロアのバースストーン
波立つカワと
[カウ・ヌイ]

⟨319⟩

カワイヌイ
Kawainui [カワイヌイ／カヴァイヌイ]

【地名】オアフ島カイルアの湿地帯
用例：Kahe ana ka wai o Kawainui
I ka hono o Kailua kahe mālie
流れるカワイヌイの水
カイルア湾へ、静かな流れ
[ハノハノ・ノ・オ・カイルア]

⟨320⟩

カワイハエ
Kawaihae［カワイハエ／カヴァイハエ］

【地名】ハワイ島コハラの村、入江、港、灯台、サーフィンスポットの名前
用例：Kaulana o Kawaihae
I ke kai hāwanawana
名高いカワイハエ
囁く海に
［カウラナ・オ・カワイハエ］

〈321〉

きの言葉

キア
kia [キア]

マスト、(鳥捕獲の) 棒、釣り竿
用例：Ua hauhoa aku i nā lio Kau i ka Pololena, ka moku kia kolu
馬たちに鞍をつけて乗せたのは三本マストのポロレナ
[ナ・バケロス]

キアイ
kiaʻi [キアイ]

見張る、見守る、見渡す
用例：Ua like nō a like, lā Me ka ʻaukuʻu kiaʻi loko, lā
それはまるで中を覗くゴイサギみたい
[クヒヘワ]

キアヴェ
kiawe [キアヴェ]

① 【植物】マメ科の高木 乾燥地帯に育つ外来種。ハワイに最初に植樹されたのは1828年。木陰を作るシェイドツリーとして、またイム（土中のオーブン）の薪材、調理用の炭材として利用されてきた。
用例：Kaulana mai nei aʻo Nānākuli ʻeā Ka holu o ka lau aʻo ke kiawe
名高いナナクリ 風に揺れるキアヴェの葉
[ナナクリ]

② 優雅に流れる (川や雨)、(風に) 揺れる

の言葉

キイ
kiʻi / Kiʻi [キイ]

① 写真、絵、像
② 取ってくる、追いかける、手に入れる、求める
③【地名】ハワイ島コナ、アラハカ湾とホナウナウの間にある岬の名前
用例：E ō mai i kou inoa
Kiʻi ke awa kaulana
答えて、あなたの名前
キイ、名高い港
[アロハ・カエオ]

〈325〉

キイナ
kiʻina [キイナ]

① キイ kiʻi ②の受動態
② 動き、動作
用例：Me he kiʻina nā manu
Ka nenehe i ka lau hau
鳥の動きのような
ハラの葉のざわめき
[ノエノエ・マイカイ・ケ・アロハ]

〈326〉

キウ
Kiu [キウ]

【固有名詞】ほどよく冷たい強い北西の風の名前
用例：Hiaʻai ka manaʻo i ke Kiu
Ka makani hiwahiwa o ka ʻāina
キウ風に心奪われる
この地の尊い風
[ヘ・レイ・アロハ（ノ・ヒロ）]

〈327〉

キヴィ
kiwi [キヴィ]

動物の角
用例：Hei 'oe ka'u kīpuka
E ka pipi ho'okahi kiwi
私の投げ縄で捕らえたあなた
一角の牛よ
[プア・ククイ]

〈328〉

キエキエ
ki'eki'e [キエキエ]

雄大な、荘厳な、気高い、高貴な、崇高な
用例：Ki'eki'e ka pali 'o Ko'olaupoko
I ka ulu o ka hala māhiehie
雄大な頂、コオラウポコ
気持ち良いハラ林の中
[ハノハノ・ノ・オ・カイルア]

〈329〉

キエレ
kiele [キエレ]

【植物】ガーデニア、ティアレ
用例：'Auhea 'oe e ke 'ala kiele
E liliko ana i ka mōlehulehu
あなたはどこに、ガーデニアの香り
黄昏時に輝く
[アイア・イ・オラア・クウ・アロハ]

〈330〉

キカ
kīkā [キーカー]

ギター
用例：Ua lawe 'ia mai nā kīkā
Mai ka 'āina o Espana
スペインの地から
運ばれてきたギター
[ナ・バケロス]

〈331〉

の言葉

キカハ
kīkaha ［キーカハ］

滑空する、滑走する、空へ舞い上がる、平衡を保つ
用例：Kīkaha mālie nā manu 'iwa
Na nā kūpuna e kia'i mai nei
静かに滑空するイワ鳥
見守ってくれる先祖たち
［ナニ・モカプ］

〈332〉

キカハカハ
kīkahakaha ［キーカハカハ］

キカハ kīkaha の繰り返し語
用例：Me he manu 'iwa ē, kīkahakaha neia
Pa'a ke kūlana ē, auē ē, Hōkūle'a ē
イワ鳥のように、滑空する
平衡を保って、素晴らしきホクレア
［カウラナ・カ・イノア・オ・ホクレア］

〈333〉

キカラ
kīkala ［キーカラ］

ヒップ、腰、尻、船尾
用例：Pehea 'oe i nēia kīkala,
pehea 'oe i nēia kino,
どうあなた、この体
どうあなた、このお尻
［ホオヘェハェ］

〈334〉

キコニ
kīkoni ［キーコニ］

なめらかにする、柔らかくする
用例：Ha'aheo wale ho'i 'oe
Ka ua kīkoni 'ili
気高いあなたは
肌をなめらかにする雨
［ハナレイ・ベイ］

〈335〉

キニ
kini [キニ]
たくさん、多数、八百万（やおよろず）
用例：'O 'oe Wai'anae noho i ka la'i
Me nā kini lehulehu e pō'ai ana
ワイアナエ、あなたは静かにそこにいる
たくさんの人々に囲まれて
[ネネウ]

⟨336⟩

キノ
kino [キノ]
身体、個人、自身、人称
用例：Honehone mehe ipo ala
Paila i ka nui kino
恋人のように美しいメロディー
全身で受け止めて
[サノエ]

⟨337⟩

キパ
kipa [キパ]
訪れる、滞在する
用例：Hanohano 'ia home a'o Kapaka
E kipa a'e e nā pua a ka lehulehu
名声高き故郷、カパカ
たくさんの人々が訪れる
[ホメ・カパカ]

▼ ハレ・キパ＝ゲストハウス

⟨338⟩

キヒ
kihi [キヒ]
縁、端、外角
用例：Nā kihi 'ehā o ka 'āina
E ō mai, e Ni'ihau, i kou inoa
島の四方・四隅
答えて、あなたの名はニイハウ
[アロハ・カエオ]

⟨339⟩

の言葉

キプウプウ
Kīpu'upu'u [キープウプウ]

① 【固有名詞】ハワイ島ワイメアに吹く冷たい風と雨の名前
用例：E ka ua Kīpu'upu'u
Lei kōkō 'ula I ke pili
キプウプウの雨よ
虹のレイをピリ草に
[プア・オ・カ・ヘイ]

② 【固有名詞】カメハメハ一世のワイメア出身戦士団の名前

〈340〉

キプカ
kīpuka [キープカ]

輪、輪縄、投げ縄
用例：Mai nō 'oe a ho'opoina
I ka lawe ha'aheo ake kīpuka 'ili
忘れるなよ、お前さん
投げ縄で捕らえた望みの獲物
[レペ・ウラウラ]

〈341〉

キラウエア
Kīlauea [キーラウエア]

① 【地名】マウナロア山側面の活火山の名前
マグマを流し出すプウオオ、噴煙を上げるハレマウマウなどいくつもの火口がある。森林保護区ではオヒアレフアの森が見られる。ペレ信仰の原点がここにある。
用例：He home noho mau na ka Wahine
Ka āiwaiwa nani o Kīlauea
女神の定住地
キラウエアの驚くべき美しさ
[カウ・ヌイ]

② 【固有名詞】カメハメハ五世の時代に隣島間を運行していた蒸気船の名前

〈342〉

キラキラ kilakila [キラキラ]

雄大な、威厳のある、高くそびえる
用例：E kilohi iā Mauna Kea
Kuahiwi kū kilakila
見やるマウナケア
高々とそびえる山
［カウラナ・オ・カワイハエ］

⟨343⟩

キリ kili [キリ]

雨滴、細かい雨、雨が優しく降る
用例：Ua kili iho mai he wehi aloha
E ka ua kēhau anuhea
優しく降ったアロハの飾り
冷たい滴の霧雨
［ヘ・ヴェヒ・アロハ］

⟨344⟩

キリヴェヒ kiliwehi [キリヴェヒ]

反響する、鳴り響く
「ハレイワ・ホテル」の英訳には「繊細（kili）に飾られた（wehi）」とある。
用例：E 'ike i ka nani o ia home
Kiliwehi i ka pua o ke Ko'olau
見て、美しい建物
コオラウの花が繊細に飾る
［ハレイワ・ホテル（ハノハノ・ハレイワ）］

⟨345⟩

キリオエ kilioe [キリオエ]

【植物】ヤブコウジ科のつる植物
用例：Eo ana 'oe iā Limaloa
I nā kilioe i nā pali
打ち負かされるあなた、リマロアに
頂のキリオエに
［ノエノエ・マイカイ・ケ・アロハ］

⟨346⟩

の言葉

キリキリフネ
kilikilihune [キリキリフネ]

キリフネ kilihune の繰り返し語
用例：Ka ua mai i ke kilikilihune
I ka wao kele 'o Puna, ē
降っているのは霧雨
プナの森林地帯
[ヘ・メレ・アロハ・ノ・プナ]

〈347〉

キリフネ
kilihune [キリフネ]

霧雨、霧吹き雨、軽い天気雨
用例：Nani wale e ka ua a'o Kō'ula
Kilihune nei i ka ua li'ili'i
なんてきれい、コウラの雨
霧のように降る小雨
[コウラ]

〈348〉

キロハナ
kilohana / Kilohana [キロハナ]

① タパの外側の飾り付けされた生地、ベッドカバー
その姿の美しさから転じて以下の意味も。
ベスト、優れた、非常に素晴らしい
用例：Lei kāua i ke anuenue
Ho'okahi i ka pono o ke kilohana
私たちを虹が包む
タパの中ひとつになったふたり
[アカヒクレアナ・ア・カ・ピコ]

② 【地名】カウアイ島リフエの峰
用例：A he mea na'ena'e ke 'ala
O ka lau maile o Kilohana
良い香りのするもの
キロハナのマイレの葉
[ノエノエ・マイカイ・ケ・アロハ]

③ 【地名】オアフ島ホノルルのカリヒ渓谷の頂
空の父神ワケアとハウメア（ペレの母）が住んだと伝えられる場所。

〈349〉

キロヒ
kilohi [キロヒ]

一目見る、ちらりと見る、見入る
用例：Huli nō 'oe, a kilohi mai lā
Me kou mau maka onaona
振り向いてあなた、こっちを見て
あなたのやさしい目で
[クウ・レオ・アロハ]

⟨350⟩

くの言葉

ク
kū [クー]

立つ、止まる、昇る、叩く、打つ
用例：Kaulana o Mo'oula
Kū ka nani i ke awāwa
名高いモオウラ
谷に見せる見事な姿
[ヘ・メレ・ノ・ヒナ]

▼ ク・カヒ＝傑出した
用例：E ō e ka wohi kū kahi
Kalākaua he inoa lā ē
呼びかける高官の傑出した子
その名はカラカウア
[ノエノエ・マイカイ・ケ・アロハ]

〈351〉

クア
kua [クア]

背中、後ろ
用例：Hehi a ka 'ula 'ole i ka hemo
Me ka wai 'o ka ua la'a kua
コツコツするけど開く気配なし
背には雨の水
[ナニ・コオラウ]

〈352〉

クアオラ
kuaola [クアオラ]

緑におおわれた山
用例：He aloha hoʻokāhili kuaola
E hoʻōla mai ana i nei ʻāina
愛するは優しくあおぐ緑の山
この大地を癒やしてくれる
[カ・ポリ・オ・カハルウ]

〈353〉

Hawaiian Dictionary for Hula Dancers 128

の言葉

クアケア
kuakea [クアケア]

色褪せる、白くなる、白く散りばめる、泡立つ
用例：Nā kuahiwi kuakea hoʻohauʻoli puʻuwai
ʻO Hilo, nani ē, kuʻu ʻāina hānau ē
白い雪化粧の山々、幸せな気持ち
ヒロは美しい、私の故郷
[ヒロ・ナニ・エ]

〈354〉

クアヒヴィ
kuahiwi [クアヒヴィ]

山、高い丘
用例：He nani Kaʻala kau mai luna
Kuahiwi kaulana kū kilakila
美しいカアラ、高々と見える
名高い山がそびえ立つ
[ネネウ]

〈355〉

クアラプウ
Kualapuʻu [クアラプウ]

【地名】モロカイ島中部の地区、丘
用例：Kamaliʻi mākou o Kualapuʻu
Ka paniolo nui o Molokaʻi
我らは、クアラプウの子供
モロカイ島の偉大なカウボーイ
[カ・パニオロ・ヌイ・オ・モロカイ]

〈356〉

クアリイ
Kualiʻi [クアリイ]

【人名】17世紀から18世紀初期のオアフ島王。生まれはカイルア。
用例：He aliʻi nui ʻo Kualiʻi i noho ai
Mawaena o ka ulu niu ua wehiʻia
偉大な首長クアリイが暮らした
茂ったヤシの林の中
[ハノハノ・ノ・オ・カイルア]

〈357〉

クアロノ
kualono [クアロノ]

山頂付近の地帯、尾根
用例：Ahuwale nā kualono
He ʻala e moani mai nei
目の前に見える尾根
吹いてくる風の香り
[カネオヘ]

⟨358⟩

クイ
kui [クイ]

一連に繋げる（花に糸を通してレイにする）
用例：E kuʻu lei mae ʻole
Aʻu i kui a lawa
私の枯れないレイ
私が繋げる
[ヴェヒヴェヒ・オエ]

⟨359⟩

クイニ
kuini [クイニ]

クイーン、女王
用例：Kaulana ka inoa ʻo Hualālai ʻeā
Ke Kuini ʻo ke kai o ka Pākīpika ʻeā
その名は知れ渡るフアラライ
太平洋の女王
[フアラライ]

⟨360⟩

クウ
kuʻu [クウ]

私の、私のもの（愛おしいもの）
用例：カウ kaʻu、コウ koʻu と同義。クウ kuʻu には「愛おしい」感情が含まれる。
クウが使われる主なものに、クウレイ kuʻu lei、クウイポ kuʻu ipo、クウオネ kuʻu one がある。
用例：Aia i Kaʻena kuʻu lei momi
I ka hoʻopulu ʻia e ka huna kai
カエナに私の真珠のレイ
波しぶきに濡れて
[カエナ（クウ・レイ・モミ）]

⟨361⟩

の言葉

クカニロコ
Kūkaniloko [クーカニロコ]

【地名】オアフ島ワヒアワ近くにあるバーススト ーン。古代王族がここで出産したという聖地。

用例：E ala ē 'o Waialua o Kūkaniloko i ke kapu
目覚めよワイアルア、聖なるクカニロコの地
[メレ・ホアラ・モク]

⟨362⟩

ククイ
kukui [ククイ]

① 【植物】通称キャンドルナッツ・ツリー モロカイ島オフィシャル植物。小さな白い花の房と緑の実をつける。果肉の中にはナッツ、ナッツの中は油分たっぷりの核があって、火を灯すキャンドルのように使われた。黒く磨いたナッツ、葉、ともにレイの素材。

用例：'Auhea wale ana 'oe
E ka liko pua kukui
あー、ククイの花の蕾
あなたはどこに
[プア・ククイ]

② ランプ、明かり、光

用例：Pū kukui kāua, i ke ahiahi
E 'ūhene la, a pili kāua i Lanikai
灯りの中二人で一緒の夜
ささやき合い、私たちは交わる、ラニカイで
[イ・ラニ・カイ]

▼ (ハレ・) イプ・ククイ＝灯台

用例：Kaulana mai nei Honolulu Harbor
'O ka ipu kukui mālamalama
名高いホノルル港
灯台が輝く
[ホノルル・ハーバー]

⟨364⟩

クキラキラ
kūkilakila [クーキラキラ]

雄大な、堂々とした

用例：Hanohano Hale'iwa kūkilakila
Ka hōkele e kū i ka lihi kai
壮麗なハレイワ、雄大な光景
海岸に建つホテル
[ハレイワ・ホテル（ハノハノ・ハレイワ）]

⟨363⟩

ククイ

の言葉

ククイ
kukuʻi [ククイ]

打つ、叩く、取り付ける
用例：I laila māua kukuni e ka hao Kokope e ka ʻiʻo kupu kukuʻi e ka papa niho
そこでおれたち、焼印を押す
かきはがす歯茎、顎打って
[レペ・ウラウラ]

⟨365⟩

ククニ
kukuni [ククニ]

焼き印（烙印）を押された、ブランドのついた
用例：I laila māua kukuni e ka hao Kokope e ka ʻiʻo kupu kukuʻi e ka papa niho
そこでおれたち、焼印を押す
かきはがす歯茎、顎打って
[レペ・ウラウラ]

⟨366⟩

クーノウ
kūnou [クーノウ]

頭を下げる、お辞儀をする、かがむ
用例：Ua ʻeha ʻiā i ka maka o ka ihe Kū ke aliʻi kūnou ke kānaka
槍の先の痛み
首長が現れ人々は頭を垂れる
[アカヒクレアナ・ア・カ・ピコ]

⟨367⟩

クパ
kupa [クパ]

出身の、生まれつき、先住民、ネイティブ
用例：Ua noho a kupa lā i laila I ia ʻāina hānau poina ʻole
地元民としてそこに暮らした
忘れられない誕生地
[ハノハノ・ハイク]

⟨368⟩

クパア
kūpa'a [クーパア]

忠実な、忠誠な
用例：Ua 'ohu 'oe a kūpa'a
Na keiki aloha 'o ka 'āina
霧がかかったあなたは誠実な
大地のアロハな子供たち
[ライマナ]

クパイアナハ
kupaianaha [クパイアナハ]

特別な、驚きの、並外れた
用例：Kupaianaha kona u'i
Pulupē 'ia i ke kai.
驚きのその美しさ
海に濡れた姿
[レイ・ハラ]

クパオア
kūpaoa [クーパオア]

① 充満する芳香
用例：Huli au i ka maile kūpaoa
E nanea i ka poli pumehana
マイレの香りに振り返り
温かい胸に寄り添う
[クウ・レイ・マイレ]

② 【植物】ヤコウカ、ヤコウボク

クパナハ
kupanaha [クパナハ]

クパイアナハ kupaianaha（特別な、驚きの、並外れた）と同義
用例：Iīhia au ke 'ike aku
Ka pō kupanaha i ulu i luna
感激の眺め
驚きの夜、空に広がる
[カハ・カ・マヌ]

くの言葉

クヒ
kuhi [クヒ]
思う、推測する、想像する
用例：Kuhi au o ka 'ono i'a
A ke pu'u a'e moni nei
私は美味しいもの想像して
喉に飲み込みたくなる
[プア・ククイ]

〈373〉

クヒナ
kuhina [クヒナ]
大臣、公使、聖職者、首相、摂政、大使
用例：Lohe aku nei nā kuhina nui
A he 'ahahui ko Loma
高官たちは耳にした
ローマの集まりのこと
[サノエ]

〈374〉

クヒヘワ
kuhihewa [クヒヘヴァ]
勘違い、見込み違い、人間違い
用例：Kuhihewa au 'o Nanea, lā
ka ho'oheno 'ana mai, lā
お遊びかと思った
慕ってくるから
[クヒヘワ]

〈375〉

クプナ
kūpuna [クープナ]
クプナ kupuna の複数形
用例：U'ilani ku'u lei, ku'u milimili ē
He pōkē pua mae 'ole 'oe no nā kūpuna
ウイラニ、私が愛おしむレイ
枯れることのないクプナへの花束
[ウイラニ]

〈376〉

クホヌ kūhonu [クーホヌ]

【動物】食用のカニ（ワタリガニ科のジャノメガザミ）
用例：Aia i Kalimuloa ka i'a 'ama'ama
A me ke kūhonu au 'ūkele kai
カリムロアにいるアマアマ魚
そしてカニのいる沼
[アロハ・クウ・ホメ・ア・イ・ケアロヒ]

〈377〉

クポノ kūpono [クーポノ]

高潔な、適切な、ふさわしい、正当な、丁度良い、自然な
用例：Kūpono nō 'oe i ka nani
'Āina uluwehi
高潔なあなたの美しさ
大地の自然のごとく
[クウ・レイ・マイレ]

〈378〉

クムカヒ Kumukahi [クムカヒ]

【地名】ハワイ最東端の岬の名前
用例：Hikina a ka lā ma Kumukahi
Ke ala ka pawa i Puna, ē
東の太陽がクムカヒに
夜明け前の暗い道はプナへ
[ヘ・メレ・アロハ・ノ・プナ]

〈379〉

クラ kula [クラ]

①平原、平野
用例：Pā mai nei i ke kula
Ho'olu me ke anuanu ē
平原を吹き抜ける
涼しい風に癒やされる
[マラマ・マウ・ハワイ]

②金、金色

〈380〉

の言葉

クラナ
kulana [クラナ]

傾く、揺れる、ぐらつく
用例：Me he manu 'iwa ē, kīkahakaha neia
Pa'a ke kulana ē, auē ē, Hōkūle'a ē
イワ鳥のように、滑空する
平衡を保って、素晴らしきホクレア
[カウラナ・カ・イノア・オ・ホクレア] 〈381〉

クラナ
kūlana [クーラナ]

地位、階級、評判、名声、質、位置
用例：Ko maka 'eu'eu
Kūlana ho'ohaehae
あなたのいたずらな目
評判の焦らし
[ホオハエハエ] 〈382〉

クラナラナ
kūlanalana [クーラナラナ]

ぐらつく、傾く
用例：Kūlanalana ka maku'u
I ka noho i ka lio
傾く鞍頭
馬のサドル
[プア・ククイ] 〈383〉

クリナ
kūlina [クーリナ]

とうもろこし、コーン
用例：Lepe 'ula'ula lepe o ka moa
Ke hua kūlina 'ai a ka pelehū
真っ赤なニワトリのとさか
とうもろこしを食べる七面鳥
[レペ・ウラウラ] 〈384〉

クル
kulu [クル]

① 流れる、溢れる、落ちる、更ける
用例：Kulu ka waimaka
Pau'ole no kēia
流れる涙
これは永遠の愛
[レオラニ]

② (夜遅い) 時間
用例：A laila māua i ke kulu aumoe
E walea, e mimilo ana i ka mālie
そこで二人きり、夜更けの時間
寛いで、静かに丸まって
[アイア・イ・オラア・クウ・アロハ]

クレワ
kūlewa [クーレヴァ]

ゆっくり動く
用例：Kūlewa ana i ke kai
海をゆっくりと進む
[アイナ・オ・ミロリイ]

けの言葉

ケ
ke [ケ]

① 冠詞 単数の名詞（k, e, a, o, ' の文字で始まるもの）の前に置かれる。
→カ ka
用例：Mānoa he uʻi nō i kaʻu ʻike
I ka piʻo mai a ke ānuenue
マノア、美しい景観
虹のアーチがかかる
[オアフ]

② 接続詞
▼ ケ＋節＝もし〜なら／〜する時

③ 時制標識
▼ ケ＋動詞＋ネイ＝現在進行形
用例：ʻAuhea wale ʻoe e kuʻu aloha lā
Eia mai au ke kali nei lā
聞いてあなた、私の愛する人
私はここで待っている
[クウ・イポ・オナオナ]

〈387〉

ケア
kea [ケア]

白、透明
マウナケア Mauna Kea は「白い山」(Mauna A Wākea「ワケア神の山」という意味も)。
ウア・ケア ua kea は「白い雨」。空や景色を白く染めてしまうような雨。
用例：Kau mai i luna, o Mahealani
Ua hula kāua, i ke one kea
空に見える十六夜月
二人でフラを踊った、白い砂浜で
[イ・ラニカイ]

〈388〉

の言葉

ケアヴェ
Keawe ［ケアヴェ］

【人名】古代の首長の名前
モク・オ・ケアヴェ Moku o Keawe は「ケアヴェの島」という意味でハワイ島を指す。
用例：Mai Hawai'i 'o Keawe a Kaua'i 'o Manokalani
'Onipa'a mau
ハワイ島のケアヴェからカウアイ島のマノカラニまで
いつも断固としよう
［エ・ナ・キニ］

〈389〉

ケアウカハ
Keaukaha ［ケアウカハ］

【地名】ハワイ島ヒロの海辺の地区の名前
先住ハワイアン系特別居住区
用例：My darling sweet lei onaona o ia kaha
E ho'oipo nei me ke kamalani o Keaukaha
ダーリン、この場所の甘く香るレイ
愛を交わす、ケアウカハの大切な人と
［カマラニ・オ・ケアウカハ］

〈390〉

ケアパパヌイ
Ke'āpapanui ［ケアーパパヌイ］

【固有名詞】ハワイ諸島創世チャント『Ka Mele a Pāku'i』に出てくる、ハワイ祖先父神ワケアと母神パパの間に生まれた子の名前。ハワイ諸島のルーツ、土台、つまり地層のことという説あり。
▼ ハナウ・ケアパパヌイ＝ケアパパヌイ誕生
（創世チャントの4行目）
5行目でケアパパラニ誕生、6行目で最初の島ハワイ誕生、と続く。
用例：Hali'a me ke aloha
Hānau Ke'āpapanui
愛の記憶
ケアパパヌイ誕生
［カヒリ・ナイ］

〈391〉

ケアヒアカホエ
Keahiakahoe ［ケアヒアカホエ］

【地名】オアフ島カネオヘへの頂。コオラウ山脈の一部。
用例：Huli aku nānā iā Keahiakahoe
Lei ana i ka 'ohu kau i ka piko
振り返って見る、ケアヒアカホエ
霧のレイがかかる頂上が見える
［ハノハノ・ハイク］

⟨392⟩

ケアロヒ
Kealohi / Ke'alohi ［ケアロヒ］

【地名】オアフ島ヘエイアの丘、岬。ヘエイア州立公園の一部。地名としてはKealohiと表記されるのが一般的（『Hawaiian Dictionary』でもそう表記されている）だが、語源はKe-'alohi（輝き）。
用例：Aloha ku'u home a i Ke'alohi
Ka 'āina i hi'ipoi 'ia e nā kūpuna
愛しい地元、ケアロヒ
先祖が守ってきた地
［アロハ・クウ・ホメ・ア・イ・ケアロヒ］

⟨393⟩

ケイア
kēia ［ケーイア］

これ、この、この人
用例：He hea kēia no ku'u 'āina
He aloha Nu'uanu i ka'u 'ike
これは我が地をたたえる歌
愛するヌウアヌの景色
［ヘ・アロハ・ヌウアヌ］

⟨394⟩

の言葉

ケイキ
keiki [ケイキ]

子供、子孫

男子はケイキ・カネ keiki kāne、女子はカイカマヒネ kaikamahine

用例：Ua 'ohu 'oe a kūpa'a

Nā keiki aloha 'o ka 'āina

霧がかかったあなたは誠実な

大地のアロハな子供たち

[ライマナ]

〈395〉

ケウ
keu [ケウ]

過剰の、余りある、超える

用例：Mauna Kea kilakila keu ā ka u'i

Luhiehu ka Makua o ku'u lani

美しすぎるマウナケアがそびえる

青々とした私の神聖な守護者

[クウ・ポリアフ]

〈396〉

ケカウヒワオノヒマカオロノ
Kekauhiwa'ōnohimakaolono
[ケカウヒワオーノヒマカオロノ／ケカウヒヴァオーノヒマカオロノ]

【人名】太陽の神カオノヒオカラと月の女神ヒナウリケアカロノの間に生まれた聖なる女性 Kekauhiwa'ōnohimakaolono

用例：He mele he inoa no ke ali'i

Kekauhiwaʻōnohimakaolono

名をたたえる歌をアリイに

ケカウヒワオノヒマカオロノ

[カハ・カ・マヌ]

〈397〉

143　Hawaiian Dictionary for Hula Dancers

ケクプオヒ
Kekupuohi [ケクプオヒ]

【固有名詞】カメハメハ大王の赤いコート
用例：Aia i ka lani ke ali'i
I Kekupuohi
アリイが空に現れる
ケクプオヒをまとって
[カヒリ・ナイ]

ケナ
kena [ケナ]

満たされた、潤された
用例：'Ai a mā'ana, inu a kena
Ke aloha ia o nā kūpuna
満腹に食べて、たくさん飲んで
祖父母の愛を受けて育った
[クウ・ワ・リイリイ]

ケニケニ
kenikeni [ケニケニ]

① ダイム、10セント
② 【植物】リンドウ科の外来種でぷっくりしたオレンジ色の花をつける灌木。甘く香りの強いこの花のレイは人気が高い。花はクリーム色からオレンジ色に変色する。その昔、レイ用にこの花が一輪10セントで売れたことから「10セントの花」の意味のハワイ語で呼ばれるようになったらしい。
用例：E ku'u lei pua kenikeni
E ku'u lei 'ala onaona
私のプア・ケニケニ・レイ
私の甘く香るレイ
[クウ・レイ・プア・ケニケニ]

の言葉

ケハ
keha [ケハ]

とても高い、高嶺の、壮麗な、そびえ立つ
用例：'O ka hano o Kahelelani
Ku'u lei ia, kau keha ē
カヘレラニの麗しさ
私のレイ、高嶺のレイ
[カマカヒキラニ]

⟨401⟩

ケパ
kēpā [ケーパー]

(乗馬の) 拍車、尾根
用例：O ka makinikela ko'u mahalo
Me na kēpā kanikani o ke kāma'a
(馬具)、私の称賛するもの
胸がい (馬具)、私の称賛するもの
ブーツの拍車がカチカチ鳴る
[クウ・ホア・ホロリオ]

⟨402⟩

ケハウ
kēhau [ケーハウ]

露、しずく、水滴、雨滴
用例：Ua noa ka uka a'o Waolani
E noenoe ai nei 'ohu kēhau
自由なワオラニの高地
霧が包んで雫が飾る
[ヘ・ヴェヒ・アロハ]

⟨403⟩

ケハケハ
kehakeha [ケハケハ]

ケハ keha の繰り返し語
用例：Ku'u lei kau kehakeha mai i luna
私のレイ、高々と敬う
[カマカヒキラニ]

⟨404⟩

ケラケラ
kelakela [ケラケラ]

ケラ kela（優れている）の繰り返し語
並外れた、とびきりの
用例：Hōʻike aʻe ʻoe i kou nani
I ka mālamalama ʻoi kelakela
あなたが見せるその美しさ
並外れてとびきりの輝き
[ホノルル・ハーバー]

⟨405⟩

ケ レ
kele [ケレ]

①ケラ kela（優れている）と同義（変形）
突き抜ける、突き出た
②瑞々しく茂った
用例：Ka ua mai i ke kiliilihune
I ka wao kele ʻo Puna, ē
▼ワオ・ケレ＝森林地帯
降っているのは霧雨
プナの森林地帯
[ヘ・メレ・アロハ・ノ・プナ]

⟨406⟩

ケレアヴェ
keleawe [ケレアヴェ]

金属
用例：Ka paia keleawe e hulali nei
ʻŌpuʻu kaimana ʻālohilohi
金属の壁が輝く
きらめくダイアモンドの円錐
[ホノルル・ハーバー]

⟨407⟩

この言葉

コ
kō / ko ［コー／コ］

① あなたの、あなたのもの
コウ kou／カウ kāu と同義。コには愛情のこもった気持ちが含まれる。
用例：Kō mau maka
E ʻi mai ana
あなたの両目が言っている
［モアニケアラオナプアマカヒキナ］

② コ＋人・場所〜＝所有格（誰々の・どこどこの〜）
用例：Lohe aku nei nā kuhina nui
A he ʻahahui ko Loma
高官たちは耳にした
ローマの集まりのこと
［サノエ］

③ 引く、引っ張る

④ 果たす、実現する、完全にする、まっとうする、完成する、妊娠する
用例：Pehea e hiki ai?
E kō ai ʻo ka manaʻo?
どうしたらできる？
願いを叶えること
［サノエ］

コアイエ
koaiʻe ［コアイエ］

【植物】コアによく似たハワイ固有種のアカシア
葉は皮膚病治療の薬草に、コアより硬い幹はパドルや武器、工具に使われた。
用例：Niniau ʻeha ka pua o ke koaiʻe
ʻEha i ke anu ka nahele aʻo Waikā
萎れ痛んだコアイエの花
痛い寒さ、ワイカの森
［ホレ・ワイメア］

の言葉

コアニアニ
kōaniani [コーアニアニ]

そよぐ、漂う
用例：Kōaniani mai e ka Moaʻe
Pā ʻolu i ke kula aʻo Waiʻoli
そよぐのは貿易風
心地良く吹く、ワイオリの平野に
[ハナレイ・イ・カ・ピリモエ]

〈410〉

コアマノ
Koʻamano [コアマノ]

【地名】オアフ島ヘエイアの海にあるリーフ
用例：I Koʻamano Makanui la
He kahu hānai manō
コアマノにはマカヌイ
サメの番人
[ヘエイア]

〈411〉

コアモクモク
Koʻamokumoku [コアモクモク]

【人名】カネオヘに住み始めた先祖の夫婦の名前（もうひとりはコモムア）
用例：Hea aku mākou e ō mai e Komomua
E ke Koʻamokumoku a o Heʻeia
呼ぶから答えて、コモムア
コアモクモク、ヘエイアの先祖
[アロハ・クウ・ホメ・ア・イ・ケアロヒ]

〈412〉

149　Hawaiian Dictionary for Hula Dancers

コイアヴェ
koʻiawe / Koʻiawe [コイアヴェ]

① 小雨、シャワー、通り雨
用例：I ka wai huʻihuʻi aniani
Koʻiawe ka huila wai
冷たくて清らかな水
水車のシャワー
[オールド・プランテーション]

② 【地名】ハワイ島ワイピオに流れる川
用例：ʻO Waimā, Kawainui
Koʻiawe me Alakahi
ワイマ、カワイヌイ
コイアヴェとアラカヒ
[ワイピオ・パエアエア]

〈413〉

コイイ
koʻiʻi [コイイ]

① 勃起した男性器

② 願望、欲望、欲する
用例：Wehiweli ʻoe e kuʻu ipo
He ʻini ke koʻiʻi waiho hoʻi i loko
華やいだあなた、恋人よ
願望が横たわる心の中
[ヴェヒヴェヒ・オエ]

〈414〉

コイリ
koili [コイリ]

載せる、入り込む、着地する
用例：Koili ka manu i ka pua lehua e
A inu i ka wai o ka hopoe pua
レフアの花にとまる鳥
満開の花の蜜を吸う
[カ・レフア・プノノ]

〈415〉

の言葉

コウ
kou [コウ]

① あなたの、あなたのもの
用例：E hoʻoni nei i ka puʻuwai
liʻiliʻia wale au i kou nani
胸をかき乱す
あなたの美しさにどきどきする
[クウ・レオ・アロハ]

②【植物】コウの木
ハワイの海岸で見られるムラサキ科の常緑低木。花はオレンジ色で無臭。木目がきれいな幹で食器などが古代ハワイアンに作られた。

〈416〉

コウ
koʻu [コウ]

私の、私のもの
用例：Uʻilani, e ō mai ʻoe
ʻO ʻoe nō koʻu puni
ウイラニ、答えてあなた
あなたが私のお気に入り
[ウイラニ]

〈417〉

コウラ
Kōʻula [コーウラ]

【地名】カウアイ島コロア地区の谷と川
用例：Nani wale e ka ua aʻo Kōʻula
Kiʻiʻihune nei i ka ua liʻiliʻi
なんてきれい、コウラの雨
霧のように降る小雨
[コウラ]

〈418〉

コエコエ
koʻekoʻe [コエコエ]

冷たい、濡れた、寒さに震えた
用例：Koʻekoʻe i ka lewa i Kōkeʻe
Ua naʻe mehana i kuʻu poli
冷たいコケエの空気
それでもあたたかい私の胸
[ルウルウ・イ・ナ・ウア・ヌイ・オ・ハナレイ]

〈419〉

151　Hawaiian Dictionary for Hula Dancers

コオラウ
ko'olau / Ko'olau [コオラウ]

① 島の風上の地区、ウィンドワード

② 【植物】黄色い花をつけるセンダングサ属の植物
コオコオラウ ko'oko'olau の短縮形
用例：E 'ike i ka nani o ia home Kiliwehi i ka pua o ke ko'olau
見て、美しい建物
コオラウの花が繊細に飾る
[ハレイワ・ホテル（ハノハノ・ハレイワ）]

③ 【地名】オアフ島の山脈
用例：Nani Ko'olau a he pō anu Ka 'iniki welawela a ka Makasila
美しいコオラウ、満ちる冷気
焼けるような痛み、マカシラ風
[ナニ・コオラウ]

〈420〉

コオラウポコ
Ko'olau Poko / Ko'olaupoko [コオラウポコ]

【地名】オアフ島6地域の一つ。コオラウ山脈のウィンドワードを南北に分割した南側の地域。
用例：E ala ē 'o Ko'olaupoko i ka lai'o Mololani
目覚めよコオラウポコ、モロラニの静寂の中
[メレ・ホアラ・モク]

〈421〉

コオラウロア
Ko'olauloa [コオラウロア]

【地名】オアフ島6地域の一つ。コオラウ山脈のウィンドワードを南北に分割した北側の地域。
用例：E ala ē 'o Ko'olauloa i ka Māualuaki'iwai
目覚めよコオラウロア、マルアラアキイワイ風の中
[メレ・ホアラ・モク]

〈422〉

の言葉

コオルア
ko'olua [コオルア]

パートナー、二人乗りのカヌー
用例：Pi'ikoi kahi mana'o
I ka pi'i ko'olua ia
望みを高く
パートナーと一緒に
[プア・ククイ]

〈423〉

コケエ
Kōke'e [コーケエ]

【地名】カウアイ島北西部ワイメアにある地区の名前。州立公園の名前。
用例：Ko'eko'e i ka lewa i Kōke'e
Ua na'e mehana i ku'u poli
冷たいコケエの空気
それでもあたたかい私の胸
[ルウルウ・イ・ナ・ウア・ヌイ・オ・ハナレイ]

〈424〉

ココ
koko [ココ]

血、虹色の
▼ウア・ココ＝地面近くの低い虹、大雨で流れた赤土で染まる河川、雲に映る虹、彩雲
用例：Pū'o'a o ke ali'i maoli
I ka ua koko
人民の頂点のアリイ
虹のなか
[カヒリ・ナイ]

〈425〉

ココウラ
kōkō 'ula [コーコーウラ]

ココ kōkō（網、ネット）＋ ウラ 'ula（赤）
用例：E ka ua Kipu'upu'u
Lei kōkō 'ula I ke pili
キプウプウの雨よ
虹のレイをピリ草に
[プア・オ・カ・ヘイ]

〈426〉

ココイキ
Kokoiki [ココイキ]

[地名] ハワイ島コハラ、モオキニ・ヘイアウの近く、カメハメハ大王誕生地
用例：Lei Kohala i ka ua, ka 'Apa'apa'a
E papahi ana iā Kokoiki
コハラに雨のレイ、アパアパア
ココイキを飾る
[ヘ・レイ・ノ・カマイレ]

⟨427⟩

ココニ
kokoni [ココニ]

koni（ゾクゾク・ウズウズ・ドキドキさせる）の繰り返し語
用例：Kokoni ka 'i'ini me ka mana'o, 'eā
Lalawe a ninihi, lalawe a ninihi
欲求に心乱す
瀬戸際まで迫られる
[アリイ・イオラニ]

⟨428⟩

ココペ
kokope [ココペ]

かきはがす
用例：I laila māua kukuni e ka hao
Kokope e ka 'i'o kupu kukuʻi e ka papa niho
そこでおれたち、焼印を押す
かきはがす歯茎、顎打って
[レペ・ウラウラ]

⟨429⟩

コナ
kōna / kona [コーナ／コナ]

彼の、彼女の、その
用例：Kupaianaha kona u'i
Pulupē 'ia i ke kai.
驚きのその美しさ
海に濡れた姿
[レイ・ハラ]

⟨430⟩

の言葉

コナ
Kona [コナ]

① 【地名】ハワイ島西部の地区の名前
用例：Nō Kona ke kai malino
Nō Hualālai kō makua
穏やかなコナの海
フアラライはあなたの守護者
[ライマナ]

② 【地名】オアフ島6地域の一つ。島の南岸、コオラウ山脈のリーワード（風下側）地域。
用例：E ala ē 'o Kona i ke kai o Kalehuawehe
目覚めよコナ、カレフアヴェへの海
[メレ・ホアラ・モク]

③ 【固有名詞】島の風下側（南西側）、南風の名前

〈431〉

コーナネ
kōnane [コーナネ]

月明かり、月が照らす、輝く
用例：I ka pā kōnane a ka mahina
Hāʻawi au i koʻu aloha iā ʻoe i Lanikai
月明かりが照らす
あなたに贈る私の愛、ラニカイで
[イ・ラニカイ]

〈432〉

コニ
koni [コニ]

ゾクゾク・ウズウズ・ドキドキさせる
用例：O ka pua 'ala aumoe
'Ala huʻi koni māʻeʻele
夜香る花
うずく香りにゾクゾクズキズキ
[プア・アラ・アウモエ]

〈433〉

コニコニ
konikoni [コニコニ]

コニ koni の繰り返し語
ゾクゾク・ウズウズ・ドキドキする、激しい鼓動がする
用例：He manaʻo he aloha ē
No ke konikoni a ka puʻuwai
この思い、アロハ
胸の高鳴り
[メレ・ア・カ・プウワイ]

⟨434⟩

コノ
kono [コノ]

招く、誘う、促す
用例：O ke kani a ka pio hone i ke kula
E kono mai iaʻu hui kaua
ホイッスルの音、グラウンドに心地良く鳴る
私を誘う、競技への参加
[カ・パニオロ・ヌイ・オ・モロカイ]

⟨435⟩

コハラ
Kohala [コハラ]

[地名] ハワイ島北部の地域、山脈、森林保護区、岬の名前
用例：Lei Kohala i ka ua, ka ʻĀpaʻapaʻa
E pāpahi ana iā Kokoiki
コハラに雨のレイ、アパアパア
ココイキを飾る
[ヘ・レイ・ノ・カマイレ]

⟨436⟩

コフ
kohu [コフ]

似ている、類似、適切、ふさわしい、快い、好ましい
用例：He kohu kula kaimana
ʻAlohi nei i ka lā
ダイアの草原のよう
輝く太陽の下
[ライマナ]

⟨437⟩

の言葉

コミシナ
komisina [コミシナ]

委任する
コミキナ komikina ともいう。
用例：Ua komisina 'ia e
E ka lani nui e 'o Kamehameha
委任された
カメハメハ大王に
[ナ・バケロス]

⟨438⟩

コモムア
Komomua [コモムア]

【人名】カネオヘに住み始めた先祖の夫婦の名前（もうひとりはコアモクモク）
用例：Hea aku mākou e ō mai e Komomua
E ke Ko'amokumoku a o He'eia
呼ぶから答えて、コモムア
コアモクモク、ヘエイアの先祖
[アロハ・クウ・ホメ・ア・イ・ケアロヒ]

⟨439⟩

コル
kolu [コル]

3、三つ
用例：Ua hauhoa aku i nā lio
Kau i ka Pololena, ka moku kia kolu
馬たちに鞍をつけて
乗せたのは三本マストのポロレナ
[ナ・バケロス]

⟨440⟩

コーロア
Kōloa [コーロア]

【地名】カウアイ島南東の地区、町の名前
用例：I ka 'ī'ī'ī hānau a'o Kōloa
A me ka nalu holu a'o Kāwā
コロアのバースストーン
波立つカワと
[カウ・ヌイ]

⟨441⟩

157　Hawaiian Dictionary for Hula Dancers

コロナヘ
kolonahe [コロナヘ]

優しく心地よい風
用例：'O ka pā kolonahe a ke Kaiāulu
Hailhali mai ana ke 'ala lipoa
心地良く吹く風カイアウル
運んでくるのはリポアの香り
[ネネウ]

さらとの言葉

サ
sa ［サ］

ka の訛り
用例：Onaona lei i sa 'ohu kuahiwi
甘く香るレイ、山の霧の中
［ロゼ・オナオナ］

〈443〉

サノエ
Sanoe ［サノエ］

【人名】カノエ Kanoe（霧）のこと
リリウオカラニを取り囲む人を隠喩。『サノエ』共作者エリザベスのこと、あるいは妹のリケリケ王妃のことという説あり。
用例：'Auhea 'oe e Sanoe
Ho'opulu liko ka lehua
あなたはどこに、サノエ
レフアの若葉を濡らす人
［サノエ］

〈444〉

シロシア
Silosia ［シロシア］

【地名】ヌウアヌの池キロワヒネのこと
用例：A hiki kāua i Nu'uanu
A inu i ka wai o Silosia
二人が到着するのはヌウアヌ
飲むのはシロシアの水
［ナニ・コオラウ］

〈445〉

セパニア
Sepania ［セパニア］

【地名】スペイン、スペイン人
ケパニア Kepania ともいう。
用例：He mele no nā Vaqueros
Nā pua Sepania
カウボーイの歌
スペインの人々
［ナ・バケロス］

〈446〉

の言葉

セラモク
selamoku [セラモク]

船乗り
用例：Hoehoe nā wa'a
Ho'okano kahi selamoku
カヌーを漕ぐ
硬くする、あの船乗り
[カワイハエ]

⟨447⟩

ソニソニ
sonisoni [ソニソニ]

どきどき (konikoni)
用例：E tease mai 'oe, sonisoni mālie
E nanea e walea ai
焦らしてあなた、静かにどきどき
リラックスして楽しんで
[クウ・ティタ]

⟨448⟩

ティタ
tita [ティタ]

英語の sister が語源。女性（あるいは女装）の友人に親しみを込めて呼びかけるときに使われる。
用例：'Auhea wale 'oe e ku'u tita
Tita o ke aumoe lā 'eā
聞いてあなた、私のシスター
夜の時間のシスター
[クウ・ティタ]

⟨449⟩

トゥアヒネ
Tuahine [トゥアヒネ]

【固有名詞】オアフ島マノア谷の霧雨の名前。クアヒネ Kuahine ともいう。虹のプリンセス「カハラオプナ」の伝説で、娘カハラオプナの死を悲しんで雨になった母の名前。
用例：Launa 'ole kou nani, ke kilohi aku wau
Ho'ōla i ka ua Tuahine
美しすぎるあなたを眺める
癒してくれるのはトゥアヒネの雨
[ハワイ・アケア]

⟨450⟩

トウトウ
tūtū [トゥートゥー]

おばあちゃん（ククkukūとも）
▼トゥトゥ・ワヒネ＝おばあちゃん
▼トゥトゥ・カネ＝おじいちゃん
用例：Hānai 'ia au a nui pu'ipu'i
I ka nui miki'ai a Tūtū
ぽっちゃりに育てられた
おばあちゃんがくれたポイ
[クウ・ワ・リイリイ]

〈451〉

なの言葉

ナ
na [ナ]

～で、によって、のために、からの
用例：Kakani leʻa ka wao, na ka manu o uka
森は楽しげに賑やか、山の鳥の声で
[スイート・アパパネ]

⟨452⟩

ナー
nā [ナー]

冠詞 複数を表したい語の前に置かれる。
→ka ka／ke ke
用例：Ke one uʻi o nā momi
名高いカウヌヌイの浜
Ke one kaulana aʻo Kaununui
美しいニイハウ・シェルの浜
[アロハ・カエオ]

⟨453⟩

ナアウアオ
naʻauao [ナアウアオ]

知識、知恵、聡明
用例：Ua ao ē ka uka, nā pua kamalei
Ua wili ʻia a paʻa ka ʻimi naʻauao
山の手で学んだ、大切な子供たち
しっかり編みこまれた、知恵の探求
[カヒコ・カパラマ]

⟨454⟩

ナイ
naʻi [ナイ]

① 征服者、勝利者
用例：O kamaliʻi, kāhili naʻi
子孫よ、勝利者のカヒリ
[カヒリ・ナイ]

② 努力する、努める、奮闘する、邁進する

⟨455⟩

の言葉

ナウ
naʻu [ナウ]

私の、私の物、私のために
用例：Hiʻipoi mau no
Naʻu ʻoe a mau loa
ずっと大切にする
永遠にあなたは私のもの
[クウ・プア・イリマ]

⟨456⟩

ナウ
nāu [ナーウ]

あなたの、あなたへ、あなたによって
用例：He aliʻi nui ʻoe e kuʻu ipo
Nāu ʻAkahikuleana a ka piko
偉大なる首長、愛しいあなた
あなたのアカヒクレアナアカピコ
[アカヒクレアナ・ア・カ・ピコ]

⟨457⟩

ナウエ
naue / Naue [ナウエ]

① 動く、揺らす、震える、(腰を)振る
用例：E naue mai i kuʻu leo aloha
Ke aloha e pili mau ai
動いて、ぼくの声に合わせて
愛しい人、ずっとそばにいて
[クウ・レオ・アロハ]

② 【地名】カウアイ島ハナレイのハエナ地区にあるハラの林で有名な場所
用例：Alo aku i ke kula aʻo Hāʻena
Nā hala o Naue
ハエナの原野に顔向ければ
ナウエのハラ林
[ナ・ウイ・オ・カウアイ]

⟨458⟩

ナウパカ

の言葉

ナウパカ
naupaka [ナウパカ]

【植物】クサトベラ科の常緑低木
山ナウパカと海ナウパカがある。白い花が半分になったような花弁が特徴的。
用例：'Iu'iu kūlana o ia pua
'O Naupaka nō i ka wēkiu
ナウパカは頂点に
名声高き花
[ヘ・レイ・アロハ（ノ・ヒロ）］

〈459〉

ナウル
nāulu / Nāulu [ナーウル]

① 通り雨、シャワー
② 【固有名詞】ハワイ島カワイハエ、カウアイ島ワイメア、マウイ島カナロアなど、各地に関連付けられる雨と風。
用例：Līhau mai nei 'oe
I ka ua Nāulu
やさしく降ってくるあなた
ナウルの雨
[カマカヒキラニ]

〈460〉

ナエ
na'e [ナエ]

しかし、まだ、さらに、にも関わらず
用例：Ko'eko'e i ka lewa i Kōke'e
Ua na'e mehana i ku'u poli
冷たいコケエの空気
それでもあたたかい私の胸
[ルウルウ・イ・ナ・ウア・ヌイ・オ・ハナレイ]

〈461〉

ナエナエ
na'ena'e [ナエナエ]

香りの良い
用例：A he mea na'ena'e ke 'ala
O ka lau maile o Kilohana
良い香りのするもの
キロハナのマイレの葉
[ノエノエ・マイカイ・ケ・アロハ]

〈462〉

ナナ
nānā [ナーナ]

彼・彼女・それによって
用例：Halulu i ke kihi o ka malama
Ka manu nānā i pani ka lā
明かりが縁取るハルル鳥
鳥によって隠された太陽
[カハ・カ・マヌ]

⟨463⟩

ナナ
nānā [ナーナー]

見る、観察する、見守る
用例：Huli aku nānā iā Keahiakahoe
Lei ana i ka 'ohu kau i ka piko
振り返って見る、ケアヒアカホエ
霧のレイがかかる頂上が見える
[ハノハノ・ハイク]

⟨464⟩

ナナクリ
Nānākuli [ナーナークリ]

【地名】オアフ島西部ワイアナエ地域にある谷・町・ビーチパーク・森林保護区・川・学校・サーフィンスポットの名前
用例：Kaulana mai nei a'o Nānākuli 'eā
Ka holu o ka lau a'o ke kiawe
名高いナナクリ
風に揺れるキアヴェの葉
[ナナクリ]

⟨465⟩

ナナホア
Nānāhoa [ナーナーホア]

【人名】豊饒の男神
▼カ・ウレ・オ・ナナホア＝モロカイ島の男根岩
用例：Aia i Pāla'au
Ka wahi kapu o ka ule o Nānāhoa
パラアウにある
聖地カ・ウレ・オ・ナナホア
[ヘ・メレ・ノ・ヒナ]

⟨466⟩

な の言葉

ナニ
nani [ナニ]

美、美しさ、美しい人、美女
美しい、かわいい、華麗な、輝く、見事な、素敵な
用例：Nani wale e ka ua a'o Ko'ula
Kiihune nei i ka ua li'ili'i
なんてきれい、コウラの雨
霧のように降る小雨
[コウラ]

⟨467⟩

ナネア
nanea [ナネア]

くつろぐ、楽しむ、暇をつぶす
用例：Ke 'ala laua'e, halihali 'ia mai
Nanea ka mana'o, ke honi aku wau
ラウアエの香り、運ばれてくる
思考もゆるり、私は香りを吸って
[ケ・アラ・ラウアエ]

⟨468⟩

ナペ
nape [ナペ]

（ヤシの葉などが）曲がり揺れる、（海の水面が）浮き沈みする
▼ホル・ナペ＝（風に）揺れる
用例：Ka holu nape o ka lau o ka niu
I Lanikai
風にそよぐヤシの葉
ラニカイで
[イ・ラニカイ]

⟨469⟩

ナヘナヘ
nahenahe [ナヘナヘ]

やわらかい、快い、旋律的な
用例：Hau'oli au i kou leo nahenahe
Kou leo me ke aloha
あなたの快い声を聴くだけで幸せ
愛情がこもったあなたの声
[クウ・イポ・オナオナ]

⟨470⟩

ナヘレ
nahele [ナヘレ]

森、林、茂み、木々
用例：I puia i ke 'ala onaona
Me ka ua hāli'i i ka nahele
快い香りが広がる
雨に包まれた森で
[ヴェヒヴェヒ・オエ]

⟨471⟩

ナモロカマ
Nāmolokama [ナーモロカマ]

[地名] カウアイ島ハナレイにある山
用例：Ka 'owē a ka wai o Nāmolokama
Ahe wai hu'ihu'i
さらさら、ナモロカマの水
風に吹かれる冷たい水
[ナ・ウイ・オ・カウアイ]

⟨472⟩

ナル
nalu [ナル]

波
用例：Nā nalu nui ho'i i ka pali
Ka 'ehukai pili i ka 'ili ē
大きな波が断崖に打ち寄せる
波しぶきが肌に触れる
[ヘ・メレ・アロハ・ノ・プナ]

⟨473⟩

Hawaiian Dictionary for Hula Dancers   170

にからのの言葉

ニイハウ
Niʻihau [ニイハウ]

【地名】カウアイ島の西隣、ハワイ諸島主要8島の中で7番目の大きさの最西端の島
島花：ププ・ケオケオ（白い貝）
島色：白
用例：E ō mai, ē Niʻihau, i kou inoa
Ua piha mau 'oe me ke aloha
答えてニイハウ、あなたの名前
いつも愛に満ちたあなた
[アロハ・カエオ]

⟨473⟩

ニウ
niu [ニウ]

【植物】ココヤシ
用例：Hoʻolaʻi nā manu i laila
Hoʻoipo i ke oho o ka niu
鳥たちはそこで和む
愛おしむヤシの葉
[オールド・プランテーション]

⟨475⟩

ニニアウ
niniau [ニニアウ]

① ニアウ niau（滑らかに動く）の繰り返し語
用例：Ke niniau lā i ke one
I ke kai hānupanupa la o Hāʻena
砂浜の上を滑らかに
ハエナの波打ち際
[エ・ヒアアイ・イ・カ・ナニ・オ・ホポエ]

② （花が）萎れる
用例：Niniau 'eha ka pua o ke koaiʻe
ʻEha i ke anu ka nahele aʻo Waikā
萎れ痛んだコアイエの花
痛い寒さ、ワイカの森
[ホレ・ワイメア]

⟨476⟩

にからのの言葉

ニニヒ
ninihi [ニニヒ]

崖っぷち
用例：Kokoni ka 'i'ini me ka mana'o, 'eā
Lalawe a ninihi, lalawe a ninihi
欲求に心乱す
瀬戸際まで迫られる
［アリイ・イオラニ］

〈477〉

ヌア
nu'a [ヌア]

（草花や人などの）重なり
用例：Luhe 'ehu ka palai i ka nu'a
I ka 'olu o ka Old Plantation
霧にしなだれるパライの重なり
心地良い古いプランテーション
［オールド・プランテーション］

〈478〉

ヌイ
nui [ヌイ]

大きい、偉大な、たくさん、豊かな、
もっとも
用例：He aloha ku'u one hānau
'O Ka'ū nui hiehie i ka makani
愛する故郷
広大で圧巻のカウは風の中
［カウ・ヌイ］

用例：He ali'i nui 'oe nā ka malihini
O neia 'āina pāhoehoe
あなたは偉大な首長
この溶岩の地の訪問者にとって
［ハレマウマウ］

▼ヌイ・キノ＝全身
用例：Honehone mehe ipo ala
Pailai ka nui kino
恋人のように美しいメロディー
全身で受け止めて
［サノエ］

〈479〉

ヌウ
nuʻu [ヌウ]

高台、頂上
用例：Home kau i ka nuʻu
Home piha hauʻoli
高いところに建つ家
幸せ溢れる家
[ライマナ]

⟨480⟩

ヌウアヌ
Nuʻuanu [ヌウアヌ]

【地名】オアフ島ホノルルの渓谷の名前
1795年のカメハメハによるハワイ統一最後の決戦場として知られる、現在のヌウアヌ・パリ展望台のあるエリア。
ヌウ nuʻu（高台、頂上）＋ アヌ anu（冷たい）
＝「冷たい高地」
用例：Nuʻuanu i ka makani lawe mālie
I ke ʻala o nēia pua o ka ʻawapuhi
ヌウアヌで穏やかな風に運ばれる
この地に咲くジンジャーの香り
[オアフ]

⟨481⟩

ヌパ
nupa [ヌパ]

洞窟、深い淵
用例：Aia i ka nupa o Waipiʻo
Puaʻi nā wai
ワイピオの洞窟にある
溢れる水
[ワイピオ・パエアエア]

⟨482⟩

にからのの言葉

ネイ
nei [ネイ]

指示詞 時制や位置、愛着度などの意味を添える

▼ケ／エ＋動詞＋ネイ＝現在／未来（〜している、する）
用例：'Auhea wale 'oe e ku'u aloha lā
Eia mai au ke kali nei lā
聞いてあなた、私の愛する人
私はここで待っている
[クウ・イポ・オナオナ]

用例：Luhiehu lāʻī e liko nei
A he liko nō au no Lanihuli
青々としたティーリーフ、キラキラしてる
私はラニフリの末裔
[ヘ・アロハ・ヌウアヌ]

▼地名＋ネイ＝この（愛しい）〜
用例：E nā mokupuni 'o Hawai'i nei e ala mai
E nā mano kini a lehu e ala mai
ハワイの島々よ、立ち上がれ
大勢の民衆よ、立ち上がれ
[エ・ナ・キニ]

▼イ・カ・ポ・ネイ＝昨夜
用例：'Upu a'e nei ka pō nei
I kou nani i ka pō nei
物思いにふける、愛の記憶
昨夜のあなたの美しさ
[クウ・レオ・アロハ]

〈483〉

ネイア
neia / nēia [ネイア／ネーイア]

この、これ
ケイア kēia と同義
用例：E kala neia kino
I pīliwi ai i laila
長いこと私自身
信じていた、そこにあること
[サノエ]

〈484〉

ネエ
ne'e [ネエ]

少しずつ動く、一歩一歩進む、這う、忍び寄る
用例：Kaulana 'oe Nene'u i kou inoa
I ka ne'e a ke kai i ka pu'e one
名高いあなた、ネネウがあなたの名
海辺に集められた砂の丘
[ネネウ]

⟨485⟩

ネエネエ
ne'ene'e [ネエネエ]

ゆっくりと広がる、動く、這う
用例：'Ā i luna, 'ā i lalo, ne'ene'e 'eā
'O Pele ka wahine mai Kahiki 'eā
上へ下へと燃え広がる
カヒキから来たペレ
[アイア・ラ・オ・ペレ・イ・ハワイ]

⟨486⟩

ネネウ
Nene'u [ネネウ]

【地名】オアフ島ワイアナエのビーチ。ポカイ・ベイ・ビーチ・パークの正面。
用例：Kaulana 'oe Nene'u i kou inoa
I ka ne'e a ke kai i ka pu'e one
名高いあなた、ネネウがあなたの名
海辺に集められた砂の丘
[ネネウ]

⟨487⟩

ネネエ
nene'e [ネネエ]

ネエ ne'e の繰り返し語
移動する
用例：Ha'i ana nā nalu pae i ke one
O ke one kaulana e nene'e ai
波が崩れ砂浜に打ち寄せる
名高い移動砂（飛砂）
[エオ・ハナ]

⟨488⟩

Hawaiian Dictionary for Hula Dancers 176

にからのの言葉

ネネヘ
nenehe [ネネヘ]
ネヘ nehe の繰り返し語
サラサラ、パラパラ、コロコロという音
用例：Me he ki'ina nā manu
Ka nenehe i ka lau hau
鳥の動きのような
ハラの葉のざわめき
[ノエノエ・マイカイ・ケ・アロハ]

〈489〉

ネヘ
nehe [ネヘ]
木の葉の揺れる音、川のせせらぎ、さざ波、サラサラ、パラパラ、コロコロ
用例：Ka nehe o ke kai lana mālie
Ke 'ala lipoa e moani nei
穏やかな海のさざなみ
リポアの香り、風に漂う
[ホメ・カパカ]

〈490〉

ノ
no [ノ]
〜の、のため、〜に、のおかげで
用例：He mele he inoa no ke ali'i
Kekauhiwa 'ōnohimakaolono
名をたたえる歌をアリイに
ケカウヒワオノヒマカオロノ
[カハ・カ・マヌ]

〈491〉

ノー
nō [ノー]
強意の助詞
とても、すっかり、なんて、まったく、〜だけ
用例：Ia nei nō māua
I ka malu o ke kukui
ここに私たちだけ
ククイの影
[プア・オ・カ・ヘイ]

〈492〉

ノア
noa [ノア]

自由、制限・禁制からの解放
用例：Ua noa ka uka a'o Waolani
E noenoe ai nei 'ohu kēhau
自由なワオラニの高地
霧が包んで雫が飾る
[ヘ・ヴェヒ・アロハ]

⟨493⟩

ノウ
nou [ノウ]

あなたに、あなたのために、あなたのもの
用例：Ha'ina ka puana, nou e pua melie
Kau mai i luna
伝えるのはあなたのこと、プルメリア
高くに咲いている
[プア・メリエ]

⟨494⟩

ノヴェオ
nōweo [ノーヴェオ]

明るい、眩しい
用例：Me ka lā e nōweo nei
Ka'i ana ma ke ala pono o ke ola ē
太陽のように輝き照らす
人生の正しい道を導く
[メレ・ア・カ・プウワイ]

⟨495⟩

ノヴェロ
nowelo [ノヴェロ]

調べる、探求する
ノエロ noelo とも
用例：Eia kā ke ali'i hana nowelo, lā
Ka mea puni hana nowelo, lā
それはアリイの得意技
欲望を探求するもの
[クヒヘワ]

⟨496⟩

にからのの言葉

ノエ
noe［ノエ］
霧、蒸気、霞む、霧がかった
用例：Hoʻoipo ē ke ʻala me ka ua noe
Noenoe mai i ka ʻĀpuakea
愛おしむ霧雨とその香り
煙るアプアケア雨の中
［ロゼ・オナオナ］ 〈497〉

ノエノエ
noenoe［ノエノエ］
ノエ noe の繰り返し語
用例：Eō Hāna i ka Uakea
Noenoe kuʻu kapa ʻahu ʻohu i ka pali
呼びかける、ハナのウアケア雨
霧雨は私の衣、頂を包む霧
［エオ・ハナ］ 〈498〉

ノエノエ
noʻenoʻe［ノエノエ］
静か、落ち着いた
用例：Noʻenoʻe maikaʻi ke aloha
I ka ʻohu hau o Hāʻupu
愛する静かな良い景色
霧雲が飾るハウプの山
［ノエノエ・マイカイ・ケ・アロハ］ 〈499〉

ノケノケ
nokenoke［ノケノケ］
ノケ noke（繰り返す、続ける）の繰り返し語
用例：ʻOwaka i ka lani, nokenoke
Ē Pele ē Pele ē
空に光を放ち続ける
ペレよ、ペレよ
［アイア・ラ・オ・ペレ・イ・ハワイ］ 〈500〉

ノ
nono [ノノ]

赤、赤面
用例：I ka hele lalahai o ia manu nono ʻula
Hoʻi lahilahi mai i nā pua kaluhea
平行に飛ぶ深紅の鳥
香りのする繊細な花に帰る
[スイート・アパパネ]

⟨501⟩

nohea [ノヘア]

ハンサム、美人、かわいい、愛らしい、姿の良い
用例：ʻAʻole nō e like me ʻoe
He nohea ʻoe i kuʻu maka
あなたと比べるものなし
あなたはお気に入りの美女
[クウ・プア・イリマ]

⟨502⟩

noho [ノホ]

① 椅子
② 住む、生活する、滞在する、座る、いる、統治する
用例：He home noho mau na ka Wahine
Ka aiwaiwa nani o Kīlauea
女神の定住地
キラウエアの驚くべき美しさ
[カウ・ヌイ]

⟨503⟩

nohona [ノホナ]

住宅、住居
用例：Ua laʻi ka nohona a o kuʻu home
I ka malu o nā pali o ke Koʻolau
故郷の家は静か
コオラウの山並の影で
[アロハ・クウ・ホメ・ア・イ・ケアロヒ]

⟨504⟩

にからのの言葉

ノメ
nome [ノメ]

食べる、食む、貪り食う
用例：'Ūhī'ūhā mai ana 'eā
Ke nome a'e lā iā Puna, 'eā
(溶岩の燃える) 吹き出し音とともに
食べ尽くす、プナの地を
[アイア・ラ・オ・ペレ・イ・ハワイ]

⟨505⟩

ノル
nolu [ノル]

伸びる、やわらかい、しなやか
用例：Nolu ka maka o ka 'ōhāwai a Uli
ウリに咲くオハワイの花びらは柔らかく
[ホレ・ワイメア]
▼ノル・ペ
→ノルペ nolu pē / nolupē

⟨506⟩

ノルペ
nolu pē / nolupē [ノルペー]

①優雅に曲がった、揺れる
②びしょ濡れ
用例：Ohaoha pua
Nolu pē i ka ua
咲き乱れる花
雨に濡れている
[ヘ・プア・ヴェヒワ]

⟨507⟩

はの言葉

パ
pā [パー]

(風が) 吹く、(月・太陽が) 輝く・照らす、触れる、手に入れる、打つ、体験する、感じる
用例：Kuahiwi ani a ka makani
Pā mai kahi lau hinahina
山にそよぐ風
吹く場所にヒナヒナの葉
[ノエノエ・マイカイ・ケ・アロハ]
用例：I ka pā kōnane a ka mahina
Hāʻawi au i koʻu aloha iā ʻoe i Lanikai
月明かりが照らす
あなたに贈る私の愛、ラニカイで
[イ・ラニカイ]

⟨508⟩

ハア
haʻa [ハア]

(膝を曲げて) 踊る、踊り
用例：He aloha Nuʻuanu i kaʻu ʻike
I ke kāwelu haʻa i kaʻoluʻolu
我が愛しのヌウアヌの光景
しなやかに踊るカヴェル
[ヘ・アロハ・ヌウアヌ]

⟨509⟩

は の言葉

パア
pa'a [パア]

しっかりした、安定した、強固な、硬い、固まった、凍った、ぴったりした、じょうぶな、揺るがない、明確な、埋まった、不動の、忠実な、永続する、完了した、全体の、覚えた、習得した、極めた、断固とした、頑固な、握る、つかむ、保持する、守る、遮る
（※文脈によっていろいろな意味になるわかりづらい語なので、用例を多めに掲載します。）

用例：Pupū a pa'a i ka lima
Mokihana popohe i ka nahele
手にいっぱい採った
森の丸いモキハナ
［ノエノエ・マイカイ・ケ・アロハ］

用例：Kaha ka manu, pa'a ka lā
Pō'ele nā moku, pōuliuli
滑空する鳥、太陽を遮る
暗闇の島々、日食
［カハ・カ・マヌ］

用例：Ua ao ē ka uka, nā pua kamalei
Ua wili 'ia a pa'a ka 'imi na'auao
山の手で学んだ、大切な子供たち
しっかり編みこまれた、知恵の探求
［カヒコ・カパラマ］

用例：Me he manu 'iwa ē, kīkahakaha neia
Pa'a ke kūlana ē, auē ē, Hōkūle'a ē
イワ鳥のように、滑空する
平衡を保って、素晴らしきホクレア
［カウラナ・カ・イノア・オ・ホクレア］

用例：I laila aku wau i ka pō nei
Ua pa'a kou puka i ka laka 'ia
そこに私、昨夜
あなたのドアは閉じて鍵がかかっていた
［ナニ・コオラウ］

▼ピリ・パアァ＝ぴったり寄り添った
用例：Carnation i wili 'ia me maile lauli'i
'Iliwai like ke aloha pili pa'a
カーネーションは編まれる、マイレ・ラウリイと
それはまるで、寄り添うアロハ
［カマラニ・オ・ケアウカハ］

〈510〉

ハアヴィ
hāʻawi [ハーアヴィ]

与える、手渡す、贈る
用例：I ka pā konane a ka mahina
Hāʻawi au i koʻu aloha iā ʻoe i Lanikai
月明かりが照らす
あなたに贈る私の愛、ラニカイで
[イ・ラニカイ]

〈511〉

ハアオ
Hāʻao [ハーアオ]

① [地名] ハワイ島カウのホヌアポ地区にある泉
② [固有名詞] ハワイ島カウの雨
用例：Me ka ua kaulana aʻo Hāʻao
Hoʻopulu ʻelo i ka ʻili o ka malihini
名高いハアオ雨
訪問者の肌をびっしょり濡らす
[カウ・ヌイ]

〈512〉

ハアハア
haʻahaʻa [ハアハア]

ハア haʻa の繰り返し語
低い、謙遜、つつましやかな、低姿勢の
用例：Ke ʻao haʻahaʻa lana i ka lani
I uka i ka mauna kiʻekiʻe, ē
そびえ立つ山の上に
空に低く浮かぶ光
[ヘ・メレ・アロハ・ノ・プナ]

〈513〉

ハアヘオ
haʻaheo [ハアヘオ]

プライド、誇り、誇らしい、気高く
用例：Haʻaheo ʻiʻo nō
Ua kaulana ko inoa
誇り高い、心から
知れ渡ったあなたの名前
[カ・レオ・マヌ・オ・ハワイ]

〈514〉

はの言葉

ハアレ
hāʻale [ハーアレ]

溢れんばかりの、さざめき、波打つ
用例：Hāʻale ke aloha no Moakeawe
Holu nape mai ka lau o ka niu
モアケアヴェへの溢れるアロハ
風にそよぐはヤシの葉
[アイナ・オ・ミロリイ] 〈515〉

ハアレワ
haʻalewa [ハアレワ／ハアレヴァ]

レワ lewa と同義
腰を回し踊る
用例：Ahuwale ka haʻalewa ē
Me ke kai e holu mau ana
浮かび上がる踊り
波打つ海のように
[クウ・レオ・アロハ] 〈516〉

ハイ
haʻi [ハイ]

①崩れる／崩す、壊れる／壊す、折れる／折る
用例：Haʻi ana nā nalu paeʻi ke one
O ke one kaulana e neneʻe ai
波が崩れ砂浜に打ち寄せる
名高い移動砂（飛砂）
[エオ・ハナ]
②言う、話す、口にする、打ち明ける 〈517〉

パイア
paia [パイア]

森の木陰
▼プナ・パイア・アラ＝「ブナ」の詩的表現。「香りが包む森の木陰プナ」の意。
用例：Naue i uka naue i kai
Naue ka wahine la i Puna paia ʻala
陸を揺すり、海を揺する
女神は揺り動かす、（香りが包む森の木陰）プナ
[エ・ヒアアイ・イ・カ・ナニ・オ・ホポエ] 〈518〉

パイア
Pāʻia [パーイア]

【地名】マウイ島頭部の海辺の地区
用例：Lei Pāʻia i ka malu
I ka ulu niu
パイアは静けさのレイに飾られて
ヤシの林の中
[ヘ・レイ・ノ・カマイレ]

⟨519⟩

パイオ
paio [パイオ]

戦う、喧嘩する、争う
用例：Paio nō ka pono ē
E nā kini o ka ʻāina
権利のために戦う
この地の民よ
[エ・ナ・キニ]

⟨520⟩

ハイク
Haʻikū [ハイクー]

【地名】オアフ島カネオヘへの谷
用例：Hanohano Haʻikū ke ʻike aku
Hiʻipoli ʻia e nā pali hauliuli
壮麗なハイクの眺め
鬱蒼とした崖に抱かれる
[ハノハノ・ハイク]

⟨521⟩

ハイナ
haʻina [ハイナ]

ことわざ、格言、言うこと、宣言、メッセージ、説明、答え
伝える、打ち明ける
ハワイアン・ソングの最後のバース（節）をハイナで始めるのが定番で、歌全体の主題やたたえる人・土地の名を繰り返します。
用例：Haʻina ʻia mai ana ka puana
Oʻahu ka ʻāina o ke aloha
歌は伝える
オアフ島、アロハの島
[オアフ]

⟨522⟩

の言葉

パイナ
paina [パイナ]
【植物】マツ、パイン・ツリー、針葉樹
用例：Noho ana no i ka 'olu
I ka lau a'o ke paina
心地良く座る
木陰をつくるのはパイン・ツリー
[ハナレイ・ベイ]

〈523〉

ハイナカ
hainakā [ハイナカー]
ハンカチ、ナプキン、バンダナ
用例：Kō hainakā nui lei 'a'ī
He puleo ha'aheo a i ka makani
首に巻いたあなたの大きなバンダナ
誇らしげにはためく、風の中
[クウ・ホア・ホロリオ]

〈524〉

ハイヌ
hāinu [ハーイヌ]
水を飲む、飲ませる
用例：Hāinu mau 'ia
Me ka huna kai
いつも水に浸される
波しぶきで
[ヘ・レイ・ノ・カマイレ]

〈525〉

パイラ
paila [パイラ]
盛る、積もる、たくさん
用例：Honehone mehe ipo ala
Paila i ka nui kino
恋人のように美しいメロディー
全身で受け止めて
[サノエ]

〈526〉

ハウ
hau [ハウ]

①【植物】アオイ科フヨウ属の木ハイビスカスの一種で、花は朝黄色に咲き、夕方に向けてオレンジ〜赤色に変色する。葉は丸みを帯びたハート型。枝は横に広がるように伸びる。樹の幹はカヌーのアウトリガーの素材に、花は薬として使われた。

用例：Lei ana ka 'āina i ka nani pua hau
Pulu pē i ka 'ehukai o Malulani
この地を飾る美しいハウの花
マルラニの波しぶきに濡れる
[アロハ・クウ・ホメ・ア・イ・ケアロヒ]

②冷たい、凍った、霜、露、雪、冷たい風（が吹く）

用例：Nolu pē ka lehua i ka īhau
Hau mai nei ka makani 'olu'olu
雨露に濡れたレフア
冷たい風が心地良く吹く
[カ・レフア・プノノ]

⟨527⟩

パウ
pau [パウ]

終わった、完了した、全体、完全に

用例：'A'ole nō e pau ilo ana
I ke a'a kūpa'a o ka 'āina
完全に失われはしない
この地に張った不動の根
[ヘ・レイ・アロハ（ノ・ヒロ）]

⟨528⟩

パウアヒラニ
Pauahilani [パウアヒラニ]

【人名】プリンセス・バーニス・パウアヒ・ビショップのこと

用例：Mahalo 'ia 'oe e ke ali'i wahine
E Pauahilani i ka hanohano
あなたに感謝、王妃
パウアヒ、高貴な人
[カヒコ・カパラマ]

⟨529⟩

の言葉

ハウオリ
hau'oli [ハウオリ]

ハッピー、幸せ、嬉しい、楽しい、喜び
用例：Mahalo nui i ko makana ho'okipa nei
Hau'oli wale nō, he mau, nō kou nani
大きな感謝を、人を楽しませる才能に
いつも幸せ、あなたの素晴らしさ
[カ・レオ・マヌ・オ・ハワイ]

〈530〉

パウオレ
pau'ole / pau'ole [パウオレ]

終わりない、永遠の、いつも
用例：Pau 'ole ko'u ho'ohihi
Me 'oe e ku'u lei aloha
絶え間ない私の思い入れ
あなたへの、私の愛のレイ
[クウ・レイ・プア・ケニケニ]

〈531〉

ハウプ
hā'upu / Hā'upu [ハーウプ]

①思い出す、回想する、記憶している、思い出
用例：Hanini ku'u waimaka i ka ho'ohali'a
Poina 'ole ka hā'upu o nā kūpuna
溢れる私の涙、思い出させるから
忘れない先祖（祖父母）の思い出
[アロハ・クウ・ホメ・ア・イ・ケアロヒ]

②【地名】カウアイ島リフエにある山の山頂・
尾根の名前
デミゴッド（半神半人）の名前が由来
用例：No'eno'e maika'i ke aloha
I ka 'ohu hau o Hā'upu
愛する静かな良い景色
霧雲が飾るハウプの山
[ノエノエ・マイカイ・ケ・アロハ]

〈532〉

ハウホア
hauhoa [ハウホア]

結ぶ、(馬に) 鞍を置く
用例：Ua hauhoa aku i nā lio
Kau i ka Pololena, ka moku kia kolu
馬たちに鞍をつけて
乗せたのは三本マストのポロレナ
[ナ・バケロス]

〈533〉

ハウメア
Haumea [ハウメア]

[人名] ハワイ神話の母神
用例：I Luamoʻo noho Haumea la
I ka malu o ka pua hau
ハウメアが住んだルアモオ
ハウの花の影
[ヘエイア]

〈534〉

ハウリウリ
hāuliuli [ハーウリウリ]

ハウリ hāuli (濃い) の繰り返し語
用例：Aloha kuʻu home a i Kāneʻohe
A me nā pali hāuliuli o nā Koʻolau
ご挨拶をカネオヘの我が家に
そして緑濃いコオラウの山並に
[アロハ・クウ・ホメ・ア・イ・カネオヘ]

〈535〉

ハエ
hae [ハエ]

旗
用例：ʻO ka hae Hawaiʻi kaʻu aloha
E kaunu nei me ka hae o Maleka
ハワイの旗、私の愛
仲良くしてるよ、アメリカの旗と
[ハレイワ・ホテル (ハノハノ・ハレイワ)]

〈536〉

は の言葉

パエ
pae [パエ]

① 塊、群れ、房
用例：Nani pua 'a'ala onaona i ka ihu
E moani nei i ka pae pūhala
きれいな花、鼻に甘く香る
風に香るハラの林
[カマラニ・オ・ケアウカハ]

② 浜に上がる、上陸する、たどり着く
用例：E lele mai, e pae, e mai ē
'O a'u wai lehua kai kō
来て、たどり着いて、ここへ
私の花蜜で満たされに
[アイア・イ・オラア・クウ・アロハ]

〈537〉

パエアエア
pāeaea [パーエアエア]

静か、凪いだ（海）
用例：Ka 'āina o 'Umialīloa
He aloha Waipi'o pāeaea
ウミアリロアの地
愛する静かなワイピオ
[ワイピオ・パエアエア]

〈538〉

ハエナ
Hā'ena [ハーエナ]

① 【地名】カウアイ島北岸の州立公園、ビーチの名前

ペレ&ヒイアカの神話の舞台のひとつ。ペレが寝ている間に幽体離脱(?)で訪れ、ロヒアウと出会った場所。ロヒアウをペレの元へ連れ戻すヒイアカの旅の目的地。フラの守護神ラカにまつわる史跡ケ・アフ・オ・ラカ、カウルアパオア・ヘイアウのある場所。

用例：Alo aku i ke kula a'o Hā'ena
Nā hala o Naue
ハエナの原野に顔向ければ
ナウエのハラ林
[ナ・ウイ・オ・カウアイ]

② 【地名】ハワイ島東岸にあるビーチの名前

ペレ&ヒイアカの神話の舞台のひとつ。ペレの溶岩に焼かれ、岩になったホポエがこの海岸で踊るように波に揺れていたという。その岩は1946年の津波で流されてしまったそうです。

用例：Ke niniau la i ke one
I ke kai hānupanupa la o Hā'ena
砂浜の上を滑らかに
ハエナの波打ち際
[エ・ヒアアイ・イ・カ・ナニ・オ・ホポエ]

〈539〉

ハエハエ
ha'eha'e [ハエハエ]

ハエ ha'e（恋しく思う、慕う）の繰り返し語
強い愛情

用例：'Olu'olu to mine heart e ha'eha'e nei
Pili pa'a kāua i ka ua mālie
私を安心させる、強い思いで
二人は抱き合う、静かな雨の中
[プア・モハラ・イ・カ・ヴェキウ]

〈540〉

の言葉

ハオ
hao [ハオ]

① 焼き印、烙印
用例：I laila māua kukuni e ka hao
Kokope e ka 'i'o kupu kukui'i e ka papa niho
そこでおれたち、焼き印を押す
かきはがす歯茎、顎打って
[レペ・ウラウラ]

② （圧力に押されて）来る・現れる、（雨や風が）強く降る・吹く
用例：Hole Waimea i ka ihe a ka makani
Hao mai nā 'ale a ke Kipu'upu'u
ワイメアの剥ぎ取る槍のような風
強く吹く、キプウプウ風のうねり
[ホレ・ワイメア]

⟨541⟩

ハオ
ha'o [ハオ]

恋しい、待ち焦がれる、欲求する
用例：Ha'o ana i kou nani ē
E mailu mai 'oe e ho'i ē, ho'i mai
恋しいあなたの美しさ
振り向いてあなた、帰ってきて
[メレ・ア・カ・プウワイ]

⟨542⟩

パオア
paoa [パオア]

強く香る
用例：Uluwehiwehi i ka pala'a
Me ka hala paoa i ke 'ala
美しく茂るパラア
強く香るハラと
[カ・ポリ・オ・カハルウ]

⟨543⟩

パカハ
pākaha [パーカハ]

だます、盗む
用例：マイレ・パカハ＝マイレの一種、葉が卵型
い方の滝。
Ka maile kaluhea, ka maile pākaha
マイレ・カルヘア、マイレ・パカハ
[ヘ・レイ・ノ・カマイレ]

〈544〉

ハカラオア
Hakalaoa [ハカラオア]

【地名】ハワイ島ワイピオ渓谷の滝の名前
ヒイラヴェ滝と対になっているもう一方、小さい方の滝。
用例：I nā wai māhana
'O Hakalaoa me Hi'ilawe
ツインの滝
ハカラオアとヒイラヴェ
[ワイピオ・パエアエア]

〈545〉

ハカリア
hākālia [ハーカーリア]

ゆっくり、のんびり、長い時間かけて
用例：Hākālia ka ihona ho'i i Waimea
Ua kō ka 'i'ini a'o ke kuini
ゆっくりと下る、ワイメアに
王女の望みは果たされた
[オ・カ・ホロ・リオ]

〈546〉

パキピカ
Pākīpika [パーキーピカ]

【地名】太平洋
用例：Nani lua 'ole o ka Pākīpika
ふたつとない美しさの太平洋
[カネオヘ]

〈547〉

の言葉

ハク
haku [ハク]

① オーナー、所有者、領主、主人
用例：Kapu ka paii lele manu o Liloa
Ua haku ka ipo na kuʻu aloha
神聖なる鳥が飛ぶリロアの頂
統治者は愛しい人、私の愛
［アカヒクレアナ・ア・カ・ピコ］

② （レイを）編む、創作する、作詞・作曲する
用例：Kau mai kou lei ia waioleka
Haku ʻia a uʻi me ka ʻiwaʻiwa
あなたのすみれのレイが出来上がる
美しく編まれた、イワイワ（シダ）と
［クウ・ホア・ホロリオ］

〈548〉

パケレ
pakele [パケレ]

逃げる、逃がす、逃れる
用例：Ua pakele mai kahaone
I ka popoʻi mai o nā nalu
砂浜は逃れた
波に飲み込まれる災難から
［ヘ・レイ・アロハ（ノ・ヒロ）］

〈549〉

ハナ
hana [ハナ]

仕事、作業、任務、営み、働き、取り組み、行動、タスク
働く、取り組む、処理する、やる、行動する、作る、演じる、準備する、逢引する
用例：Punia i ka hana ē
Ulu māhuahua e mōhala i kou nani ē
たくさんの仕事に囲まれながら
強く成長して、花開くあなたの美しさ
[メレ・ア・カ・プウワイ]
用例：Loko hana nui i ka pu'uwai
'O kō leo nahenahe, e maliu mai
心の中を大きく動かす
あなたの優しい声、振り向いて
[ヴェヒヴェヒ・オエ]

⟨550⟩

ハナ
Hāna [ハーナ]

[地名] マウイ島東岸の地域、湾、集落、ビーチパーク、森林保護区の名前
カアフマヌ王妃の出生地として知られる。
用例：Eō Hāna i ka Uakea
Noenoe ku'u kapa 'ahu 'ohu i ka pali
呼びかける、ハナのウアケア雨
霧雨は私の衣、頂を包む霧
[エオ・ハナ]

⟨551⟩

パナ
pana [パナ]

伝説の場所
用例：He mele he inoa la
Nā pana kaulana o He'eia
歌にたたえる
名高き伝説の地ヘエイア
[ヘエイア]

⟨552⟩

の言葉

ハナイ
hānai [ハーナイ]

育てる、養う、番人

用例：Hānai 'ia au a nui pu'ipu'i
I ka nui miki'ai a Tūtū
ぽっちゃりに育てられた
おばあちゃんがくれたポイ
[クウ・ワ・リイリイ]

用例：I Ko'amano Makanui la
He kahu hānai manō
コアマノにはマカヌイ
サメの番人
[ヘエイア]

〈553〉

ハナイアカマラマ
Hānaiakamalama [ハーナイアカマラマ]

① 【固有名詞】南十字星
② 【固有名詞】慈悲深い女神の名前
③ 【固有名詞】ヌウアヌに建つエマ王妃の夏の離宮

用例：Huli ho'i i Hānaiakamalama
Lamalama ia noho i ke kapu
帰る、ハナイアカマラマへ
輝かしい、神聖な人が住んだ
[ヘ・アロハ・ヌウアヌ]

〈554〉

ハナウ
hānau [ハーナウ]

出産する、産む、誕生、子、繁殖
用例：Pulu pē i ka 'ehukai o Malulani
Ku'u 'āina hānau
マルラニの波しぶきに濡れる
我が生まれ故郷
[アロハ・クウ・ホメ・ア・イ・ケアロヒ]

▶ クウ・オネ・ハナウ＝私の出生の浜→生まれ
故郷
用例：He aloha ku'u one hānau
'O Ka'ū nui hiehie i ka makani
愛する故郷
広大で圧巻のカウは風の中
[カウ・ヌイ]

⟨555⟩

パナエワ
Pana'ewa [パナエヴァ]

【地名】ハワイ島ヒロにある地名
多くの伝説や歌に伝えられる場所。神話の中で
ヒイアカが退治することになるモオ（大トカ
ゲ）の棲家だった。レフアの森が広がる地域。
用例：Ho'oheno 'oe i ka lehua a'o Pana'ewa
'O Hilo nani ē, ku'u 'āina hānau ē
大切にされるあなたはレフア咲くパナエワに
美しいヒロ、私の故郷
[ヒロ・ナニ・エ]

⟨556⟩

ハナカヒ
Hanakahi [ハナカヒ]

【人名】古代ヒロの首長の名前
ヒロの代名詞として使われる。
用例：Lei 'ohu'ohu 'oe e Hilo Hanakahi
Ka lehua maka noe a'o Pana'ewa
レイで飾られるあなた、ハナカヒ王のヒロ
パナエワの霧を被ったレフア
[レイ・オフ]

⟨557⟩

の言葉

ハナネエ
hanane'e [ハナネエ]

下がる、垂れる

用例：Hanane'e ke kīkala o kō Hilo kini
Hoʻi luʻuluʻu i ke one o Hanakahi
下がるヒロの群衆の尻
哀れに戻る、ハナカヒの砂浜に
［ホレ・ワイメア］

〈558〉

ハナレイ
Hanalei [ハナレイ]

【地名】カウアイ島北部の谷、湾の名前
地名が「ハナ〜」で始まるときは「〜の湾・谷」という意味。ハナレイは「レイの湾」という意味で、レイのような三日月形の入江が由来。
ハナレイ・ムーンに歌われた、月夜の湾や谷に広がるタロの水田は、フラダンサーなら一度は見たい光景だろう。

用例：Haʻina ʻia mai ana ka puana
Lua ʻole Hanalei i ka pō laʻi
何より美しい、夜の静寂のハナレイ
歌に伝える
［ハナレイ・イ・カ・ピリモエ］

〈559〉

パニ
pani [パニ]

閉める、閉じる、遮断する
用例：Halulu i ke kihi o ka malama
Ka manu nāna i pani ka lā
明かりが縁取るハルル鳥
鳥によって隠された太陽
［カハ・カ・マヌ］

⟨560⟩

パニオロ
paniolo [パニオロ]

カウボーイ
用例：Kamali'i mākou o Kualapu'u
Ka paniolo nui o Moloka'i
我らは、クアラプウの子供
モロカイ島の偉大なカウボーイ
［カ・パニオロ・ヌイ・オ・モロカイ］

⟨561⟩

ハニニ
hanini [ハニニ]

溢れる
用例：Ka wai hanini i ka maka o ka lehua
He 'ike lihilihi 'oe e Hōpoe
レフアの花から溢れ落ちた水
垣間見るあなた、ホポエ
［エ・ヒアアイ・イ・カ・ナニ・オ・ホポエ］

⟨562⟩

ハヌ
hanu [ハヌ]

息をする、香りをかぐ、息を吸い込む
用例：O kāhea wale ana mai
O ka hanu nehe i ka poli
私を誘う
胸のため息
［プア・アラ・アウモエ］

⟨563⟩

は の言葉

ハヌパヌパ
hānupanupa [ハーヌパヌパ]

ハヌパ hānupa（沸き上がる、波打つ、急上昇する、動揺する、増大する、膨れ上がる）の繰り返し語
用例：Ke niniau la i ke one
I ke kai hānupanupa la o Hā'ena
砂浜の上を滑らかに
ハエナの波打ち際
[エ・ヒアアイ・イ・カ・ナニ・オ・ホポエ]

⟨564⟩

パネ
pane [パネ]

答え、答える、返答する、応答する
用例：'O 'oe kā i pane mai
あなたが答え
私の深い愛
[プア・アラ・アウモエ]

⟨565⟩

ハノ
hano [ハノ]

ハノハノ hanohano の短縮形
用例：'O ka hano o Kahelelani
Ku'u lei ia, kau keha ē
カヘレラニの麗しさ
私のレイ、高嶺のレイ
[カマカヒキラニ]

▼カウ・イ・カ・ハノ＝名誉な、誉れ高き
用例：Puana 'ia mai no ke one kaulana
'O Kailua, 'āina kau i ka hano
伝えるのは名高い砂浜
カイルア、誉れ高き地
[ハノハノ・ノ・オ・カイルア]

⟨566⟩

ハノハノ
hanohano [ハノハノ]

壮大な、壮麗な、美しい、名声高き、雄大な、崇高な、気高い、高貴の

用例：Hanohano Hale'iwa kūkilakila
Ka hōkele e kū i ka lihi kai
壮麗なハレイワ、雄大な光景
海岸に建つホテル
[ハレイワ・ホテル（ハノハノ・ハレイワ）]

用例：Hanohano Ha'ikū ke 'ike aku
Hi'ipoli 'ia e nā pali hauliuli
壮麗なハイクの眺め
鬱蒼とした崖に抱かれる
[ハノハノ・ハイク]

⟨567⟩

パハ
paha [パハ]

たぶん、おそらく、〜のよう

用例：Aloha nō paha 'oe
E ka pua o ka hē'ī
愛してる、たぶんあなた
パパイヤの花よ
[ファ・オ・カ・ヘイ]

⟨568⟩

パパニホ
papa niho [パパニホ]

歯列、顎

用例：I laila māua kukuni e ka hao
Kokope e ka 'ō kupu kuku'i e ka papa niho
そこでおれたち、焼印を押す
かきはがす歯茎、顎打って
[レペ・ウラウラ]

⟨569⟩

は の言葉

ハハイ
hahai [ハハイ]
追いかける、探す
用例：Hahai mau ana
Ka puʻuwai o Kamehameha ē
I ka moana
追随し続けた
カメハメハの心
海を越え
[マラマ・マウ・ハワイ]

⟨570⟩

ハパイ
hāpai [ハーパイ]
上げる、持ち上げる、運ぶ
用例：Hāpai ʻia au e ka makani
I nā pua honi ʻole ʻia,
風が私を運ぶ
嗅いだことがない香りの花に
[レイ・ハラ]

⟨571⟩

パパヒ
pāpahi [パーパヒ]
飾る、敬意を払う、たたえる
用例：He lei pāpahi no kuʻu kino
No nā kau ā kau
私の体を飾るレイ
永遠に
[クウ・レイ・マイレ]

⟨572⟩

パフ
pahu [パフ]
①ドラム、太鼓
②突く、(槍を) 放つ、投げる
用例：Kū a ka ʻawaʻawa
Kū i ka pahu
打つ、投げ槍
打って痛めつける
[ホレ・ワイメア]

⟨573⟩

パヘアヘア pāheahea [パーヘアヘア]

呼ぶ　招く
用例：Waiwai ku'u 'aina e waiho nei
Honehone ē ka leo pāheahea
宝物、私の目の前に広がる地
甘い声が招き寄せる
[ヘ・アロハ・ヌウアヌ]

〈574〉

パホエホエ pāhoehoe [パーホエホエ]

溶岩のタイプのひとつ。ツルツルした表面でうねる波のような模様を作る。
用例：He ali'i nui 'oe nā ka malihini
O neia 'aina pāhoehoe
あなたは偉大な首長
この溶岩の地の訪問者にとって
[ハレマウマウ]

〈575〉

ハマウ hāmau [ハーマウ]

沈黙、無言、静寂
用例：E ala ē 'o 'Ewa o ka i'a hāmau leo
目覚めよ、エワ [沈黙の声の魚]
[メレ・ホアラ・モク]

〈576〉

ハママ hāmama / Hāmama [ハーママ]

① 開いた、オープンな
用例：Me ka pu'uwai hāmama
Kali au iā 'oe
開いた心で
私はあなたを待つ
[クウ・レイ・マイレ]
② 【地名】カネオヘ側のコオラウ山間に流れる滝と川の名前

〈577〉

の言葉

ハーモア
Hāmoa [ハーモア]

【地名】マウイ島ハナの村、ビーチ、サーフスポット
用例：Aia i Hāmoa i ka 'ehukai
A he wehiwehi hoʻi i ka ulu hala
ハーモアにある波しぶき
ハラの林が生い茂る
[エオ・ハナ]

〈578〉

ハラ
hala [ハラ]

① 通り過ぎる、過ぎ去る、逃す
② 【植物】パンダナス、タコノキ
用例：Lei 'ia e ka lei hala
Hoʻohaliʻa mau a mau
ハラのレイをかければ
いつでも思い出す
[レイ・ハラ]

〈579〉

パラアー
pala'ā [パラアー]

【植物】ホングウシダ科のシダ植物。レイ植物として愛される。
用例：Ma'ema'e ke kino o ka pala'ā
Uluwehi uka a'o Maunawili
清らかなパラアのからだ
マウナウィリの山に茂る
[プア・モハラ・イ・カ・ヴェキウ]

〈580〉

パーラーアウ
Palā'au [パーラーアウ]

【地名】モロカイ島中部の地域。カラウパパを見下ろす州立公園。男根岩カ・ウレ・オ・ナナホアがある。
用例：Aia i Palā'au
Ka wahi kapu o ka ule o Nānāhoa
パラアウにある
聖地カ・ウレ・オ・ナナホア
[ヘ・メレ・ノ・ヒナ]

〈581〉

パライ

パライ
palai [パライ]

【植物】ハワイ固有のシダ
葉常体はたまご型。パラア Pala'ā によく似ているが、パライは表面が産毛に覆われている。フラの守護神ラカの祭壇にお供えする植物のひとつ。パラパライともいう。

用例：Aia i 'Ōla'a ku'u aloha
Kapalili ohaoha ka lau o ka palai
オラアにいる私の恋人
喜びに震えるパライの葉
［アイア・イ・オラア・クウ・アロハ］

〈582〉

パラヘモ
Palahemo [パラヘモ]

【地名】ハワイ島南岸サウスポイントの泉
用例：Ho'oheno i ka wai o Palahemo
Ia wai 'āwili me ke kai
尊いのはパラヘモの水
海水と混ざる水
［カウ・ヌイ］

〈583〉

ハラリイ
Halāli'i [ハラーリイ]

①【人名】ニイハウ島の古代首長の名前
同名のサトウキビの品種もある。

②【地名】ニイハウ島南部にある湖
用例：'Upu a'e ana ka mana'o, lā 'eā
E 'ike iā Halāli'i
思いにふける
ハラリイを見ること
［プア・アナ・カ・マカニ］

〈584〉

の言葉

ハラワ
Hālawa [ハーラワ/ハーラヴァ]

① 【地名】 モロカイ島東岸にある谷、湾、川、ビーチパークの名前
用例：Aia i Hālawa
Kaulana o Mo'o'ula
ハラワにある
名高いモオウラ
[ヘ・メレ・ノ・ヒナ]

② 【地名】 オアフ島ワイパフにある地区、谷、町の名前
用例：Huli aku nānā i Hālawa Valley
I laila i ka nani, ke alanui o Hawai'i
振り返り見るハラワ谷
そこに立派なハワイのハイウェイ
[ハラワ]

〈585〉

ハリ
hali [ハリ]

運ぶ、取ってくる
用例：I nei kou 'ala hali 'ia mai
He 'ala onaona puni nei 'aina
ここにあなたの香りが運ばれる
快い香り、大地を包む
[プア・メリエ]

〈586〉

パリ
pali [パリ]

崖、頂、切り立った丘・山
用例：Ka pali o Makana
Ua kaulana nō
マカナの崖
広く知られた
[ケ・アラ・ラウアエ]

〈587〉

ハリア
hali'a ［ハリア］

回想、思い出（とくに大切な人との）
用例：'Upu a'e n̄ei ka hali'a aloha
I kou nani i ka pō nei
物思いにふける、愛の記憶
昨夜のあなたの美しさ
［クウ・レオ・アロハ］

⟨588⟩

ハリアリア
hāli'ali'a ［ハーリアリア］

ハリア hali'a の繰り返し語
用例：Nani wale ka 'ikena ka wai lana mālie
Pu'olo ku'u waimaka i ka hāli'ali'a
美しい景色、穏やかに凪いだ水
思い出に流した涙が作った水
［クウ・プア・マエ・オレ］

⟨589⟩

ハーリイ
hāli'i ［ハーリイ］

包む、広がる、（シーツなどを）広げる
用例：I pui'a i ke 'ala onaona
Me ka ua hāli'i'i ka nahele
快い香りが広がる
雨に包まれた森で
［ヴェヒヴェヒ・オエ］

⟨590⟩

パリウリ
Paliuli ［パリウリ］

[地名] 伝説に伝えられる楽園の名前
ハワイ島プナにあるとされる。伝説のプリンセス、ライエイカワイの住んだ場所。「緑の頂」という意味。
用例：Kau like kou leo
Me ka lale o Paliuli
あなたの声はまるで
パリウリのラレみたい
［スイート・アパパネ］

⟨591⟩

の言葉

ハリハリ
halihali [ハリハリ]

ハリ hali (運ぶ) の繰り返し語
用例：'O ka pā kolonahe a ke Kaiāulu
Halihali mai ana ke 'ala ïpoa
心地良く吹く風カイアウル
運んでくるのはリポアの香り
[ネネウ]

⟨592⟩

ハルア
hālua [ハールア]

待ち構える、待ち伏せる
用例：Kui 'ia e Lūpua, iā 'eā
Hālua 'ala i ka poli
ルプア風でひとつなぎにする
胸に待ち構える香り
[プア・アナ・カ・マカニ]

⟨593⟩

パルパル
palupalu [パルパル]

穏やかな、優しい、柔らかい、柔軟な、はかない、きゃしゃな、感じやすい、敏感な
用例：He poli pumehana kēia kino
He kino palupalu nō lā 'eā
あたたかい心がこの体に
とてもしなやかな体
[クウ・ティタ]

⟨594⟩

ハルル
halulu / Halulu [ハルル]

①轟く、唸る、吠える、轟音をたてる
②【固有名詞】伝説の人喰い鳥
用例：Halulu i ke kihi o ka malama
Ka manu nāna i pani ka lā
明かりが縁取るハルル鳥
鳥によって隠された太陽
[カハ・カ・マヌ]

⟨595⟩

213　Hawaiian Dictionary for Hula Dancers

ハレ
hale [ハレ]

家、建物、施設、小屋
用例：Hi'i mai ke kuahiwi i ka moena hau
Pō'ai nā hale a puni ka Makua
雪のマットに抱かれる山
周りの建物は守護者を囲む
[クウ・ポリアフ]

⟨596⟩

ハレイワ
Hale'iwa [ハレイワ／ハレイヴァ]

[地名] オアフ島北岸ワイアルアの町、ビーチパーク、サーフスポットの名前
「グンカンドリの家」という意味。地名の由来となったのは19世紀にワイアルアの海辺に建てられた学生寮とホテルの名称。
用例：Hanohano Hale'iwa kūkilakila
Ka hōkele e kū i ka lihi kai
壮麗なハレイワ、雄大な光景
海岸に建つホテル
[ハレイワ・ホテル（ハノハノ・ハレイワ）]

⟨597⟩

パレナ
palena [パレナ]

境界線、限界、国境、つなぎ目、縫い目
用例：Aia ka palena i Maui 'ea
'Āina o Kaululā'au 'ea
境界線（海峡）の向こうにマウイ島
カウルラアウの地
[アイア・ラ・オ・ペレ・イ・ハワイ]

⟨598⟩

パレナオレ
palena 'ole / palena'ole [パレナオレ]

際限のない
用例：Palena 'ole
Ke aloha no ku'u lei
際限のない
私のレイへの愛
[マイ・スイート・ピカケ・レイ]

⟨599⟩

の言葉

ハレマウマウ
Halema'uma'u [ハレマウマウ]

【地名】ハワイ島キラウエアの火山国立公園内、キラウエア火口の中にある火口。ハワイ神話の火の女神ペレ信仰の聖地。
用例：'Ike 'ia i ka nani a'o Halema'uma'u
Me ke ahi kaulana a'o ka wahine
そこには名高き女神の火
眺めるはハレマウマウの美しい景色
[ハレマウマウ]

⟨600⟩

パワ
pawa [パワ／パヴァ]

夜明け前の暗がり
用例：Hikina a ka lā ma Kumukahi
Ke ala ka pawa i Puna, ē
東の太陽がクムカヒに
夜明け前の暗い道はプナへ
[ヘ・メレ・アロハ・ノ・プナ]

⟨601⟩

ハワイ
Hawai'i [ハワイイ／ハヴァイイ]

① 【地名】ハワイ国、ハワイ州、ハワイ諸島
太平洋ポリネシアの北端にある、かつてサンドイッチ・アイランズと呼ばれた諸島名は、ポリネシアの他地域で「祖先の故郷」という意味を持った言葉が語源という。
用例：E Hawai'i ākea, 'o 'oe he huliau
He manawa kūpono a kaua
広大なハワイ、母なる地
然るべき時、私たち
[ハワイ・アケア]

② 【地名】ハワイ島
ハワイ諸島主要八島で最大面積の島
島花：赤いオヒア・レフア
島色：赤
用例：Aia lā 'o Pele i Hawai'i 'eā
Ke ha'a mai lā i Maukele 'eā
ペレはいるハワイ島に
踊っているマウケレで
[アイア・ラ・オ・ペレ・イ・ハワイ]

③ ハワイ人
用例：'A'ole au e 'auana hou

Ke maopopo he Hawai'i au
もうさまよったりしない
気づいたから、私はハワイアン
[ヘ・ハワイ・アウ]

⟨602⟩

ハワイロア
Hāwai'iloa [ハーワイイロア／ハーヴァイイロア]

【地名】オアフ島カネオヘのモカプにある丘
用例：I laila au i 'ike aku ai
Ka nani kamaha'o o Hāwai'iloa
そこで私は見る
素晴らしく美しいハワイロア
[アロハ・クウ・ホメ・ア・イ・ケアロヒ]

⟨603⟩

ハワナワナ
hāwanawana [ハーワナワナ／ハーヴァナヴァナ]

ささやく
用例：Kaulana o Kawaihae
I ke kai hāwanawana
名高いカワイハエ
囁く海に
[カウラナ・オ・カワイハエ]

⟨604⟩

ひの言葉

ヒ
hī [ヒー]

流し釣りする
用例：Hoe nā kānaka i nā wa'a kaulua
Hī aku ka lawai'a i ke aho
人々は漕ぐ、双胴カヌー
釣り糸で魚の流し釣り
[アイナ・オ・ミロリイ]

⟨605⟩

ヒアア
hia'ā [ヒアアー]

眠気が覚めた、目がさえる
用例：Hiaā a'e ku'u wahi moe
Hia'ai i ka nani 'o Māhealani
眠れない、ベッドの中
嬉しくて、美しい十六夜に
[ハナレイ・イ・カ・ピリモエ]

⟨606⟩

ヒアアイ
hia'ai [ヒアアイ]

喜んでいる、楽しい、嬉しい、喜び
用例：E hia'ai i ka nani o Hōpoe
Ka wahine ha'alewa la, i ke kai
心奪うホポエの美しさ
海辺で踊る女神
[エ・ヒアアイ・イ・カ・ナニ・オ・ホポエ]

⟨607⟩

ピアノ
piano [ピアノ]

ピアノ
用例：Ka piano hone i ke kakahiaka
Ho'oheno 'ia e ka u'i Kāhili
朝には甘く優しいピアノ
尊ばれる美女はカヒリ
[ハレイワ・ホテル（ハノハノ・ハレイワ）]

⟨608⟩

ひ の言葉

ヒイ
hi'i [ヒイ]
抱える、持ち運ぶ
用例：Hi'i mai ke kuahiwi i ka moena hau
Pō'ai nā hale a puni ka Makua
雪のマットに抱かれる山
周りの建物は守護者を囲む
[クウ・ポリアフ]

⟨609⟩

ピイ
pi'i [ピイ]
上陸する、内陸に行く、登る、昇る
用例：I Pu'u Mā'eli'eli la
Pi'i a'e Hina la i luna
プウ・マエリエリで
ヒナが空へ昇る
[ヘェイア]

⟨610⟩

ヒイアカ
Hi'iaka [ヒイアカ]
【人名】女神ペレの妹の名前
ペレには12人の妹たちがいて、全員の名前が
[ヒイアカ] から始まる。
末っ子のヒイアカ（ヘ・イ・カ・ポリ・オ・ペレ）
がよく知られる。
用例：Lei ka wahine i ka lehua
Ka lei pili poli a o Hi'iaka
レフアのレイをかけた女
ヒイアカが大切にするレイ
[エ・ヒアアイ・イ・カ・ナニ・オ・ホポエ]

⟨611⟩

ピイコイ
pi'ikoi [ピイコイ]
高望みする
用例：Pi'ikoi kahi mana'o
I ka pili ko'olua ia
望みを高く
パートナーと一緒に
[プア・ククイ]

⟨612⟩

ヒイポイ
hi'ipoi [ヒイポイ]

面倒見る、大切にする
用例：Kou u'i ua 'ike 'ia
Kō aloha ua hi'ipoi 'ia
知られるあなたの美しさ
大事にされるあなたの愛
[ウイラニ]

⟨613⟩

ピイホヌア
Pi'ihonua [ピイホヌア]

[地名] ハワイ島東岸、ヒロの町からそう遠くない山の手
用例：He wehi 'oe no Pi'ihonua
E kū ana i ka ua Kaniehua
あなたを飾るピイホヌア
元気に育つ、カニレフアの雨に
[スイート・アババネ]

⟨614⟩

ヒイポリ
hi'ipoli [ヒイポリ]

ヒイ hi'i（抱く）＋ポリ poli（胸）
胸に抱く
用例：Hanohano Ha'ikū ke 'ike aku
Hi'ipoli 'ia e nā pali hauliuli
壮麗なハイクの眺め
鬱蒼とした崖に抱かれる
[ハノハノ・ハイク]

⟨615⟩

ヒイラヴェ
Hi'ilawe [ヒイラヴェ]

[地名] ハワイ島ワイピオ渓谷の奥に流れ落ちる滝の名前。滝の高さはハワイ一。
用例：Inā wai māhana
'O Hakalaoa me Hi'ilawe
ツインの滝
ハカラオアとヒイラヴェ
[ワイピオ・パエアエア]

⟨616⟩

の言葉

ヒイレイ
hi'ilei [ヒイレイ]
(愛する子を) 抱く、面倒見る、かわいがる
用例：E ku'u lei makamae
Hi'ilei mau i ku'u poli
私の大切なレイ
ずっとかわいがる、心から
[クウ・レイ・プア・ケニケニ]
⟨617⟩

ヒウ
hi'u [ヒウ]
(魚の) 尾
▼マイ・ケ・ポオ・ア・カ・ヒウ＝頭の先から足の先まで
用例：Eia au lā, eia au lā
Mai ke po'o a ka hi'u
私はここ、私はここ
頭の先から足の先まで
[ホオハエハエ]
⟨618⟩

ヒエヒエ
hiehie [ヒエヒエ]
ヒエ hie (魅力のある、引きつける、卓越する、群を抜く、優れた、気品のある、気高い、高貴の) の繰り返し語
極上の、荘厳な、素晴らしい、見事な
用例：Kau ana la i ka heke
Hiehie me ka 'ōpua
最高の姿を見せる
雲とともに神々しく
[クウ・レイ・プア・ケニケニ]
⟨619⟩

ピエフ
Pi'ehu [ピエフ]
[人名]『ハレイワ・ホテル』に歌われるハレイワ・ホテルの支配人ピエフ・イアウケア
用例：Eia mai 'o Pi'ehu me ka hiehie
Pu'uwai wai'olu me ka nahenahe
ここにいるのは気品に溢れたピエフ
心優しい穏やかな人
[ハレイワ・ホテル (ハノハノ・ハレイワ)]
⟨620⟩

ピオ
pio [ピオ]

① (火・灯が) 消えた、鎮火した、見失った、遭難した、消えてなくなった
用例：ホイッスル
② ホイッスル
用例：O ke kani a ka pio hone i ke kula
E kono mai ia'u hui kaua
ホイッスルの音、グラウンドに心地良く鳴る私を誘う、競技への参加
[カ・パニオロ・ヌイ・オ・モロカイ] 〈621〉

ピオ
pi'o [ピオ]

弧、虹 (をかける・がかかる)
用例：Mānoa he uʻi nō i kaʻu ʻike
I ka piʻo mai a ke ānuenue
マノア、美しい景観
虹のアーチがかかる
[オアフ] 〈622〉

ヒオラニ
hiʻolani [ヒオラニ]

寝る、寝転ぶ、くつろぐ
用例：I laila kāua i hiʻolani ai
そこで二人はくつろぐ
[ナニ・コオラウ] 〈623〉

ひ の言葉

ピカケ
pīkake［ピーカケ］

① 【植物】ジャスミン
インドから伝来。香り高い小さな白い花はレイに使われる。プリンセス・カイウラニのお気に入りがこの花と孔雀（英語でピーコック）だったことから、ふたつとも同じ言葉があてられハワイ語は「ピカケ」になった。
用例：E ku'u lei onaona
ka pikake launa 'ole a ka pu'uwai
甘く香る私のレイ
最高の心のピカケ
［ピカケ・ラウナ・オレ］

② 【動物】孔雀
1860年頃にハワイに伝来

⟨624⟩

ヒキ
hiki［ヒキ］

① （することが）できる、可能
用例：Pehea e hiki ai?
E kō ai 'o ka mana'o?
どうしたらできる？
願いを叶えること
［サノエ］

② 了解、承知しました

③ たどり着く、届く、到着する、昇る、現れる、来る
用例：A hiki kāua i Nu'uanu
A inu i ka wai o Silosia
二人が到着するのはヌウアヌ
飲むのはシロシアの水
［ナニ・コオラウ］

④ 取ってくる、つかむ、運ぶ
用例：Mai ke ao mamua
me ke a'o e hiki mai nei
将来の光に向かって
得た教えとともに
［レイ・ハラ］

⟨625⟩

ヒキナ
hikina [ヒキナ]

①東
用例：Hikina a ka lā ma Kumukahi
Ke ala ka pawa i Puna, ē
東の太陽がクムカヒに
夜明け前の暗い道はプナへ
[ヘ・メレ・アロハ・ノ・プナ]

②出現、到来、降臨

〈626〉

ピコ
piko [ピコ]

①へそ、へその緒、血縁の人、性器、陰部
用例：He aliʻi nui ʻoe e kuʻu ipo
Nāu ʻAkahikuleana a ka piko
偉大なる首長、愛しいあなた
あなたのアカヒクレアナアカピコ
[アカヒクレアナ・ア・カ・ピコ]

②山頂
用例：Huli aku nānā iā Keahiakahoe
Lei ana i ka ʻohu kau i ka piko
振り返って見る、ケアヒアカホエ
霧のレイがかかる頂上が見える
[ハノハノ・ハイク]

③アロピコ alopiko（魚のトロ・油の乗った腹部）の短縮形

〈627〉

の言葉

ヒナ
Hina [ヒナ]

① 【人名】ハワイ神話の女神の名前 月に住むようになった女神として広く知られる。半神マウイの母親、珊瑚生態系の母、カパ作り伝統の母としても伝えられる。モロカイ・ヌイ・ア・ヒナ＝ヒナから生まれたモロカイをたたえる呼び名。

用例：E ʻike iho ia Kalaupapa
Molokaʻi nui a Hina
見下ろす、カラウパパ
ヒナから生まれたモロカイ
[ヘ・メレ・ノ・ヒナ]

用例：I Puʻu Māʻeliʻeli la
Piʻi aʻe Hina la i luna
プウ・マエリエリで
ヒナが空へ昇る
[ヘエイア]

② 【地名】モロカイ島カマロ峡谷に流れる滝の名前

〈628〉

ヒナノ
hīnano [ヒーナノ]

【植物】パンダナス（ハラ）の雄の木に咲く花 ヒナノの苞葉でつくるマット（寝床）はとてもいいものとされていた。

用例：Maikaʻi ka pua hīnano, lā ʻeā
Nā pua i Waialoha
見事なヒナノ・フラワー
ワイアロハの花々
[プア・アナ・カ・マカニ]

〈629〉

の言葉

ヒナヒナ
hinahina [ヒナヒナ]

【植物】ビーチ・ヘリオトロープ
砂浜に広がる植物。葉は銀緑、花は白く小さい。カホオラヴェ島の島花。
別種でエアプラントのフロリダモスもヒナヒナと呼ばれるのでややこしい。
用例：Kuahiwi ani a ka makani
Pā mai kahi lau hinahina
山にそよぐ風
吹く場所にヒナヒナの葉
［ノエノエ・マイカイ・ケ・アロハ］

⟨630⟩

ヒヌヒヌ
hinuhinu [ヒヌヒヌ]

ヒヌ hinu（油、ツルツル／スベスベの、なめらかな、光沢のある）の繰り返し語
用例：Puana ka inoa i Lanikai
Kai hāwanawana me ke one hinuhinu
伝える名前はラニカイ
ささやく海となめらかな砂浜
［イ・ラニカイ］

⟨631⟩

ピハ
piha [ピハ]

全部、完全な、いっぱい、満ちた
用例：Piha pono i ka nani kamahaʻo
Hanohano ʻo Kāneʻohe my home
完璧、並外れた美しさ
カネオヘはすばらしい私の家
［カネオヘ］

⟨632⟩

ピピ
pipi [ピピ]

① 【動物】ハワイ真珠貝
② 【動物】牛、ビーフ
用例：Hei ʻoe kaʻu kipuka
E ka pipi hoʻokahi kiwi
私の投げ縄で捕らえたあなた
一角の牛よ
［プア・ククイ］

⟨633⟩

ピピイ
pipiʻi [ピピイ]

沸騰・高騰（する）、溢れる
用例：I laila mākou uilani ai
A me ka wai noenoe e pipiʻi ana
そこで私たち、うずうず
霧のような水が溢れ出す
[アロハ・クウ・ホメ・ア・イ・カネオヘ]

⟨634⟩

ヒヒマヌ
hihīmanu [ヒーヒーマヌ]

崇高な、優雅な、格調高い、雄大な
用例：Hihīmanu Hilo i kuʻu pua
I ka pua loke Kau i ka ʻōnohi
崇高なヒロ、私の花
バラの花、目の前に現れる
[ヘ・レイ・アロハ（ノ・ヒロ）]

⟨635⟩

ピピリ
pipili [ピピリ]

ぴったり、くっつく
用例：I kuʻu aloha, e hone mai ʻoe, eā
Pipili a mamau, pipili a mamau
私の恋人、もてあそんで
くっつきあったまま
[アリイ・イオラニ]

⟨636⟩

ヒプウ
hīpuʻu [ヒープウ]

結ぶ、束ねる、くくる
用例：I hīpuʻu ʻia, hiʻilei ʻia mai
E ʻoe e Kamaile ē
束ねられてレイのごとく慈しまれる
あなたに、カマイレに
[ヘ・レイ・ノ・カマイレ]

⟨637⟩

ひ の言葉

ヒラ
hila [ヒラ]

丘、小山

用例：Huli aku nānā ia Kaimana Hila 'eā
'ike i ka nani a'o Honolulu
カイマナ・ヒラ＝ダイアモンド・ヘッド
振り返って眺めるダイアモンド・ヘッド
見えるのはホノルルの美景
[ワイキキ・フラ]

〈638〉

ピリ
pili [ピリ]

① くっつく、触れる、交わる、付き合う、結合する、一緒にいる

用例：Lehua o ka 'iu
Pili kāua i ka ua
聖なるレフア
二人は一緒、雨の中
[ヘ・プア・ヴェヒワ]

▼ピリ・パア＝ぴったり寄り添った
用例：Carnation i wili 'ia me maile laulī'ī
'Iīwai like ke aloha pili pa'a
カーネーションは編まれる、マイレ・ラウリイと
それはまるで、寄り添うアロハ
[カマラニ・オ・ケアウカハ]

▼ピリ・ポノ＝適応、お似合い、ぴったり、整合した
用例：'Auhea wale 'oe, e ku'u aloha, 'eā
Ne'ene'e mai 'oe, ne'ene'e mai 'oe
A pili pono
聞いて、愛する人
寄り添ってあなた

びったりと
[アリイ・イオラニ]

② 【植物】イネ科の多年草で和名はアカヒゲガヤ
草葺に使われた葉
用例：E ka ua Kīpu'upu'u
Lei kōkō 'ula I ke pili
キプウプウの雨よ
虹のレイをピリ草に
[プア・オ・カ・ヘイ]

〈639〉

ピリヴィ
piliwi [ピリヴィ]

信じる
用例：E kala neia kino
I piliwi ai i laila
長いこと私自身
信じていた、そこにあること
[サノエ]

〈640〉

ピリモエ
Pilimoe [ピリモエ]

【固有名詞】『ハナレイ・イ・カ・ピリモエ』に歌われる特別な夜の眠りの時間。作者が体験したある夜に付けられた呼び名。
ピリ pili（寄り添う、一つになる）＋モエ moe（寝る）
用例：He pua nō au i poni 'ia
E 'ike i ka la'i 'o Pilimoe
私は選ばれた花
見るピリモエの静けさ
[ハナレイ・イ・カ・ピリモエ]

〈641〉

ひ の言葉

ヒロ
hilo / Hilo [ヒロ]

① 結ぶ・結ばれた、編む・編まれた
用例：He lei hilo 'ia
Hui 'ia me ka liko
レイが編まれる
つぼみも一緒に
[ケ・アラ・ラウアエ]

② 【地名】ハワイ島東部の市、地区の名前
伝説のポリネシア航海師の名前が由来とされる。この地域を統治した人気のアリイの名をとって、歌の中ではヒロ・ハナカヒという通称が良く使われる。
用例：Ho'oheno 'oe i ka lehua a'o Pana'ewa
'O Hilo nani ē, ku'u 'āina hānau ē
大切にされるあなたはレフア咲くパナエワに
美しいヒロ、私の故郷
[ヒロ・ナニ・エ]
用例：Lei 'ohu'ohu 'oe e Hilo Hanakahi
Ka lehua maka noe a'o Pana'ewa
レイで飾られるあなた、ハナカヒ王のヒロ
パナエワの霧を被ったレフア
[レイ・オフ]

③ 【固有名詞】新月の夜、一夜（月齢）〈642〉

ヒワ
hiwa [ヒワ/ヒヴァ]

選りすぐりのもの、最高の、極上の
用例：Puana ke mele o ka lehua pūnono
Nolu ehu pua hiwa i ke kiʻi 'ohu
伝えるのは輝くレフアの歌
霧雨に濡れた特別な花
[カ・レフア・プノノ]　〈648〉

ヒワヒワ
hiwahiwa [ヒワヒワ／ヒヴァヒヴァ]

大切な、最愛の、愛しい、お気に入りの、尊い、尊敬されている、高く評価されている
用例：Huli ka manu i ka pua hiwahiwa
I walea ka manu i ka lehua pūnono
イイヴィは探す、最愛の花
鳥のくつろぎ、華麗なレフア
[カ・レフア・プノノ]

〈644〉

ふの言葉

プ
pū [プー]

① 吹いて音を鳴らす楽器（ホラガイなど）

② バナナ、タコノキ、カヴァなどの木または草本
用例：Ka ulu pū hala
Nani wale i ka maka
ハラの林
目にも美しい
[ケ・アラ・ラウアエ]

③ 一緒に、完全に、全体的に、全く、同様に
用例：Pū kukui kāua, i ke ahiahi
E ʻuhene la, a pili kāua i Lanikai
灯りの中二人で一緒の夜
ささやき合い、私たちは寄り添う、ラニカイで
[イ・ラニカイ]

⟨645⟩

ファ
hua [ファ]

種、果実、卵
用例：Lei ʻohuʻohu ʻoe Manokalanipō
Ka mokihana hua liʻiliʻi o Waiʻaleʻale
あなたをレイ飾る、マノカラニポ
モキハナ、ワイアレアレの小さな実
[レイ・オフ]

⟨646⟩

ふ の言葉

プア
pua [プア]

① 花、咲く
用例: Ha'aheo wale 'oe e ka pua melie
He pua 'oi ('oe) ma ka hanohano
誇らしいあなた、プルメリアの花
一番（あなたは）気高い花
[プア・メリエ]

用例: Ua nani ku'u pua 'ilima
Aloha wau iā 'oe
美しい私のイリマ・フラワー
愛している
[クウ・プア・イリマ]

② 子、子孫、人々
用例: Ua ao ē ka uka, nā pua kamalei
Ua wili 'ia a pa'a ka 'imi na'auao
山の手で学んだ、大切な子供たち
しっかり編みこまれた、知恵の探求
[カヒコ・カパラマ]

用例: Hanohano 'ia home a'o Kapaka
E kipa a'e e nā pua a ka lehulehu
名声高き故郷、カパカ
たくさんの人々が訪れる
[ホメ・カパカ]

③ 発する、現れる、(風が) 吹く、(煙が) 立つ、光る、話す
用例: E pua ana ka makani, lā 'eā
E nā hala o Malelewa'a
風に吹かれるのは
マレレワアのハラ
[プア・アナ・カ・マカニ]

⟨647⟩

プアイ
puaʻi [プアイ]

溢れる、泡立つ、沸騰する
用例: Aia i ka nupa o Waipi'o
Pua'i nā wai
ワイピオの洞窟にある
溢れる水
[ワイピオ・パエアエア]

⟨648⟩

プアエナ
Pua'ena [プアエナ]

【地名】オアフ島北岸ワイアルア湾にある岬
用例：Lei ana Pua'ena i ka 'ehu kai
Ua wali ke one o Māeaea
プアエナを包む波しぶき
パウダー・サンドのマエアエア
[ハレイワ・ホテル（ハノハノ・ハレイワ）]

〈649〉

プアカイリマ
Puaka'ilima [プアカイリマ]

【地名】ハワイ島カワイハエにかつてあった小島の名前
用例：E 'ōlelo mai kahiko mai
O Puaka'ilima
語りかける、古き日々
プアカイリマの
[カウラナ・オ・カワイハエ]

〈650〉

プアナ
puana [プアナ]

歌の主題
歌を要約して繰り返す節（一般的に最後のバース）の歌い出しに入る語。
「この歌は伝えます・・・」という意味で、以下の様なフレーズが使われます。

Ha'ina ka puana
Ha'ina mai ka puana
Ha'ina mai ana ka puana
Ha'ina 'ia mai ka puana
Ha'ina 'ia mai ana ka puana
Ha'ina ka inoa a'e lohe 'ia

Puana 'ia
Puana mai
Puana 'ia mai
Puana 'ia mele
Puana ka inoa
Puana ka 'ikena
Eia nō ka puana o ke mele

〈651〉

の言葉

ファパラ
huapala［フアパラ］

恋人、愛する人、かわいい、きれい、ハンサム
用例：'Auhea wale ana 'oe
E ua wahi huapala nei
聞いてあなた
もぎ取られた花の恋人
［プア・ククイ］

〈652〉

ファヘキリ
huahekili［フアヘキリ］

【植物】ビーチ・ナウパカ
用例：Pūlamahia ka huahekili
I pili i ka poli a hemo 'ole
大切にされる、ビーチ・ナウパカ
胸に寄せて離さない
［ヘ・レイ・アロハ（ノ・ヒロ）］

〈653〉

ファラライ
Hualālai［フアラーライ］

① 【地名】ハワイ島ノース・コナの火山の名前
② 【固有名詞】かつて隣島間を行き来した蒸気船「ファラライ」
用例：Kaulana ka inoa 'o Hualālai 'eā
Ke Kuīni 'o ke kai o ka Pākīpika 'eā
その名は知れ渡るファラライ
太平洋の女王
［フアラライ］

〈654〉

プアレイ
pualei［プアレイ］

レイの花、大事にされる子
用例：Ha'o ana i kou nani ē
Kou aloha pau'ole i nā pualei
恋しいあなたの美しさ
あなたの無限の愛、子どもたちへの
［メレ・ア・カ・プウワイ］

〈655〉

フイ
hui [フイ]

① 集まる、参加する、一体になる
用例：He lei hilo 'ia
Hui 'ia me ka liko
レイが編まれる
つぼみも一緒に
[ケ・レイ・ヒロ・イア
フイ・イア・メ・カ・リコ]

② 歌のコーラス、繰り返し

⟨656⟩

フイ
hu'i [フイ]

痛み・痛む、うずき・うずく、しびれる
用例：O ka pua 'ala aumoe
'Ala hu'i koni mā'e'ele
夜香る花
うずく香りにゾクゾクズキズキ
[オ・カ・プア・アラ・アウモエ
アラ・フイ・コニ・マーエエレ]

⟨657⟩

フイア
huia [フイア]

集められる、加えられる、仲間になる
用例：I huia mai
A puia nō ke ao
呼び集められ
世界を染める
[イ・フイア・マイ
ア・プイア・ノー・ケ・アオ]

⟨658⟩

プイア
puia [プイア]

甘く香る、香りが広がる
用例：I puia i ke 'ala onaona
Me ka ua hāli'i'i ka nahele
快い香りが広がる
雨に包まれた森で
[イ・プイア・イ・ケ・アラ・オナオナ
メ・カ・ウア・ハーリイイ・イ・カ・ナヘレ]

⟨659⟩

ふ の言葉

フイフイ
hu'ihu'i [フイフイ]

冷たい、さわやかな、さっぱりした、うずいている、しびれる
用例：I ka wai hu'ihu'i aniani
Ko'iawe ka huila wai
冷たくて清らかな水
水車のシャワー
[オールド・プランテーション]

〈660〉

プイプイ
pu'ipu'i [プイプイ]

ふくよかな、ぽっちゃり
用例：Hānai 'ia au a nui pu'ipu'i
I ka nui miki'ai a Tūtū
ぽっちゃりに育てられた
おばあちゃんがくれたポイ
[クウ・ワ・リイリイ]

〈661〉

フイラ
huila [フイラ]

車輪
用例：I ka wai hu'ihu'i aniani
Ko'iawe ka huila wai
冷たくて清らかな水
水車のシャワー
[オールド・プランテーション]

〈662〉

プイリ
pū'ili [プーイリ]

①竹の打楽器
②抱きしめる、抱擁する
用例：E nani ai ke ola
Ke pū'ili 'ia
人生は美しいもの
抱きしめられるとき
[ヘ・レイ・ノ・カマイレ]

〈663〉

239　Hawaiian Dictionary for Hula Dancers

プウ
pu'u [プウ]

① 突起しているもの：丘、峰、火山円錐丘、尾根、小山

用例：Kau aku ku'u maka i ka 'ōnohi
Hiʻai i ka nani o puʻu Kaʻuiki
私の目、瞳に映るのは
嬉しい美しさ、カウイキの丘
[エオ・ハナ]

② 身体にある丸い、あるいは突起している部分：にきび、ほくろ、こぶ、いぼ、喉仏など

用例：Kuhi au o ka 'ono 'i'a
A ke pu'u a'e moni nei
私は美味しいもの想像して
喉に飲み込みたくなる
[プア・ククイ]

〈664〉

プウオフル
Puʻuohulu [プウオフル]

【地名】オアフ島ナナクリの海辺にある丘

用例：Huli aku nānā iā Pu'uohulu 'eā
Oni 'ana Heleakalā ma hope pono
振り返って眺めるプウオフル
後ろに見えるヘレアカラ
[ナナクリ]

〈665〉

プウロア
Puʻuloa [プウロア]

【地名】オアフ島パールハーバーの旧名

用例：Kaulana nō 'oe e Pu'uloa
Alahula hele nō 'oe 'o Ka'ahupāhau
名高いあなた、プウロア
カアフパハウの通り道
[ハラワ]

〈666〉

ふ の言葉

プウワイ
pu'uwai / Pu'uwai [プウヴァイ]

① 胸、心、心臓
用例：Waikīkī i ke kai mālamalama
He wai ho'oheno a ka pu'uwai
ワイキキ、輝く海
心から愛おしむ水
［オアフ］

② 【地名】ニイハウ島の村、岬の名前
用例：A 'ike i ka nani a'o Pu'uwai
Ke kaona aloha o nā 'ohana
見えるのはプウワイの美景
家族に愛される村
［アロハ・カエオ］

〈697〉

プエ
pu'e [プエ]

丘、小山
▼プエ・オネ＝砂丘、サンドバー
用例：I laila mākou e walea ai 'eā
Ka hoene a ke kai i ka pu'e one
そこで私達は楽しむ
海のさざなみの音、砂の丘
［ナナクリ］

〈698〉

プオア
pū'o'a [プーオア]

頂点
用例：Pū'o'a o ke ali'i maoli
I ka ua koko
人民の頂点のアリイ
虹のなか
［カヒリ・ナイ］

〈699〉

プオレナ
Pū'ōlena [プーオーレナ]

【地名】オアフ島へエイアの養魚池に流れる川のひとつ
用例：Māhuahua ka 'ai o Hoi
Ua lupalupa i ka wai o Pū'ōlena
豊富な食物、ホイのタロ
プオレナの水で元気に育つ
[アロハ・クウ・ホメ・ア・イ・ケアロヒ] 〈670〉

プオロ
pū'olo [プーオロ]

束ねる、まとめる、包む、包み
用例：Nani wale ka 'ikena ka wai lana mālie
Pū'olo ku'u waimaka i ka hāli'ali'a
美しい景色、穏やかに凪いだ水
思い出に流した涙が作った水
[クウ・プア・マエ・オレ] 〈671〉

プカ
puka [プカ]

穴、ドア、入り口、門、マグマの噴出口
用例：I laila aku wau i ka pō nei
Ua pa'a kou puka i ka laka 'ia
そこに私、昨夜
あなたのドアは閉じて鍵がかかっていた
[ナニ・コオラウ] 〈672〉

フク
huku [フク]

膨れた、高い、突き出た
用例：Mea 'ole ē na 'ale huku ana ē
Holo wiwo 'ole ē, ka ho'okele ē
どんな大きな波も取るに足らない
恐れずに進む、ナビゲーターの指揮のもと
[カウラナ・カ・イノア・オ・ホクレア] 〈673〉

の言葉

フナ
huna [フナ]
粒子、かけら、くず、粉
▼フナ・カイ＝波しぶき
用例：Aia i Ka'ena ku'u lei momi
I ka ho'opulu 'ia e ka huna kai
カエナに私の真珠のレイ
波しぶきに濡れて
[カエナ（クウ・レイ・モミ）]

〈674〉

プナ
puna / Puna [プナ]
① 泉
▼ワイ・プナ＝わき水→恋人
② 【地名】ハワイ島東の地域、森林保護区の名前
用例：'Ūhī'uhā mai ana 'eā
Ke nome a'e lā iā Puna, 'eā
（溶岩の燃える）吹き出し音とともに
食べ尽くす、プナの地を
[アイア・ラ・オ・ペレ・イ・ハワイ]

〈675〉

フナフナ
hunahuna [フナフナ]
かけら、破片、部分
用例：Sweet rosebud o ka uka onaona
Pulu pē I ka hunahuna wai
かわいいバラの蕾、山で香る
水の飛沫でびっしょり
[プア・オ・カ・ヘイ]

〈676〉

プナヘレ
punahele [プナヘレ]
お気に入り、愛する、最愛の
用例：Precious 'ala kūpaoa 'olu'olu a ka beauty
Na ka lani punahele e milimili
満ちる特別な香りが心地よくて美しい
王族が可愛がるお気に入り
[プア・モハラ・イ・カ・ヴェキウ]

〈677〉

プナルウ
Punalu'u [プナルウ]

【地名】 ハワイ島南部カウの黒砂ビーチが広がるエリア
オアフ島に同名のビーチパークがある
用例：Hanohano mau no 'o Punalu'u
I ka wai anu a'o Pūhau
いつもたたえられるプナルウ
プハウの冷たい水
[カウ・ヌイ]

⟨678⟩

プナワイ
pūnāwai / Pūnāwai [プーナーヴァイ]

① 泉
② 【固有名詞】『ヘ・アロハ・ヌウアヌ』に歌われる作者の妻が所属するハラウの建物の愛称
用例：'O ka pua 'āhihi e mōhala mai
Mālama 'ia e ko Pūnāwai
アヒヒの花が開く
守られる、プナワイに
[ヘ・アロハ・ヌウアヌ]

⟨679⟩

ふの言葉

プニ
puni [プニ]

① 囲まれた、管理された、広がる、囲む
用例：Ua ka'apuni ē, a puni ka honua ē
E hali aloha ē, me ka maluhia ē
巡ったのは地球一周
運ぶのはアロハと平和
[カウラナ・カ・イノア・オ・ホクレア]

用例：I nei kou 'ala hali 'ia mai
He 'ala onaona puni nei 'āina
ここにあなたの香りが運ばれる
快い香り、大地を包む
[プア・メリエ]

② 好き、気に入った、欲求、愛情深い
用例：'Akahi au 'ike maka, lā
Ka puni hana nowelo, lā
初めて見る
求愛好き
[クヒヘワ]

〈680〉

プニア
punia [プニア]

充満している
用例：Punia i ka hana ē
Ulu māhuahua e mōhala i kou nani ē
たくさんの仕事に囲まれながら
強く成長して、花開くあなたの美しさ
[メレ・ア・カ・プウワイ]

〈681〉

プノノ
pūnono [プーノノ]

真紅の、華麗な、輝く
用例：Huli ka 'i'iwi i ka pua hiwahiwa
I walea ka manu i ka lehua pūnono
イイヴィは探す、最愛の花
鳥のくつろぎ、華麗なレフア
[カ・レフア・プノノ]

〈682〉

プハウ
pūhau / Pūhau [プーハウ]

① 冷たい泉

② [地名] ハワイ島カウ、ニノレにある泉

用例：Hanohano mau no 'o Pūhau
I ka wai anu a'o Pūhau
いつもたたえられるプナルウ
プハウの冷たい水
[カウ・ヌイ]

⟨683⟩

プハラ
pūhala [プーハラ]

【植物】ハラ hala の別名

用例：Nani pua 'a'ala onaona i ka ihu
E moani nei i ka pae pūhala
きれいな花、鼻に甘く香る
風に香るハラの林
[カマラニ・オ・ケアウカハ]

⟨684⟩

ププ
pūpū [プープー]

① 貝

用例：A loa'a aku Makaweli
I ka hale pūpū kani wao e
捕まえに行くマカヴェリに
鳴き貝のホームの森
[ノエノエ・マイカイ・ケ・アロハ]

② 房・束

用例：Pūpū a pa'a i ka lima
Mokihana popone i ka nahele
手にいっぱい採った
森の丸いモキハナ
[ノエノエ・マイカイ・ケ・アロハ]

⟨685⟩

の言葉

フペコレ
hūpēkole [フーペーコレ]

鼻垂れ
用例：Kapa 'ia mai au he hūpēkole
A nui a'e he wahine u'i
鼻垂れって呼ばれてたけど
育った今はきれいな女よ
[クウ・ワ・リイリイ]

〈686〉

プメハナ
pumehana [プメハナ]

暖かい、温かい、温もり、親愛の情
用例：I ke ano ahiahi, i ka pili aumoe
Mōhala ia pua i ka poli pumehana
夜の時間、深夜の逢瀬
花開く、あたたかい胸の中
[ピカケ・ラウナ・オレ]

〈687〉

フラ
hula [フラ]

フラ、フラを踊る
用例：E ku'u lei pua melia
Ho'olewa, hula mai 'oe
私のレイ、プルメリアの花
腰を振って、フラを踊って
[ヘ・アロハ・エ・カ・メリア]

〈688〉

プラマ
pūlama [プーラマ]

大切にする、世話をする、いつくしむ
用例：Mahalo no nā mea i a'o 'ia
Pūlama 'ia i ka pu'uwai
感謝、すべての教えに
心に刻んで大切にする
[レイ・ハラ]

〈689〉

247　Hawaiian Dictionary for Hula Dancers

プラマヒア
pūlamahia [プーラマヒア]

プラマ pūlama ＋ ヒア hia
大切にされる、護られる、慈しまれる
用例：Pūlamahia ka huahekili
I pili i ka poli a hemo 'ole
大切にされる、ビーチ・ナウパカ
胸に寄せて離さない
［ヘ・レイ・アロハ（ノ・ヒロ）］

〈690〉

フラリ
hulali [フラリ]

輝く、キラキラする、眩しい
用例：Hulali ka mahina nāu
Hemolele i ka mālie
月が輝く、あなたのために
申し分ない穏やかさ
［カネオヘ］

〈691〉

プラレ
pūlale [プーラレ]

急ぐ、慌てる
用例：Mai pūlale aku 'oe iā
E nanea mai ho'i kou
慌てないであなた
リラックスしてあなた
［クウ・ティタ］

〈692〉

ふ の言葉

フリ
huli [フリ]

① 振り返る、振り向く、方向を変える
用例：Huli aku nānā ia Kaimana Hila 'eā 'ike i ka nani a'o Honolulu
振り返って眺めるダイアモンド・ヘッド
見えるのはホノルルの美景
［ワイキキ・フラ］

② 探す、捜す、探索する、求める
用例：Huli ka manu i ka 'iwi i ka pua hiwahiwa
I walea ka manu i ka lehua punono
イイヴィは探す、最愛の花
鳥のくつろぎ、華麗なレフア
［カ・レフア・プノノ］

〈693〉

フリラウ
hulilau [フリラウ]

ひょうたん、女性、母、妻
用例：E Hawai'i ākea, 'o 'oe he huliIau
He manawa kūpono a kāua
広大なハワイ、母なる地
然るべき時、私たち
［ハワイ・アケア］

〈694〉

フリリ
hulili [フリリ]

まばゆい、きらびやか
用例：'Ike 'ia i ka nani o ka ulu hōkū
Ku'u lei hulili, kau mai i luna
見える星座の輝き
私のまばゆいレイ、空に現れる
［クウ・レイ・フリリ］

〈695〉

フル
hulu [フル]

① 羽
用例：He hea kēia i ku'u hoa hulu manu
E mūkīkī ana i ka wai o ka nui manu
これは鳥の羽の友への呼びかけ
鳥の群れが吸う蜜
[アイア・イ・オラア・クウ・アロハ]

② 尊い、貴重な

〈696〉

プルペ
pulu pē / pulupē [プルペー]

濡れた、ずぶ濡れ
用例：Pulu pē ko kāua 'ili me ke kēhau
雫で濡れた二人の肌
[プア・モハラ・イ・カ・ヴェキウ]　〈697〉

プレロ
pulelo [プレロ]

浮かぶ、昇る
用例：Ka mea nani ka i Paliuli 'eā
Ke pulelo a'e lā i nā pali 'eā
美しきものがパリウリに
頂きの上に昇る
[アイア・ラ・オ・ペレ・イ・ハワイ]　〈698〉

への言葉

へ
he [ヘ]

単体で日本語対訳に表面化しにくい、時制・ムード・様相・場所などを表す種類の語冠詞 英語の「a / an」と同じ。複数形は ヘ・マウ he mau＋名詞。フラソングによく出てくる he のつく言葉の例はこちら。

he nani 美
he wehi 飾り
he lei レイ
he aloha 愛
he pua 花
he manaʻo 思い
he ipo 恋人
he mau maka 目
he makana ギフト
he mele 歌
he ala 道
he ʻala 香り
he uʻi 美人
he mea もの
he aha 何？なぜ？
he inoa 名前

ぺ
pē [ペー]

濡れた、びしょ濡れ

用例：Nahenahe ke ʻala o nā pua I ka pē ʻia e ke kēhau
花々の快い香り
露に濡れて
[オールド・プランテーション]

▼ノル・ペ
→ノルペ nolu pē / nolupē
▼プル・ペ
→プルペ pulu pē / pulupē

の言葉

ヘア
hea [ヘア]

① 呼ぶ、名指しのチャントを歌う、名付ける
用例：Ua pō 'o Wai'ale'ale
E hea mai i ke aumoe
ワイアレアレは闇の中
夜に呼びかける
[ルウルウ・イ・ナ・ウア・ヌイ・オ・ハナレイ]

② どこ？
用例：I hea kāua e la'i ai 'eā?
I ka 'ale nui a'e li'a nei 'eā
どこで私たちは安住できる？
愛する大きなうねりの上
[アイア・ラ・オ・ペレ・イ・ハワイ] 〈701〉

ヘアヘア
heahea [ヘアヘア]

招く、頻繁に親切に呼びかける
用例：O kahi manu heahea
No ke one kaulana a'o Hanalei
あの鳥が呼びかける
名高いハナレイの浜
[ハナレイ・ベイ] 〈702〉

ヘイ
hei [ヘイ]

レイで飾る、からませる、網で捕る・覆う
用例：Eia ka kaula lopi āna
Hei kō pu'uwai kapalili
ここに網、彼女のロープ
捕らえるのはあなたの高鳴る心
[プア・ククイ] 〈703〉

ヘイ
hē'ī [ヘーイー]

【植物】パパイア
用例：Aloha nō paha 'oe
E ka pua o ka hē'ī
愛してる、たぶんあなた
パパイヤの花よ
[プア・オ・カ・ヘイ]

ヘエイア
He'eia / He'e'ia [ヘエイア]

① 【地名】ハワイ島西岸ケアウホウにある湾、ビーチ、サーフスポットの名前

② 【地名】オアフ島カネオヘ湾に面した市ヘエイア州立公園、ヘエイア・フィッシュポンドがある。he'e + 'ia「(津波・洪水で)流された」の意。通常 He'eia と表記する。
用例：I ke kula o He'e'ia la
Ka ua Ho'owa'awa'a
ヘエイアの平野に
ホオワワアの雨
[ヘエイア]

の言葉

ヘケ
heke [ヘケ]

① ベスト、最高、一番、一流
用例：Kau ana la i ka heke
　　　Hiehie me ka 'opua
　　　最高の姿を見せる
　　　雲とともに神々しく
　　　[クウ・レイ・プア・ケニケニ]
② フラで使うひょうたんの打楽器の頭の部分
▼イプ・ヘケ＝ひょうたんを二連にした打楽器

〈706〉

ヘネ
hene [ヘネ]

① 山の斜面、スロープ
用例：Ha'a mai nā hene ua noe luna, 'eā
　　　Waiho kāhela, waiho kāhela
　　　霧のような小雨が山の上から
　　　目の前に広がる
　　　[アリイ・イオラニ]
② クスクス笑う

〈707〉

ヘヒ
hehi [ヘヒ]

コツコツ叩く、歩く、踏む、踏みつける
用例：Hehi a ka 'ula 'ole i ka hemo
　　　Me ka wai 'o ka ua la'a kua
　　　コツコツするけど開く気配なし
　　　背には雨の水
　　　[ナニ・コオラウ]

〈708〉

ペヘア
pehea [ペヘア]

どう？　なに？　どのように？
用例：Pehea 'oe i nēia kino,
　　　pehea 'oe i nēia kikala
　　　どうあなた、この体
　　　どうあなた、このお尻
　　　[ホオハエハエ]

〈709〉

ヘモ
hemo [ヘモ]

開ける、抜く
用例：Hehi a ka 'ula 'ole i ka hemo
Me ka wai 'o ka ua la'a kua
コツコツするけど開く気配なし
背には雨の水
[ナニ・コオラウ]

〈710〉

ヘモレレ
hemolele [ヘモレレ]

完ぺきな、申し分ない、汚れない、純潔な
用例：Hulali ka mahina nāu
Hemolele i ka mālie
月が輝く、あなたのために
申し分ない穏やかさ
[カネオヘ]

〈711〉

ヘレ
hele [ヘレ]

①行く（hele aku）、来る（hele mai）、歩く、動く、通り道
用例：Hele aku i ka lā o ka le'ale'a
'Upu a'e ka 'i'ini e huli ho'i mai
通り行く喜びの日
込み上げる望み、帰ってくる
[ヒロ・ナニ・エ]
▼アラ・ヘレ＝小道、過程
用例：He loa ka helena ma ke ala hele
E huli i wahi ma kēia ao
長い、旅の道のり
探す、この世界に自分の場所
[ヘ・ハワイ・アウ]
▼ヘレ・ルア＝一緒に移動する
用例：Hali 'ia mai e ka makani
Hele lua i nā pali hauliuli
風に運ばれる
一緒に行く、山影に
[カ・ポリ・オ・カハルウ]
▼カマ・ヘレ＝旅人、旅行者

②〜になる

〈712〉

への言葉

ペレ
Pele [ペレ]
【人名】ハワイの火山の女神の名前
ハワイ島キラウエア火山のハレマウマウ火口を住処とすると伝えられる。
用例：Ka home o ka wahine Pele
Uluwehi me ka lehua, ē
女神ペレの家
レフアが茂る場所
[ヘ・メレ・アロハ・ノ・プナ]

〈713〉

ヘレアカラ
Heleakalā [ヘレアカラー]
【地名】オアフ島ナナクリのプウオフル丘から内陸側の隣にある丘
用例：Huli aku nānā iā Puʻuohulu ʻeā
Oni ʻana Heleakalā ma hope pono
振り返って眺めるプウオフル
後ろに見えるヘレアカラ
[ナナクリ]

〈714〉

ヘレナ
helena [ヘレナ]
①行くこと、旅、進行
用例：He loa ka helena ma ke ala hele
E huli i wahi ma kēia ao
長い、旅の道のり
探す、この世界に自分の場所
[ヘ・ハワイ・アウ]

②姿、形、容貌、外観

〈715〉

ペレフ
pelehū [ペレフー]
【動物】七面鳥
用例：Lepe ʻulaʻula lepe o ka moa
Ke hua kūlina ʻai a ka pelehū
真っ赤なニワトリのとさか
とうもろこしを食べる七面鳥
[レペ・ウラウラ]

〈716〉

ペロ
pelo［ペロ］

お世辞を言う、話を盛る

「The Queen's Songbook」の『サノエ』のページには「Pelo」と表記され、「おしゃべりな人」を比喩しているように解釈できる。

用例：Eia aʻe nō ʻo Pelo
Manu ʻahaʻi ʻōlelo
ここにペロ
言葉を運ぶ鳥
［サノエ］

ほの言葉

ホ
hō［ホー］
与える、渡す、行く
用例：E nanea e walea ai
Hō mālie iho nō
リラックスして楽しんで
優しくしてあげる
［クウ・ティタ］

⟨718⟩

ポ
pō［ポー］
夜、暗闇、暗がり
用例：Haʻina ʻia mai ana ka puana
Lua ʻole Hanalei i ka pō laʻi
歌に伝える
何より美しい、夜の静寂のハナレイ
［ハナレイ・イ・カ・ピリモエ］

▼イ・カ・ポ・ネイ＝昨夜
用例：ʻUpu aʻe nei ka haliʻa aloha
I kou nani i ka pō nei
物思いにふける、愛の記憶
昨夜のあなたの美しさ
［クウ・レオ・アロハ］

⟨719⟩

の言葉

ホア
hoa ［ホア］

友人、仲間、相棒
用例：Nani wale nō 'oe e ku'u ipo
Ku'u hoa hololio o ke ahiahi
とても美しいあなた、私の恋人
私の夜の馬乗り友達
［クウ・ホア・ホロリオ］
▼ホア・イナウ＝愛人、パートナー、伴侶

〈720〉

ポアイ
pō'ai ［ポーアイ］

囲む、集まる、廻る、巡る、渦巻く
用例：'O 'oe Wai'anae noho i ka la'i
Me nā kini lehulehu e pō'ai ana
ワイアナエ、あなたは静かにそこにいる
たくさんの人々に囲まれて
［ネネウ］

〈721〉

ポアイハレ
Pō'aihale ［ポーアイハレ］

【固有名詞】オアフ島カハルウの雨
ポアイハラ Pō'aihala ともいう。
用例：Aia i ka poli o Kahalu'u
Ka ua Pō'aihale he aloha
カハルウの奥に
ポアイハレ雨、愛するもの
［カ・ポリ・オ・カハルウ］

〈722〉

ホアオ
ho'āo ［ホアーオ］

結婚
用例：Alo lua Hina me Kāne o ka lā
He pō kapu 'ia, ho'āo na akua
重なるヒナと太陽のカネ
神聖な夜、神の結婚
［カハ・カ・マヌ］

〈723〉

ホアカ
hoaka [ホアカ]

輝く
用例：Hoaka ē ka piʻo a i luna loa
Hanohano Kalapawai nani lua ʻole
輝く虹、大空に
壮麗なカラパワイ、二つと無い美しさ
[ナニ・モカプ]

⟨724⟩

ホアピリ
hoa pili / hoapili [ホアピリ]

親密な関係、親友
用例：He lei aloha no kuʻu kino
He hoapili i ka pō
私の体に飾る愛のレイ
夜のパートナー
[クウ・レイ・マイレ]

⟨725⟩

ホアラ
hoʻāla [ホアーラ]

目覚める、起こす、起きる
用例：Mele Hoʻāla Moku
島を目覚めさせる歌
[メレ・ホアラ・モク]

⟨726⟩

ホアロハ
hoaloha [ホアロハ]

友だち
用例：Hoʻi au i ka home o nā mākua
Nanea e hauʻoli me nā hoaloha
私は帰る、両親の家へ
友達と幸せなくつろぎ
[ホメ・カパカ]

⟨727⟩

の言葉

ホアロハロハ
hoʻalohaloha ［ホアーロハロハ］

愛し合う、愛情を示す
用例：Piʻi mai kāua
Hoʻalohaloha kāua
寄り添う二人
愛を交わす二人
［ヘ・プア・ヴェヒワ］

〈728〉

ホイ
hoʻi ［ホイ］

①去る、帰る、戻る
用例：Hoʻi mai ka lani mai
Noho i ka mehana o ka poli
空から戻る
その胸でのあたたかい暮らしに
［ハワイ・アケア］
②入る（入所、入学）
③フラダンサーの退場曲
④強調を表す
用例：ʻElua wale iho hoʻi māua
Ka hau hāliʻi aʻo Waimea
ただ二人きりの私たち
霜が包み広がるワイメア
［レペ・ウラウラ］
用例：Nani wale hoʻi i ka maka, ke ʻike aku la
E kuʻu lei pua mae ʻole hiʻilei me ke aloha
見目麗しい、その光景
私のレイ、愛を込めて可愛がる枯れない花
［ヘ・アロハ・エ・カ・メリア］
⑤〜も

〈729〉

ホイ
hoi / Hoi [ホイ]

① 喜び、ハッピー、楽しい
② [地名] オアフ島へエイアの低地
用例：Māhuahua ka ʻai o Hoi
Ua lupalupa i ka wai o Pūʻōlena
豊富な食物、ホイのタロ
プオレナの水で元気に育つ
[アロハ・クウ・ホメ・ア・イ・ケアロヒ]

⟨730⟩

ホイオ
hōʻiʻo [ホーイオ]

実が育つ、膨らむ、大きくなる
用例：Pipili a mamau, pipili a mamau
A hōʻiʻo
くっつきあったまま
膨らむまで
[アリイ・イオラニ]

⟨731⟩

ホイケ
hōʻike [ホーイケ]

見せる、示す、展示する
用例：Na ka mahina mālamalama
I hōʻike mai
月の輝きが
見せてくれる
[モアニケアラオナプアマカヒキナ]

⟨732⟩

ポイナ
poina [ポイナ]

忘れる
▼ポイナ・オレ
→ポイナオレ poina ʻole / poinaʻole

⟨733⟩

の言葉

ポイナオレ
poina 'ole / poina'ole [ポイナオレ]

忘れられない
用例：Ua noho a kupa lā i laila
Iia 'āina hānau poina 'ole
地元民としてそこに暮らした
忘れられない誕生地
[ハノハノ・ハイク]

⟨734⟩

ホウ
hou [ホウ]

①新しい
②もう一度、再び
用例：'A'ole au e 'auana hou
Ke maopopo he Hawai'i au
もうさまよったりしない
気づいたから、私はハワイアン
[ヘ・ハワイ・アウ]

⟨735⟩

ホウポ
houpo [ホウポ]

胸、みぞおち、心
用例：'Auhea 'oe e ka pua o ka lani
Ka houpo i ka le'a
聞いて、天の花よ
心は喜びに溢れている
[カヒリ・ナイ]

⟨736⟩

ポウリウリ
pōuliuli [ポーウリウリ]

日食
用例：Kaha ka manu, pa'a ka lā
Pō'ele nā moku, pōuliuli
滑空する鳥、太陽を遮る
暗闇の島々、日食
[カハ・カ・マヌ]

⟨737⟩

ホエ
hoe [ホエ]

漕ぐ、パドル、櫂、オール
用例：Hoe nā kānaka i nā wa'a kaulua
Hī aku ka lawai'a i ke aho
人々は漕ぐ、双胴カヌー
釣り糸で魚の流し釣り
[アイナ・オ・ミロリイ]

⟨738⟩

ホエア
hō'ea [ホーエア]

来る、着く
用例：A nui a'ela ala wau
Mai hea hō'ea ana 'o iala
大人になった私に
「そこのあなた、どこから来たの?」
[クウ・ワ・リイリイ]

⟨739⟩

ホエネ
hoene [ホエネ]

サラサラ音を立てる、静かに鳴る
用例：I laila mākou e walea ai 'eā
Ka hoene a ke kai i ka pu'e one
そこで私達は楽しむ
海のさざなみの音、砂浜の丘
[ナナクリ]

⟨740⟩

ホエホエ
hoehoe [ホエホエ]

（パドルで）漕ぐ
用例：Kawaihae, ka uapo a'o Hilo
Hoehoe nā wa'a
カワイハエ、ヒロの波止場
カヌーを漕ぐ
[カワイハエ]

⟨741⟩

Hawaiian Dictionary for Hula Dancers 268

の言葉

ホエホエネ
hoehoene ［ホエホエネ］

ホエネ hoene の繰り返し語
用例：Puia i ke onaona
hoehoene i ka poli
広がる甘い香り
胸に歌いかける
［クウ・プア・マエ・オレ］

〈742〉

ポエレ
pō'ele ［ポーエレ］

暗闇、闇夜
用例：Kaha ka manu, pa'a ka lā
Pō'ele nā moku, pōuliuli
滑空する鳥、太陽を遮る
暗闇の島々、日食
［カハ・カ・マヌ］

〈743〉

ポオ
po'o ［ポオ］

頭、頂上
用例：Eia au lā, eia au lā
Mai ke po'o a ka hi'u
私はここ、私はここ
頭の先から足の先まで
［ホオハエハエ］

〈744〉

ホオイポ
ho'oipo ［ホオイポ］

愛おしむ、愛を交わす、セックスする
用例：Ho'oipo ē ke 'ala me ka ua noe
Noenoe mai i ka 'Āpuakea
愛おしむ霧雨とその香り
煙るアプアケア雨の中
［ロゼ・オナオナ］

〈745〉

ホオイポイポ
hoʻoipoipo [ホオイポイポ]

愛を交わす、愛し合う、セックスをする
用例：E naue mai e pili
Pili hoʻoipoipo
寄り添い合って
愛し合う
[クウ・レイ・プア・ケニケニ]

⟨746⟩

ホオカノ
hoʻokano [ホオカノ]

硬くする
用例：Hoehoe nā waʻa
Hoʻokano kahi selamoku
カヌーを漕ぐ
硬くする、あの船乗り
[カワイハエ]

⟨747⟩

ホオカヒ
hoʻokahi [ホオカヒ]

ひとつ、ひとり、孤独、同時に、同じに
用例：Hoʻokahi ka manaʻo i kualono
A me ka leo aloha e hoʻokipa mai
思いは尾根とひとつになる
歓待するアロハな声
[アロハ・クウ・ホメ・ア・イ・カネオヘ]

⟨748⟩

ホオカーヒリ
hoʻokāhili [ホオカーヒリ]

優しくあおぐ・吹く・撫でる
用例：He aloha hoʻokāhili kuaola
E hoʻōla mai ana i neiʻāina
愛するは優しくあおぐ緑の山
この大地を癒やしてくれる
[カ・ポリ・オ・カハルウ]

⟨749⟩

ほ の言葉

ホオキパ
ho'okipa [ホオキパ]

歓待する、楽しませる
用例：Mahalo nui i ko makana ho'okipa nei
Hau'oli wale nō, he mau, nō kou nani
大きな感謝を、人を楽しませる才能に
いつも幸せ、あなたの素晴らしさ
[カ・レオ・マヌ・オ・ハワイ]
〈750〉

ホオケレ
ho'okele [ホオケレ]

船で行く、航海する、ナビゲーター、航海士
用例：Mea 'ole ē na 'ale huku ana ē
Holo wiwo 'ole ē, ka ho'okele ē
どんな大きな波も取るに足らない
恐れずに進む、ナビゲーターの指揮のもと
[カウラナ・カ・イノア・オ・ホクレア]
〈751〉

ホオコモ
ho'okomo [ホオコモ]

入れる、入る
用例：Ho'okomo i ke awa a'o Honolulu 'eā
Ua piha hau'oli nā malihini 'eā
ホノルル・ハーバーに寄港
歓喜する訪問者たち
[ファララィ]
〈752〉

ホオナペ
ho'onape [ホオナペ]

波打たせる、波立たせる、呼吸を荒くさせる、はためかせる
用例：Ho'onape i ka poli, ho'opili corazon
Ka wahine aloha
高鳴る胸、寄り添う心
愛する女性
[ナ・バケロス]
〈753〉

ホオニ
hōʻoni [ホーオニ]

かき乱す、奮起させる、動かす
用例：E hōʻoni nei i ka puʻuwai
liʻihia wale au i kou nani
胸をかき乱す
あなたの美しさにどきどきする
[クウ・レオ・アロハ]

⟨754⟩

ホオハウオリ
hoʻohauʻoli [ホオハウオリ]

幸せな気持ちにさせる
用例：Nā kuahiwi kuakea hoʻohauʻoli puʻuwai
ʻO Hilo, nani ē, kuʻu ʻāina hānau ē
白い雪化粧の山々、幸せな気持ち
ヒロは美しい、私の故郷
[ヒロ・ナニ・エ]

⟨755⟩

ホオハエハエ
hoʻohaehae [ホオハエハエ]

①焦らす、悩ます、からかう
用例：Ko maka ʻeuʻeu
Kūlana hoʻohaehae
あなたのいたずらな目
評判の焦らし
[ホオハエハエ]

②激しくする、荒らす

⟨756⟩

ホオハリア
hoʻohaliʻa [ホオハリア]

思い出させる
用例：Lei ʻia e ka lei hala
Hoʻohaliʻa mau a mau,
ハラのレイをかければ
いつでも思い出す
[レイ・ハラ]

⟨757⟩

の言葉

ポオヒヴィ
po'ohiwi [ポオヒヴィ]

肩
用例：Lei 'ohu'ohu 'oe kākuhihewa
Ka 'ilima melemele kau po'ohiwi
レイに飾られるあなた、カクヒヘワ
黄色いイリマがあなたの肩に
[レイ・オフ]

〈758〉

ホオヒエ
ho'ohie [ホオヒエ]

目立たせる、際立たせる
用例：He ho'ohie nō 'o Kahalo'ipua
Ka makuahine a'o nei Iehulehu
際立つ人カハロイプア
みんなが母のように慕う
[ハレイワ・ホテル（ハノハノ・ハレイワ）]

〈759〉

ホオヒエヒエ
ho'ohiehie [ホオヒエヒエ]

美しくする、美化する
用例：I lei ho'ohiehie
No ke ano ahiahi
美化してくれるレイ
夜の時間に
[ヴェヒヴェヒ・オエ]

〈760〉

ホオヒヒ
ho'ohihi [ホオヒヒ]

絡ませる、もつれさせる、とらわれる、思い入れる
用例：Pau 'ole ko'u ho'ohihi
Me 'oe e ku'u lei aloha
絶え間ない私の思い入れ
あなたへの、私の愛のレイ
[クウ・レイ・プア・ケニケニ]
▼ホオヒヒ・カ・マナオ＝夢中になる
用例：Ho'ohihi ka mana'o me 'oe, e ku'u pua
E ku'u ipo ho'ohenoheno, e ku'u milimili
あなたに夢中になる、私の花
愛しい大切な子、私の可愛い子
[ヘ・アロハ・エ・カ・メリア]

〈761〉

ホオピリ
ho'opili [ホオピリ]

くっつく、寄り添う
用例：Ho'opili i ke aloha o ka poli
寄り添う、アロハに抱かれて
[ハワイ・アケア]

〈762〉

ホオプメハナ
ho'opumehana [ホオプメハナ]

暖かくする、温める
用例：'O 'oe a'o wau i ka pō la'ila'i
Ho'opumehana i ke aloha
あなたと私、夜の静寂に
愛をあたため合う
[クウ・プア・イリマ]

〈763〉

ホオプル
ho'opulu [ホオプル]

濡らす、湿らせる
用例：Aia i Ka'ena ku'u lei momi
I ka ho'opulu 'ia e ka huna kai
カエナに私の真珠のレイ
波しぶきに濡れて
[カエナ（クウ・レイ・モミ）]

〈764〉

ほ の言葉

ホオプーロア
Hoʻopūloa [ホオプーロア]

【地名】ハワイ島コナの地区、湾
用例：Ea mai ka ʻehu kai ma Hoʻopūloa
Heʻāina nani kamahoʻi, kamahaʻo
波しぶき立ち上がるホオプーロア
素晴らしい景観、並外れて
[アイナ・オ・ミロリイ]

〈765〉

ホオペ
hoʻopē [ホオペー]

① びしょ濡れにする、水浸しにする
② 尻込みする、たじろぐ、恐れる、謙遜する
用例：Hoʻopē ʻia ka manaʻo, lā
Ka puʻuwai i ka huʻi koni, lā
尻込みさせられる思い
胸の高鳴り
[クヒヘワ]

〈766〉

ホオヘノ
hoʻoheno [ホオヘノ]

大切にする、尊い、貴重な、かわいがる、慈しむ
用例：O ka piʻo ana mai o ke ānuenue
Hoʻoheno ana i ka welelau pali
虹が弧を描いている
慈しむのは山の頂点
[コウラ]

〈767〉

ホオヘノヘノ
hoʻohenoheno [ホオヘノヘノ]

愛しくさせる
用例：Hoʻohihi ka manaʻo me ʻoe, e kuʻu pua
E kuʻu ipo hoʻohenoheno, e kuʻu milimili
あなたに夢中になる、私の花
愛しい大切な子、私の可愛い子
[ヘ・アロハ・エ・カ・メリア]

〈768〉

ホオポイナ
hoʻopoina ［ホオポイナ］

忘れさせる
用例：Mai nō ʻoe a hoʻopoina
I ka lawe haʻaheo ake kipuka ʻiʻi
忘れるなよ、お前さん
投げ縄で捕らえた望みの獲物
［レペ・ウラウラ］

⟨769⟩

ホオマナオ
hoʻomanaʻo ［ホオマナオ］

回想する、覚える、記憶する
用例：He hoʻomanaʻo ʻiʻo no
E poina ʻole kaʻu lāhui e.
真に思い出させること
自分のルーツを忘れないこと
［レイ・ハラ］

⟨770⟩

ホオマルマル
hoʻomalumalu ［ホオマルマル］

雨露をしのぐ
用例：Eia nō kāua i Kauaikananā
E hoʻomalumalu e hoʻopumehana
私たちはここ、カウアイカナナで
雨露をしのぎ暖まる
［オ・カ・ホロ・リオ］

⟨771⟩

ホオラ
hoʻōla ［ホオーラ］

生かす、救う、癒やす
用例：Launa ʻole kou nani, ke kilohi aku wau
Hoʻōla i ka ua Tuahine
美しすぎるあなたを眺める
癒してくれるのはトゥアヒネの雨
［ハワイ・アケア］

⟨772⟩

の言葉

ホオライ
ho'ola'i [ホオライ]

じっとさせる、静かにさせる
用例：Ho'ola'i nā manu i laila
Ho'oipo i ke oho o ka niu
鳥たちはそこで和む
愛おしむヤシの葉
[オールド・プランテーション]

⟨773⟩

ホオライライ
ho'ola'ila'i [ホオライライ]

ホオライ ho'ola'i の繰り返し語
用例：I luna aʻe ʻoe e hoʻolaʻilaʻi
I laila koʻu manaʻo pili me ʻoe
あなたは高いところでじっとしている
私の思いはそこに、あなたのそばに
[プア・メリエ]

⟨774⟩

ホオラウナ
ho'olauna [ホオラウナ]

友だちになる、仲良くなる、人を紹介する
用例：Pumehana hoʻi ka hoʻolauna ana
Ka neʻe a kāua i ka hākālia
暖かい、仲良くすれば
私たちは動く、ゆっくりと
[オ・カ・ホロ・リオ]

⟨775⟩

ホオル
hō'olu [ホーオル]

涼しい、心地良くする、ほぐす、柔軟にする
用例：Pā mai neʻi ke kula
Hōʻolu me ke anuanu ē
平原を吹き抜ける
涼しい風に癒やされる
[マラマ・マウ・ハワイ]

⟨776⟩

ホオレワ
ho'olewa [ホオレヴァ]

① 浮かす、浮かぶ
② 腰を振る
用例：E ku'u lei pua melia
Ho'olewa, hula mai 'oe
私のレイ、プルメリアの花
腰を振って、フラを踊って
[ヘ・アロハ・エ・カ・メリア]

⟨777⟩

ホオロノ
ho'olono [ホオロノ]

聴く、聞く、耳を傾ける
用例：Ho'olono i ke kani
Kani hone o nā manu
耳を傾けるその音
優しくさえずる鳥たち
[カ・ポリ・オ・カハルウ]

⟨778⟩

ホオロヘ
ho'olohe [ホオロヘ]

聞こえる、気にする、聞き入れる
用例：Ho'olohe i nā pono
E ka pae 'āina o Hawai'i ē
Mālama mau Hawai'i
聞こう選ぶべき道
ハワイ諸島の民よ
ハワイを永遠に維持するため
[マラマ・マウ・ハワイ]

⟨779⟩

ホオワアワア
Ho'owa'awa'a [ホオヴァアヴァア]

[固有名詞] ヘエイアに降る雨
用例：I ke kula o He'e'ia la
Ka ua Ho'owa'awa'a
ヘエイアの平野に
ホオワアワアの雨
[ヘエイア]

⟨780⟩

ほ の言葉

ホオワリ ho'owali [ホオヴァリ]

混ぜる、なめらかにする
用例：Kū ka nani i ke awāwa
E hoʻowali ia ka wai me ka moana
谷に見せる見事な姿
川の水と海を混ぜる
[ヘ・メレ・ノ・ヒナ]

⟨781⟩

ポキイ pōkiʻi [ポーキイ]

妹、弟、年下の親類
用例：A i mua e nā pōkiʻi a inu i ka wai ʻawaʻawa
A e mau ka lanakila, e nā kini o ka ʻāina
前進しよう若者よ、苦い水を飲んで
先に栄光あれ、この地の民よ
[エ・ナ・キニ]

⟨782⟩

ホク hōkū [ホークー]

▼星
▼ウル・ホクー星座
用例：ʻIke ʻia i ka nani o ka ulu hōkū
Kuʻu lei hulili, kau mai i luna
見える星座の輝き
私のまばゆいレイ、空に現れる
[クウ・レイ・フリリ]

⟨783⟩

279　Hawaiian Dictionary for Hula Dancers

ホクレア
Hōkūle'a ［ホークーレア］

① 【固有名詞】アークトゥルス星。ハワイの天頂にある星で、ハワイへの航海の目印にされた。

② 【固有名詞】ポリネシア伝統航海カヌーのレプリカとして70年代に設計され、2017年には3年に渡る世界一周航海を成功させた双胴カヌー。

用例：Kaulana ka inoa ē, Hōkūle'a ē
Ka wa'a kaulua ē, no Hawai'i ē
その名も高きホクレアよ
ハワイの双胴カヌーよ
［カウラナ・カ・イノア・エ・ホクレア］〈784〉

ポケ
pōkē ［ポーケー］

ブーケ
用例：He pōkē pua mae 'ole 'oe
no nā kupuna
あなたは枯れることのない花のブーケ
クプナのための
［ウイラニ］〈785〉

ホケレ
hōkele ［ホーケレ］

ホテル
用例：Hanohano Hale'iwa kūkilakila
Ka hōkele e kū i ka lihi kai
壮麗なハレイワ、雄大な光景
海岸に建つホテル
［ハレイワ・ホテル（ハノハノ・ハレイワ）］〈786〉

の言葉

ホニ
honi [ホニ]

① キスする
用例：He 'ala kou e māpu mai nei
la honi 'a'ala e pili ai kāua
あなたの香り、漂ってくる
甘い口づけ、二人を一つにする
[ピカケ・ラウナ・オレ]

② 香りを嗅ぐ、香り
用例：Ke 'ala laua'e, halihali 'ia mai
Nanea ka mana'o, ke honi aku wau
ラウアエの香り、運ばれてくる
思考もゆるり、私は香りを吸って
[ケ・アラ・ラウアエ]

〈787〉

ポニ
poni [ポニ]

選ぶ、任命する
用例：He pua nō au i poni 'ia
E 'ike i ka la'i 'o Pilimoe
私は選ばれた花
見るピリモエの静けさ
[ハナレイ・イ・カ・ピリモエ]

〈788〉

ポニウ
pōniu [ポーニウ]

のぼせる、めまいがする、クラクラする
用例：Pōniu 'ailana ku'u mana'o
Ke 'ike i ka nani a'o ia pua
愛しさ募るこの思い
花の美しい姿
[クウ・レイ・フリリ]

〈789〉

281　Hawaiian Dictionary for Hula Dancers

ホヌア
honua [ホヌア]

大地、地球、世界
用例：Kaulana kou inoa i nā malihini 'eā
Ka'apuni kou nani puni ka honua
訪問客に名高いあなたの名前
世界に知れ渡るあなたの美しさ
[ワイキキ・フラ]

⟨790⟩

ホネ
hone [ホネ]

① 甘く優しい（音楽など）、心引く
用例：Kou maka onaona ka'u i aloha
Kou leo kani hone, hone i ke kula
あなたの優しい目、私の愛するもの
あなたの優しい声、平原に響く
[カエナ（クウ・レイ・モミ）]

② もてあそぶ、じらす、からかう
用例：Hone ana, 'owese, sonisoni mālie
He manene mai ho'i kau
悪戯して（開く）静かなどきどき
もうムラムラ
[クウ・ティタ]

③ ハニー、蜂蜜

⟨791⟩

の言葉

ホネホネ
honehone ［ホネホネ］

ホネ hone［甘く優しい、心引く（音楽）］の繰り返し語

旋律的な、調子の美しい、音楽的な

用例：He kai nehe mai i ka 'ae one, 'eā

I ka pā honehone

海の浜辺で鳴る音

優しい音色

［アリイ・イオラニ］

⟨792⟩

ホノ
hono ［ホノ］

湾、谷

ホノで始まる湾名は数多い。

用例：Kahe ana ka wai o Kawainui

I ka hono o Kailua kahe mālie

カイルア湾へ、静かな流れ

流れるカワイヌイの水

［ハノハノ・ノ・オ・カイルア］

▼ホノ・アオ・ノ・ピイラニ＝マウイ島の首長として歴史に名を残すピイラニが統治した、マウイ島西部にある六つの湾とモロカイ島、ラナイ島を総称する呼び名

⟨793⟩

ポノ
pono [ポノ]

① 善良性、親切心、真心、モラル、良質、適切、正しい、優秀、健康で幸福な状態、富、繁栄、本質、正義

地球上のすべてのことが本来あるべき状態のこと。物事が、自然環境が、人間関係が、精神状態が、健康状態が、ちょうどいいバランスの、調和のとれた状態。

▼マラマ・ポノ＝心配りしてください、お大事に、ご自愛ください

▼ピリ・ポノ＝適応、お似合い、ぴったり、整合した

用例：I ka lawe, lawe a lilo
I ka pono, pono a mau
手に入れる、取り返す
権利、永遠の権利
[エ・ナ・キ二]

用例：E mālama pono i ka 'āina ē
Ka Lāhui Hawai'i
大事にしよう、大地を
ハワイ王国の
[マラマ・マウ・ハワイ]

② 完全に、適切に、正確に

用例：Piha pono i ka nani kamaha'o
Hanohano 'o Kāne'ohe my home
完璧、並外れた美しさ
カネオヘはすばらしい私の家
[カネオヘ]

〈794〉

ホノマリノ
Honomalino [ホノマリノ]

【地名】ハワイ島コナ、ホオプロアにある入江と森

用例：Aia i ke one o Honomalino
Ke kai nehe i ka 'ili'ili
ホノマリノの浜
さざ波が小石を鳴らす海
[アイナ・オ・ミロリイ]

〈795〉

の言葉

ホノルル
Honolulu [ホノルル]

[地名] ハワイ州首都、オアフ島南岸の湾・市・港の名前
ホノ hono（湾）＋ルル lulu（平和な、守られた）
用例：Huli aku nānā ia Kaimana Hila 'eā 'ike i ka nani a'o Honolulu
振り返って眺めるダイアモンド・ヘッド 見えるのはホノルルの美景
[ワイキキ・フラ]

〈796〉

ポハイ
pōhai [ポーハイ]

集まる、囲む、仲間、輪
用例：Pōhai 'ia me ke aloha I ka 'ehu kakahiaka
愛に包まれる 朝霧の中
[クウ・レイ・マイレ]

〈797〉

ホペ
hope [ホペ]

後ろ、後で、〜の次に、最後
⇔ムア mua
用例：Huli aku nānā iā Pu'uohulu 'eā Oni'ana Heleakalā ma hope pono
振り返って眺めるプウオフル 後ろに見えるヘレアカラ
[ナナクリ]

〈798〉

ポポ
pōpō [ポーポー]

群れ、膨らみ、束、房
用例：Nānā i mālama i ke ala Pōpō i ka liko laua'e
見守る小道に 群生するラウアエの若葉
[ノエノエ・マイカイ・ケ・アロハ]

〈799〉

285　Hawaiian Dictionary for Hula Dancers

ホホイ
hoho'i [ホホイ]

繰り返し戻る、帰る
用例：Hulali ka pua, 'ai ka manu i luna
Na ka 'i'iwi e hoho'i mai
花はきらめき頭上を飛ぶ鳥を誘う
繰り返し帰って来るイイヴィ
[カ・レファ・プノノ]

〈800〉

ポポイ
popo'i [ポポイ]

波にのまれる
用例：Ua pakele mai kahaone
I ka popo'i mai o nā nalu
砂浜は逃れた
波に飲み込まれる災難から
[ヘ・レイ・アロハ（ノ・ヒロ）]

〈801〉

ポポイア
Popoi'a [ポポイア]

【地名】オアフ島カイルア・ビーチ・パーク沖の小島
用例：'O Mōkōlea, he moku li'ili'i
Hoapili pa'a mai me Popoi'a
モコレア、小さな島
ポポイアとは大親友
[ナニ・モカプ]

〈802〉

の言葉

ホポエ
hōpoe / Hōpoe [ホーポエ]

① (レフアの花のように) 成熟した、満開
用例：Koili ka manu i ka pua lehua e
A inu i ka wai o ka hōpoe pua
レフアの花にとまる鳥
満開の花の蜜を吸う
[カ・レフア・プノノ]

② 【人名】ペレ&ヒイアカ神話に登場するレフアの森のフラダンサーでヒイアカの親友。ヒイアカへの嫉妬に狂ったペレの溶岩に襲われ岩にさせられた、と伝えられる。
用例：E hia'ai i ka nani o Hōpoe
Ka wahine ha'alewa la, i ke kai
心奪うホポエの美しさ
海辺で踊る女神
[エ・ヒアアイ・イ・カ・ナニ・オ・ホポエ]

⟨803⟩

ポポヘ
popohe [ポポヘ]

丸い
用例：Aia i ka lehua popohe ma'ukele
Lele nā kini manu i ka lehulehu
丸く膨らんだレフアが森の中
鳥たちは飛ぶ、咲き乱れる花の中
[カ・レフア・プノノ]

⟨804⟩

ホメ
home [ホメ]

家、故郷、本拠地 (英語の home が語源)
用例：Aloha ku'u home a i Ke'alohi
Ka 'āina i hi'ipoi 'ia e nā kūpuna
愛しい地元、ケアロヒ
先祖が守ってきた地
[アロハ・クウ・ホメ・ア・イ・ケアロヒ]

⟨805⟩

ホラ
hola [ホラ]

①広がる
用例：Lei 'ohu'ohu 'oe Maui nui a Kama
Ka roselani onaona o ke 'ala hola
レイで飾られる、偉大なカマ王のマウイ
ロゼラニ、広がる香りの心地良さ
［レイ・オフ］

②時間、時
用例：Ka hola 'elima o ke ahiahi
'Anapa ka uila hana kupanaha
夕刻5時に
光る閃光、特別なこと
［ハレイワ・ホテル（ハノハノ・ハレイワ）］

⟨806⟩

ポリ
poli [ポリ]

胸、乳房、心、腕の中、中心、山中（奥地）
用例：He 'eha mai loko mai
Mau nō ke aloha i ka poli
痛みは心の底に
けれど胸に残り続けたアロハ
［ハワイ・アケア］

用例：Aia i ka poli o Kahalu'u
Ka ua Pō'aihale he aloha
カハルウの奥に
ポアイハレ雨、愛するもの
［カ・ポリ・オ・カハルウ］

⟨807⟩

ほの言葉

ポリアフ
Poli'ahu ［ポリアフ］

【人名】マウナケアの女神四姉妹の長女の名前
上から順にポリアフ（雪）、リリノエ（霧）、ワイアウ（泉）、カホウポカネ（ファラライ）
用例：Eō mai Poli'ahu e noho nani mai
Poli'ahu ka Makua o ku'u lani
ポリアフ、美しく座るポリアフに
呼びかける、美しく座るポリアフ
ポリアフ、私の神聖な守護者
［クウ・ポリアフ］ 〈808〉

ホル
holu ［ホル］

波打つ、弾力のある、しなる、揺れる
用例：Ahuwale ka ha'aewa ē
Me ke kai e holu mau ana
浮かび上がる踊り
波打つ海のように
［クウ・レオ・アロハ］ 〈809〉

ホレ
hole ［ホレ］

剥ぎ取る
用例：Hole Waimea i ka ihe a ka makani
ワイメアの剥ぎ取る槍のような風
［ホレ・ワイメア］ 〈810〉

ホロ
holo ［ホロ］

走る、乗る、行く
用例：Mea 'ole ē na 'ale huku ana ē
Holo wiwo 'ole ē, ka ho'okele ē
どんな大きな波も取るに足らない
恐れずに進む、ナビゲーターの指揮のもと
［カウラナ・カ・イノア・オ・ホクレア］ 〈811〉

ホロリオ
holo lio / hololio ［ホロリオ］

馬乗り、乗馬
用例：Nani wale nō 'oe e ku'u ipo
Ku'u hoa hololio o ke ahiahi
とても美しいあなた、私の恋人
私の夜の馬乗り友達
［クウ・ホア・ホロリオ］

〈812〉

ポロレナ
Pololena ［ポロレナ］

［固有名詞］フローレンス号（船）
用例：Ua hauhoa aku i nā lio
Kau i ka Pololena, ka moku kia kolu
馬たちに鞍をつけて
乗せたのは三本マストのポロレナ
［ナ・バケロス］

〈813〉

まの言葉

マ
ma [マ]

場所・空間を示す前置詞
〜で、に、のそばで
用例：Nanea me nā hoaloha
Ma ka liʻi kai aʻo Kona
友達とリラックス
コナの海辺で
[ライマナ]

用例：Hali'i mai ka noenoe i Waikīʻī
Ma ʻaneʻi mai ʻoe e kuʻu aloha
広がる霧がワイキイに
ここにいるあなたは私の恋人
[クウ・レイ・フリリ]

⟨718⟩

マアナ
māʻana [マーアナ]

満腹、満足
用例：ʻAi a māʻana, inu a kena
Ke aloha ia o nā kūpuna
満腹に食べて、たくさん飲んで
祖父母の愛を受けて育った
[クウ・ワ・リイリイ]

⟨815⟩

まの言葉

マイ
mai [マイ]

① 方向（話し手側へ、こちらへ）を表す
↕アク aku
用例：He 'ala kou e māpu mai nei
la honi 'a'ala e pili ai kāua
あなたの香り、漂ってくる
甘い口づけ、二人を一つにする
[ピカケ・ラウナ・オレ]

② ～から、～もまた
用例：Mai Hawai'i 'o Keawe a Kaua'i 'o Manokalani
'Onipa'a mau
ハワイ島のケアヴェからカウアイ島のマノカラニまで
いつも断固としよう
[エ・ナ・キニ]

③ 否定命令形　～するな
用例：Mai lohi mai 'oe e ku'u ipo lā
E alawiki mai 'oe
もたもたしないであなた
急いであなた
[クウ・イポ・オナオナ]

⟨816⟩

マイカイ
maika'i [マイカイ]

良い、優れた、すてきな、元気な、健康な、好調な、美しい、ハンサムな
用例：Maika'i ka pua hinano, lā 'eā
Nā pua i Waialoha
見事なヒナノ・フラワー
ワイアロハの花々
[プア・アナ・カ・マカニ]

⟨817⟩

マイラ
maila [マイラ]

マイ mai ＋ ラ lā
こちらへの方向を示す語
用例：Pi'o maila i luna ke ānuenue
Hoapili me nā wailele a'o ia uka
弧を描く、空に虹
仲良く、山中の滝と
[ハノハノ・ハイク]

⟨818⟩

マイレ
maile [マイレ]

【植物】ツルニチソウの一種の低木 香り高い葉（柏の葉に似た香り）はレイに使われる。フラの祭壇に捧げられる女神ラカを象徴する5種類の植物のひとつ。

▼マイレ・カルヘア＝マイレの一種。「香り高いマイレ」の意。
▼マイレ・パカハ＝マイレの一種、葉が卵型
▼マイレ・ラウ・ヌイ＝マイレの一種、葉が大きい
▼マイレ・ラウ・リイ（またはラウ・リイリイ）＝マイレの一種、葉が小さい

用例：Lei Poli'ahu
I ka maile lau nui, ka maile lau li'i,
Ka maile kaluhea, ka maile pākaha
ポリアフにレイ
マイレ・ラウ・ヌイ、マイレ・ラウ・リイ
マイレ・カルヘア、マイレ・パカハ
[ヘ・レイ・ノ・カマイレ]

⟨819⟩

マウ
mau [マウ]

① いつも、変わらず、絶えず、永遠の

用例：Hi'ipoi mau no
Na'u 'oe a mau loa
ずっと大切にする
永遠にあなたは私のもの
[クウ・プア・イリマ]

② 複数を表す

用例：Kō mau maka
E 'i'mai ana
あなたの両目が
言っている
[モアニケアラオナプアマカヒキナ]

⟨820⟩

ま の言葉

マウ
ma'ū [マウー]

① 爽やか、涼やか、しっとり、湿った
② 無いよりまし
用例：Lalawe a ninihi, lalawe a ninihi
He ma'ū ia
崖っぷち、追い詰められる
それも良し
[アリイ・イオラニ]

〈821〉

マーウア
māua [マーウア]

私たち二人、あなたと私（だけ）
カーウア kāua と違って、排他的なニュアンス
があります。
用例：Ia nei nō māua
I ka malu o ke kukui
ここに私たちだけ
ククイの影
[プア・オ・カ・ヘイ]

〈822〉

マウイ
Maui [マウイ]

[地名] ハワイ諸島2番目に大きい島の名前
ハワイ神話のデミゴッド「マウイ」が名前の由来。
島花：ロケラニ
島色：ピンク
用例：Aia ka palena i Maui 'eā
'Āina o Kaulula'au 'eā
境界線（海峡）の向こうにマウイ島
カウルラアウの地
[アイア・ラ・オ・ペレ・イ・ハワイ]

〈823〉

マウケレ
ma'ukele [マウケレ]

ジャングル、熱帯雨林地帯
用例：Aia i ka lehua popohe ma'ukele
Lele nā kini manu i ka lehulehu
丸く膨らんだレフアが森の中
鳥たちは飛ぶ、咲き乱れる花の中
[カ・レフア・プノノ]

〈824〉

マウケレ
Maukele [マウケレ]

【地名】 ハワイ島プナの地名、ワイピオの森林地帯の名前
用例：Aia lā 'o Pele i Hawai'i 'eā Ke ha'a mai lā i Maukele 'eā
ペレはいるハワイ島に踊っているマウケレで
[アイア・ラ・オ・ペレ・イ・ハワイ]

〈825〉

マウナ
mauna [マウナ]

山
用例：Ke 'ao ha'aha'a lana i ka lani I uka i ka mauna ki'eki'e, ē そびえ立つ山の上に空に低く浮かぶ光
[ヘ・メレ・アロハ・ノ・プナ]

〈826〉

マウナ
māuna [マーウナ]

痛める、虐待する
用例：Ua kani ā 'u'ina a māuna 'ia E 'ano'i pono nō e pūlama mau ē
鳴るのは痛めつけられる音正義を切望する、永遠に守られること
[クウ・ポリアフ]

〈827〉

マウナウィリ／マウナヴィリ
Maunawili [マウナウィリ／マウナヴィリ]

【地名】 オアフ島カイルア、ヌウアヌ・パリの麓の地区の名前
用例：Ma'ema'e ke kino o ka pala'ā Uluwehi i uka a'o Maunawili
清らかなパラアのからだマウナウィリの山に茂る
[プア・モハラ・イ・カ・ヴェキウ]

〈828〉

ま の言葉

マウナケア
Mauna Kea / Maunakea [マウナケア]

① 【地名】ハワイ島にあるハワイ最高峰の山の名前
雪も積もる山頂には雪の女神ポリアフが祀られる。
Mauna (山) + Kea (白) =白い (雪の) 山
Mauna (山) + Wākea (空の父神ワケア) =ワケア神の山
用例：E kilohi iā Mauna Kea
Kuahiwi kū kilakila
見やるマウナケア
高々とそびえる山
[カウラナ・オ・カワイハエ]

② 【固有名詞】隣島間をつないだ蒸気船の名前
用例：Kukui mālamalama
I ka ihu o Mauna Kea
輝く光
マウナケア号の船首

マエオレ
mae'ole / mae'ole [マエオレ]

マエ mae (萎れる、枯れる、色褪せる) +オレ 'ole (〜ことのない)
用例：U'ilani ku'u lei, ku'u milimili ē
He pōkē pua mae 'ole 'oe no nā kūpuna
ウイラニ、私が愛おしむレイ
枯れることないクプナへの花束
[ウイラニ]

マエアエア
Māeaea [マーエアエア]

【地名】オアフ島ワイアルアのビーチ
用例：Lei ana Pua'ena i ka 'ehu kai
Ua wali ke one o Māeaea
プアエナを包む波しぶき
パウダー・サンドのマエアエア
[ハレイワ・ホテル（ハノハノ・ハレイワ）]

マエエレ
mā'e'ele [マーエエレ]

しびれた、ズキズキ、感覚のない、かじかんだ、震えた、呆然とした、ぞくぞく、うずき（など寒さや性行為による感覚）
用例：O ka pua 'ala aumoe
'Ala hu'i koni mā'e'ele
夜香る花
うずく香りにゾクゾクズキズキ
［プア・アラ・アウモエ］

〈832〉

マエマエ
ma'ema'e [マエマエ]

きれい、純粋、魅力的、
用例：Ma'ema'e ke kino o ka pala'ā
Uluwehi i uka a'o Maunawili
清らかなパラアのからだ
マウナウィリの山に茂る
［プア・モハラ・イ・カ・ヴェキウ］

〈833〉

マエリエリ
Mā'eli'eli [マーエリエリ]

【地名】オアフ島カネオへの崖・小山
頂上に続くプウ・マエリエリ・トレイルがある。
用例：Hea aku o Mā'eli'eli he kupa o ka 'āina
He hale, he 'ai, he i'a no kākou
マエリエリと呼ぶ地元民の地
家と食物と魚がみんなのためにある地
［アロハ・クウ・ホメ・ア・イ・ケアロヒ］

〈834〉

マオポポ
maopopo [マオポポ]

わかる、理解する、気づく
用例：Maopopo a ua 'ike ho'i
Ka home i loko o ku'u pu'uwai
わかった、やっと覚った
故郷が自分の心の中
［ヘ・ハワイ・アウ］

〈835〉

ま の言葉

マオリ
maoli [マオリ]

ネイティブ、先住民、本物の、真実の、まったく、とても

用例：A he sure maoli no me ke onaona 'eā
Ua 'ohu i ka lei o ka hīnano 'eā
思ったとおり、いい香り
ヒナノのレイに飾られて
[ファラライ]

⟨836⟩

マカ
maka [マカ]

①目、顔、表情、姿、表面、景色、眺め、針の穴

用例：Kō mau maka e 'ī mai ana
I 'ane'i kāua e naue ai
あなたの両目が言っている
ここで二人、腰を振ろう
[モアニケアラオナプアマカヒキナ]

▼イケ・マカ＝目撃する、目にする
用例：'Oli'oli nō au e 'ike maka
Ka huliii o ka wai no Kaliko
喜びは、私が目の当たりにする
まばゆいカリコの水
[ハナレイ・イ・カ・ピリモエ]

▼マカ・オナオナ＝優しい・愛らしい目（表情）
用例：Huli nō 'oe, a kilohi mai lā
Me kou mau maka onaona
振り向いてあなた、こっちを見て
あなたのやさしい目で
[クウ・レオ・アロハ]

▼レフア・マカ・ノエ＝霧を被ったレフア
用例：'Alawa i ka nani a'o Alaka'i
Aia ka lehua pua maka noe

目を向けるのはアラカイの美景
レファ・マカ・ノエが咲くところ
[ルウルウ・イ・ナ・ウア・ヌイ・オ・ハナレ
イ]

②愛する人、お気に入り
用例：'A'ole nō e like me 'oe
He nohea 'oe i ku'u maka
あなた'oe比べるものなし
あなたはお気に入りの美女
[クウ・プア・イリマ]

③先端、花の中心、乳首、刃先
用例：Ua 'eha 'ia i ka maka o ka ihe
Kū ke ali'i kūnou ke kānaka
槍の先の痛み
首長が現れ人々は頭を垂れる
[アカヒクレアナ・ア・カ・ピコ]
用例：Ka wai hanini i ka maka o ka lehua
He 'ike liiihi iā 'oe e Hōpoe
レファの花から溢れ落ちた水
垣間見るあなた、ホポエ
[エ・ヒアアイ・イ・カ・ナニ・オ・ホポエ]

⟨837⟩

マカヴェリ
Makaweli [マカヴェリ]

【地名】カウアイ島南岸ワイメアの地区
用例：A loa'a aku Makaweli
I ka hale pūpū kani wao e
捕まえに行くマカヴェリに
鳴き貝のホームの森
[ノエノエ・マイカイ・ケ・アロハ]

⟨838⟩

マカシラ
Makasila [マカシラ]

【固有名詞】ヌウアヌの風
用例：Nani Ko'olau a he pō anu
Ka 'iniki welawela a ka Makasila
美しいコオラウ、満ちる冷気
焼けるような痛み、マカシラ風
[ナニ・コオラウ]

⟨839⟩

の言葉

マカナ
makana / Makana [マカナ]

② 贈り物、プレゼント、ご褒美
用例：Mahalo nui i ko makana ho'okipa nei
Hau'oli wale nō, he mau, nō kou nani
大きな感謝を、人を楽しませる才能に
いつも幸せ、あなたの素晴らしさ
[カ・レオ・マヌ・オ・ハワイ]

② 【地名】カウアイ島北岸、ハエナの頂の名前
用例：Ka pali o Makana
Ua kaulana nō
マカナの崖
広く知られた
[ケ・アラ・ラウアエ]

⟨840⟩

マカニ
makani [マカニ]

風
用例：E pua ana ka makani, lā 'eā
E nā hala o Malelewa'a
風に吹かれるのは
マレレワのハラ
[プア・アナ・カ・マカニ]

⟨841⟩

マカヌイ
Makanui [マカヌイ]

【人名】オアフ島ヘエイアのリーフ、コアマノに寄り付くサメに食べ物をお供えした番人
用例：I Ko'amano Makanui la
He kahu hānai manō
コアマノにはマカヌイ
サメの番人
[ヘエイア]

⟨842⟩

Hawaiian Dictionary for Hula Dancers

マカマエ
makamae [マカマエ]

貴い、大切な、かけがえのない、かわいい、貴重な

用例：E kuʻu lei makamae
Hiʻilei mau i kuʻu poli
私の大切なレイ
ずっとかわいがる、心から
[クウ・レイ・プア・ケニケニ]

⟨843⟩

マキキ
Makiki [マキキ]

【地名】ホノルルの地名。マノアとパンチボールの間にある地区、谷、川の名前。

用例：Makiki ka home o nā manu
He uʻi ke ea mai i ka lani
マキキ、鳥たちの帰る家
美しい、空へ飛んでいく
[オアフ]

⟨844⟩

マキニケラ
makinikela [マキニケラ]

胸がい（馬具）

用例：O ka makinikela koʻu mahalo
Me na kēpā kanikani o ke kāmaʻa
胸がい（馬具）、私の称賛するもの
ブーツの拍車がカチカチ鳴る
[クウ・ホア・ホロリオ]

⟨845⟩

マクア
makua [マクア]

親、親代わりの大人、保護者、守護者
※『クウ・ポリアフ』の歌詞では、頭文字を大文字にして guardian（守護者）と英訳しています。

用例：Mauna Kea kilakila keu ā kaʻuʻi
Luhiehu ka Makua o kuʻu lani
美しすぎるマウナケアがそびえる
青々とした私の神聖な守護者
[クウ・ポリアフ]

⟨846⟩

の言葉

マクア
mākua [マークア]

マクア makua（親）の複数形
用例：Hoʻi au i ka home o nā mākua
Nanea e hauʻoli me nā hoaloha
私は帰る、両親の家へ
友達と幸せなくつろぎ
[ホメ・カパカ]

⟨847⟩

マクアヒネ
makuahine [マクアヒネ]

母親、叔母、母親世代の女性
用例：He hoʻohie nō ʻo Kahāloʻipua
Ka makuahine aʻo nei lehulehu
際立つ人カハロイプア
みんなが母のように慕う
[ハレイワ・ホテル（ハノハノ・ハレイワ）]

⟨848⟩

マクウ
makuʻu [マクウ]

鞍頭（前の突起部）
用例：Kūlanalana ka makuʻu
I ka noho i ka lio
傾く鞍頭
馬のサドル
[プア・ククイ]

⟨849⟩

マケマケ
makemake [マケマケ]

① 欲望、欲求、願望、したい
用例：Kuʻi ʻia i ka lei
Me ka makemake
一連にされたレイ
願望と一緒に
[マイ・スイート・ピカケ・レイ]

② 敗退する、打ちのめされる

⟨850⟩

マコウ
mākou [マーコウ]

私たち（三人以上）
カーコウ kākou と違って、排他的なニュアンスがあります。
[私たち] の中の人と外の人を分けています。
用例：I laila mākou uilani ai
A me ka wai noenoe e pipi'i ana
そこで私たち、うずうず
霧のような水が溢れ出す
[アロハ・クウ・ホメ・ア・イ・カネオヘ]

(851)

マナ
Mānā [マーナー]

【地名】ハワイ島南部カウにある場所
ハワイ島ワイピオにある場所
カウアイ島西部にある場所
用例：Ne'e aku iho kula a'o Mānā
I ka waili'ulā
這い出そう、マナの原野に
蜃気楼
[ナ・ウイ・オ・カウアイ]

(852)

ま の言葉

マナオ
mana'o [マナオ]

思い、アイデア、意見、意味、考える、想像する、予期する、瞑想する
用例：Pōniu 'ailana ku'u mana'o Ke 'ike i ka nani a'o ia pua
愛しさ募るこの思い
花の美しい姿
[クウ・レイ・フリリ]
▼ホオヒヒ・カ・マナオ＝夢中にさせる、虜にする
用例：Ho'ohihi ka mana'o me 'oe, e ku'u pua E ku'u ipo ho'ohenoheno, e ku'u milimili
あなたに夢中になる、私の花
愛しい大切な子、私の可愛い子
[ヘ・アロハ・エ・カ・メリア]

〈853〉

マナワ
manawa [マナワ／マナヴァ]

① 時、時期、季節
用例：E Hawai'i ākea, 'o 'oe he hulilau He manawa kūpono a kāua
広大なハワイ、母なる地
然るべき時、私たち
[ハワイ・アケア]
② 感情、心
② 泉門、頭

〈854〉

マヌ
manu [マヌ]

【動物】鳥、羽のある生きもの全般
用例：Kaha ka manu, pa'a ka lā Pō'ele nā moku, pouliuli
滑空する鳥、太陽を遮る
暗闇の島々、日食
[カハ・カ・マヌ]

〈855〉

マネネ
manene [マネネ]

うずく、ムラムラする、欲情した

用例：He manene mai hoʻi kau
E nanea pū kāua
もうムラムラ
二人一緒に楽しもう
[クウ・ティタ]

⟨856⟩

マノ
mano / Mano [マノ]

① たくさんの、大勢の

用例：E nā mokupuni ʻo Hawaiʻi nei e ala mai
E nā mano kini a lehu e ala mai
ハワイの島々よ、立ち上がれ
大勢の民衆よ、立ち上がれ
[エ・ナ・キニ]

② 【人名】カウアイ島の王の名前
マノカラニポの略

⟨857⟩

マノ
manō [マノー]

【動物】サメ

用例：I Koʻamano Makanui la
He kahu hānai manō
コアマノにはマカヌイ
サメの番人
[ヘエイア]

⟨858⟩

マノア
Mānoa [マーノア]

【地名】オアフ島ホノルルの地区、谷、川、滝の名前

「広い」という意味。フラソングに描かれる心地良い雨「トゥアヒネ」はマノアの谷に降る雨として知られる。通称「虹の谷」、虹の美女カハラオプナの伝説が伝えられる。

用例：Mānoa he uʻi nō i kaʻu ʻike
I ka piʻo mai a ke ānuenue
マノア、美しい景観
虹のアーチがかかる
[オアフ]

⟨859⟩

の言葉

マノカラニ
Manokalani [マノカラニ]

【人名】カウアイ島の王の名前
用例：Mai Hawai'i 'o Keawe a Kaua'i 'o Manokalani
'Onipa'a mau, 'onipa'a mau
ハワイ島のケアヴェからカウアイ島のマノカラニまで
いつも断固としよう
[エ・ナ・キニ]

⟨860⟩

マノカラニポ
Manokalanipō [マノカラニポー]

【人名】15世紀にカウアイ島を統治していた王の名前
三通りの言い方が散見されます。
マノカラニポー (Mano-ka-lani-pō)
マノオカラニポー (Mano-o-ka-lani-pō)
カマノオカラニポー (Ka-mano-o-ka-lani-pō)
用例：Lei 'ohu'ohu 'oe Manokalanipō
Ka mokihana hua li'ili'i 'o Wai'ale'ale
あなたをレイ飾る、マノカラニポ
モキハナ、ワイアレアレの小さな実
[レイ・オフ]

⟨861⟩

マノラウ
Manolau [マノラウ]

【地名】カウアイ島ハナレイのビーチ
用例：Ili aku ka mana'o
I ka lihilihi kai a'o Manolau
思いは走る
マノラウの海岸線まで
[ハナレイ・ベイ]

⟨862⟩

マノワイオプナ
Manowaiopuna [マノワイオプナ/マノヴァイオプナ]

【地名】マナワイオプナ Manawaiopuna ともいう。カウアイ島コウラの谷の奥に流れる滝。
用例：Ha'ina ka inoa poina 'ole Kaulana na Manowai (a) opuna
伝えるのは忘れられない名前 名高いマノワイオプナ
[コウラ]

〈863〉

マハナ
māhana [マーハナ]

ツインの、ダブル、二重の
用例：I nā wai māhana
'O Hakalaoa me Hi'ilawe
ツインの滝
ハカラオアとヒイラヴェ
[ワイピオ・パエアエア]

〈864〉

マハロ
mahalo [マハロ]

① 感謝（する）、ありがとう
用例：Mahalo nui i ko makana ho'okipa nei
Hau'oli wale nō, he mau, nō kou nani
大きな感謝を、人を楽しませる才能に
いつも幸せ、あなたの素晴らしさ
[カ・レオ・マヌ・オ・ハワイ]

② 感嘆して見とれる、称賛（する）、尊敬（する）
用例：O ka makinikela ko'u mahalo
Me na kēpā kanikani o ke kāma'a
胸がい（馬具）、私の称賛するもの
ブーツの拍車がカチカチ鳴る
[クウ・ホア・ホロリオ]

〈865〉

の言葉

マヒエヒエ
māhiehie [マーヒエヒエ]

マーヒエ（楽しい、心地良い）の繰り返し語

用例：Kiʻekiʻe ka pali ʻo Koʻolaupoko
I ka ulu o ka hala māhiehie
雄大な頂、コオラウポコ
気持ち良いハラ林の中
[ハノハノ・ノ・オ・カイルア]

〈866〉

マヒキ
Mahiki [マヒキ]

【地名】ハワイ島ワイメアの地区
用例：Lāʻau kalaʻihi ʻia na ke anu
ʻOʻō i ka nahele aʻo Mahiki
冷気の中でかたく育った木の幹
マヒキの森で突く（槍）
[ホレ・ワイメア]

〈867〉

マヒナ
mahina [マヒナ]

月
用例：Na ka mahina mālamalama
I hōʻike mai
月の輝きが
見せてくれる
[モアニケアラオナプアマカヒキナ]

〈868〉

マプ
māpu [マープ]

芳香漂う、（風に香る）芳香
用例：Heʻala kou e māpu mai nei
Ia honi, ʻaʻala e pili ai kāua
あなたの香り、漂ってくる
甘い口づけ、二人を一つにする
[ピカケ・ラウナ・オレ]

〈869〉

マフア
māhua [マーフア]

生い茂る、すくすく育つ
用例：'Auhea wale 'oe e ke 'ali'i
Pua lei māhua i ke anuanu
あなたはどこに、アアリイの花よ
寒い場所で生い茂るレイの花
[クウ・レイ・フリリ]

⟨870⟩

マフアフア
māhuahua [マーフアフア]

強く成長する
用例：Punia i ka hana ē
Ulu māhuahua e mōhala i kou nani ē
たくさんの仕事に囲まれながら
強く成長して、花開くあなたの美しさ
[メレ・ア・カ・プウワイ]

⟨871⟩

マフコナ
Māhukona [マーフコナ]

【地名】ハワイ島コハラの村、港、ビーチの名前
用例：Māhukona, ka uapo Miloli'i
Hoehoe nā wa'a
マフコナ、ミロリイの波止場
カヌーを漕ぐ
[カワイハエ]

⟨872⟩

マヘアラニ
Māhealani [マーヘアラニ]

【固有名詞】十六夜月、満月の夜
用例：Kau mai i luna, o Māhealani
Ua hula kāua, i ke one kea
空に見える十六夜月
二人でフラを踊った、白い砂浜で
[イ・ラニカイ]

⟨873⟩

の言葉

ママ
mama [ママ]

噛む
用例：I ka pali 'ioleka'a la
Mama ka 'iole i ka 'awa
イオレカアの崖で
ねずみがカヴァを噛む
［ヘェイア］

⟨874⟩

ママウ
mamau [ママウ]

マウ mau の繰り返し語
ずっと、いつまでも
用例：I ku'u aloha, e hone mai 'oe, 'eā
Pipili a mamau, pipili a mamau
私の恋人、もてあそんで
くっつきあったまま
［アリイ・イオラニ］

⟨875⟩

マムア
mamua [マムア]

マ ma ＋ ムア mua
前、前方、先、将来
用例：Mai ke ao mamua
me ke a'o e hiki mai nei
将来の光に向かって
得た教えとともに
［レイ・ハラ］

⟨876⟩

マモ
mamo [マモ]

① 【動物】アトリ科のハワイ固有種クロハワイミツスイ（鳥）全体は黒い羽で覆われ、尾のあたりに一部ある黄色い羽は高級工芸品素材として扱われた。ハワイ島にのみ生息していたが1880年代に見られなくなってしまった絶滅種。
▼レフア・マモ＝「マモ鳥のレファ」転じて黄色い花のレファ
用例：Lehua mamo o ka uka
He pua laha 'ole
山のレフア・マモ
代わりのない花
[ヘ・プア・ヴェヒワ]

② 子孫、末裔
用例：E nā mamo 'o Hawai'i nei
E ala mai
ハワイの子孫たちよ
立ち上がれ
[エ・ナ・キニ]

〈877〉

マラ
Māla [マーラ]

【地名】マウイ島ラハイナの地区
用例：Lahaina, ka uapo a'o Māla
Kukui mālamalama
ラハイナ、マラの波止場
光がキラキラ輝く
[カワイハエ]

〈878〉

マラナイ
Malanai [マラナイ]

【固有名詞】ハワイ島ワイメアの優しい風の名前
用例：Kū aku la 'oe i ka Malanai a ke Kipu'upu'u
あなたは立つ、マラナイとキプウプウの風の中
[ホレ・ワイメア]

〈879〉

ま の言葉

マラマ
malama ［マラマ］

明かり、月
用例：Halulu i ke kihi o ka malama
Ka manu nāna i pani ka lā
明かりが縁取るハルル鳥
鳥によって隠された太陽
［カハ・カ・マヌ］

⟨880⟩

マラマ
mālama ［マーラマ］

大事にする、世話をする、保護する、守る、敬意を払う、崇拝する
用例：Hoʻolohe i nā pono
E ka pae ʻāina o Hawaiʻi ē
Mālama mau Hawaiʻi
聞こう選ぶべき道
ハワイ諸島の民よ
ハワイを永遠に維持するため
［マラマ・マウ・ハワイ］

⟨881⟩

マラマラマ
mālamalama ［マーラマラマ］

マーラマ mālama の繰り返し語
輝き、光り輝く、知の光、啓発
用例：Waikīkī i ke kai mālamalama
He wai hoʻoheno a ka puʻuwai
ワイキキ、輝く海
心から愛おしむ水
［オアフ］

⟨882⟩

マリウ
maliu ［マリウ］

気にかける、聞く、振り向く
用例：Loko hana nui i ka puʻuwai
ʻO kō leo nahenahe, e maliu mai
心の中を大きく動かす
あなたの優しい声、振り向いて
［ヴェヒヴェヒ・オエ］

⟨883⟩

マリエ
mālie [マーリエ]

静けさ、穏やか、のどかな、優しく、静かに、ゆっくり

用例：Ka nehe o ke kai lana mālie
Ke ʻala lipoa e moani nei
穏やかな海のさざなみ
リポアの香り、風に漂う
[ホメ・カパカ]

⟨884⟩

マリノ
malino [マリノ]

静かな、穏やかな、平和な
べた凪の海面、しわのない

用例：Nō Kona ke kai malino
Nō Hualālai kō makua
穏やかなコナの海
フアラライはあなたの守護者
[ライマナ]

⟨885⟩

マリヒニ
malihini [マリヒニ]

訪問者、客、よそ者、外国人、新参者、なじみのない、初めての

用例：Hoʻokomo i ke awa aʻo Honolulu ʻeā
Ua piha hauʻoli nā malihini ʻeā
ホノルル・ハーバーに寄港
歓喜する訪問者たち
[フアラライ]

⟨886⟩

マル
malu [マル]

①影、施設、保護、平和、管理
日陰になった、平穏な、静かな、安全な、護られた

用例：Ua laʻi ka nohona a o kuʻu home
I ka malu o nā pali o ke Koʻolau
故郷の家は静か
コオラウの山並の影で
[アロハ・クウ・ホメ・ア・イ・ケアロヒ]

②予約済みの、未使用の

⟨887⟩

ま の言葉

マルアルアキイワイ
Mālualuaki'iwai [マールアルアキイワイ/マールアルアキイヴァイ]
【固有名詞】風の名前
用例：E ala ē, e 'o Ko'olauloa i ka Mālualuaki'iwai
目覚めよコオラウロア、マルアルアキイワイ風の中
[メレ・ホアラ・モク] 〈888〉

マルヒア
maluhia [マルヒア]
平和、静寂、安全
用例：Ua ka'apuni ē, a puni ka honua ē
E hali aloha ē, me ka maluhia ē
巡ったのは地球一周
運ぶのはアロハと平和
[カウラナ・カ・イノア・オ・ホクレア] 〈889〉

マルラニ
Malulani [マルラニ]
① 【地名】カネオヘへの海、リーフに守られた平和な湾
用例：Pulu pē i ka 'ehukai o Malulani
Ku'u 'āina hānau
マルラニの波しぶきに濡れる
我が生まれ故郷
[アロハ・クウ・ホメ・ア・イ・ケアロヒ]
② 【固有名詞】かつて隣島間を運行していた船の名前 〈890〉

マレカ
Maleka [マレカ]
【地名】アメリカ
用例：'O ka hae Hawai'i ka'u aloha
E kaunu nei me ka hae o Maleka
ハワイの旗、私の愛
ハワイの旗とアメリカの旗と仲良くしてるよ、
[ハレイワ・ホテル（ハノハノ・ハレイワ）] 〈891〉

マレレワ
Malelewa'a [マレレヴァア]

【地名】モロカイ島ハラワの岬
『プア・アナ・カ・マカニ』にはカウアイ島にある地名として歌われているが、現在は地名が残っていない。
用例：E pua ana ka makani, la 'eā
E nā hala o Malelewa'a
風に吹かれるのは
マレレワのハラ
［プア・アナ・カ・マカニ］

⟨892⟩

マワエナ
mawaena [マワエナ／マヴァエナ]

マ ma「(場所）で」＋ワエナ waena「中心、中間、中」
用例：He ali'i nui 'o Kuali'i noho ai
Mawaena o ka ulu niu ua wehi 'ia
偉大な首長クアリイが暮らした
茂ったヤシの林の中
［ハノハノ・ノ・オ・カイルア］

⟨893⟩

みからめの言葉

ミキアイ
miki'ai [ミキアイ]

ポイを指ですくって食べる
用例：Hānai 'ia au a nui pu'ipu'i
I ka nui miki'ai a Tūtū
ぽっちゃりに育てられた
おばあちゃんがくれたポイ
[クウ・ワ・リイリイ]

〈894〉

ミミロ
mimilo [ミミロ]

ミロ milo の繰り返し語
渦巻く
用例：A laila māua i ke kulu aumoe
E walea, e mimilo anai ka mālie
そこで二人きり、夜更けの時間
寛いで、静かに丸まって
[アイア・イ・オラア・クウ・アロハ]

〈895〉

ミリカア
milika'a [ミリカア]

繰り返し触れる・撫でる・かわいがる・愛撫する
用例：Milika'a i ka pua laha 'ole
愛でる、選ばれた花
[マイ・スイート・ピカケ・レイ]

〈896〉

ミリミリ
milimili [ミリミリ]

ミリ mili（かわいがる、愛撫する）の繰り返し語
いとしい、最愛の、お気に入り、おもちゃ
用例：U'ilani ku'u lei, ku'u milimili ē
He pōkē pua mae 'ole 'oe no nā kūpuna
ウイラニ、私が愛おしむレイ
枯れることないクプナへの花束
[ウイラニ]

〈897〉

みからめの言葉

ミロリイ
Miloli'i [ミロリイ]

【地名】ハワイ島南西部の漁村、湾、ビーチの名前
用例：Māhukona, ka uapo Miloli'i
Hoehoe nā wa'a
マフコナ、ミロリイの波止場
カヌーを漕ぐ
[カワイハエ]

〈898〉

ムア
mua [ムア]

前、正面、先、最初、以前、今後、未来
〜の先に、あらかじめ
▼イ・ムア hope
▼イ・ムア＝前へ（進め）、前進
用例：A i mua e nā pōki'i a inu i ka wai 'awa'awa
A e mau ka lanakila, e nā kini o ka 'āina
前進しよう若者よ、苦い水を飲んで
先に栄光あれ、この地の民よ
[エ・ナ・キニ]

〈899〉

ムキキ
mūkīkī [ムーキーキー]

吸う
用例：He hea kēia i ku'u hoa hulu manu
E mūkīkī ana i ka wai o ka nui manu
これは羽の友への呼びかけ
鳥の群れが吸う蜜
[アイア・イ・オラァ・クウ・アロハ]

〈900〉

メ
me [メ]

~で、~と（一緒に）、~を込めて
用例：Pōhai 'ia me ke aloha
I ka 'ehu kakahiaka
愛に包まれる
朝霧の中
[クウ・レイ・マイレ]

▼ ア・メ
→ アメ ā me / ame

▼ エ・リケ・メ～＝～みたい、～のよう
用例：A 'ike i ka nani o nā pua like 'ole
'A'ole no e like me 'oe
美しい貴重な花々も見てきた
でもあなたのような人はいない
[クウ・イポ・オナオナ]

メア
mea [メア]

物、人、事
用例：A he mea na'ena'e ke 'ala
O ka lau maile o Kilohana
良い香りのするもの
キロハナのマイレの葉
[フェノエ・マイカイ・ケ・アロハ]
用例：Mahalo no nā mea i a'o 'ia
Pūlama 'ia i ka pu'uwai
感謝、教えられたすべてのことに
心に刻んで大切にする
[レイ・ハラ]

▼ メア・オレ
→ メアオレ mea 'ole / mea'ole

みからめの言葉

メアオレ
mea 'ole / mea'ole [メアオレ]

取るに足らない
用例：Mea 'ole ē nā 'ale huku ana ē
Holo wiwo 'ole ē, ka ho'okele ē
どんな大きな波も取るに足らない
恐れずに進む、ナビゲーターの指揮のもと
[カウラナ・カ・イノア・オ・ホクレア] 〈903〉

メハナ
mehana [メハナ]

温もり、温める
用例：Ho'i mai ka lani mai
Noho i ka mehana o ka poli
空から戻る
その胸でのあたたかい暮らしに
[ハワイ・アケア] 〈904〉

メヘ
mehe [メヘ]

メヘ＋ヘ he〜=〜のよう、まるで／あたか
も〜
用例：Hea mai 'o Makana
Mehe ipo 'ala
マカナは呼びかける
香りの良い恋人のように
[ナ・ウイ・オ・カウアイ] 〈905〉

メリア
melia [メリア]

【植物】プルメリア全般
用例：He aloha e ka melia
He pua 'ala onaona
愛しいプルメリア
甘く香る花
[ヘ・アロハ・エ・カ・メリア] 〈906〉

メリエ
melie [メリエ]

メリア melia のこと
用例：Ha'aheo wale 'oe e ka pua melie
He pua 'oi (`oe) ma ka hanohano
誇らしいあなた、プルメリアの花
一番（あなたは）気高い花
[プア・メリエ]

メレ
mele [メレ]

① 歌、チャント、歌う
メレには大きく分けて2種類あります。
メレ・オリ：フラを踊らない歌
メレ・フラ：フラを踊る歌
歌の内容によってメレの種類があります。
代表的なものは
メレ・マイ：性器・繁栄の歌（貴族階級の新生児に贈られた）
メレ・イノア：人の名を伝える歌
メレ・ホオイポイポ：ラブソング（セックス・ソング）
メレ・パナ：場所をたたえる歌
メレ・アロハ・アイナ：大地・自然をたたえる歌
用例：Mele Ho'āla Moku
島を目覚めさせる歌
[メレ・ホアラ・モク]

② 黄色

▼ ③ 陽気な、楽しい（英語の merry が語源）
メレ・カリキマカ＝メリー・クリスマス

みからめの言葉

メレメレ
melemele [メレメレ]

黄色
用例：Lei 'ohu'ohu 'oe Kākuhihewa
Ka 'ilima melemele kau po'ohiwi
レイに飾られるあなた、カクヒヘワ
黄色いイリマがあなたの肩に
［レイ・オフ］

〈909〉

もの言葉

モア
moa ［モア］

【動物】ニワトリ
用例：Lepe ʻulaʻula lepe o ka moa
Ke hua kūlina ʻai a ka pelehū
真っ赤なニワトリのとさか
とうもろこしを食べる七面鳥
［レペ・ウラウラ］

⟨910⟩

モアエ
Moaʻe ［モアエ］

【固有名詞】貿易風の名前
用例：Kōaniani mai e ka Moaʻe
Pā ʻolu i ke kula aʻo Waiʻoli
そよぐのは貿易風
心地良く吹く、ワイオリの平野に
［ハナレイ・イ・カ・ピリモエ］

⟨911⟩

モアケアヴェ
Moakeawe ［モアケアヴェ］

【人名】『アイナ・オ・ミロリイ』に歌われる作者クアナ・トレス・カヘレの祖父 William Moakeawe Kahele
用例：Hāʻale ke aloha no Moakeawe
Holu nape mai ka lau o ka niu
モアケアヴェへの溢れるアロハ
風にそよぐはヤシの葉
［アイナ・オ・ミロリイ］

⟨912⟩

モアナ
moana ［モアナ］

海、大洋、湖
用例：Ākea ka moana o ka Pākīpika ē
Lei e nā moku ē, auē ē, Hōkūleʻa ē
太平洋の大海原に
島のレイを紡ぐ、おー！ホクレアよ
［カウラナ・カ・イノア・オ・ホクレア］ ⟨913⟩

もの言葉

モアニ
moani [モアニ]

(香りのする) そよ風、香りがそよぐ
用例：Ahuwale nā kualono
He 'ala e moani mai nei
目の前に見える尾根
吹いてくる風の香り
[カネオヘ]

⟨914⟩

モアニケアラオナプアマカヒキナ
Moanike'alaonāpuamakahikina [モアニケアラオナープアマカヒキナ]

【人名】クムフラ、サリー・ウッドのハワイアン・ネーム。「風に香る東の花」の意。
用例：Eia mai au
Moanike'alaonāpuamakahikina
私はここ
モアニケアラオナプアマカヒキナ
[モアニケアラオナプアマカヒキナ]

⟨915⟩

モエ
moe [モエ]

① 寝る、眠る、横になる、横たえる、造る、築く
用例：Hia'ā a'e ku'u wahi moe
Hia'ai i ka nani 'o Māhealani
眠れない、ベッドの中
嬉しくて、美しい十六夜に
[ハナレイ・イ・カ・ピリモエ]

② 結婚する、一緒になる (性関係を持つ)

③ ベッド、寝床

⟨916⟩

モエアフア
Moeāhua [モエアーフア]

【固有名詞】カウアイ島ケカハの風の名前
用例：I ke aheahe 'olu'olu a ka Moeāhua
柔らかく優しいモエアフア風
[カマカヒキラニ]

⟨917⟩

モエナ
moena [モエナ]

マット、寝床、横になって休む場所、魚網をかける場所
用例：Hiʻi mai ke kuahiwi i ka moena hau
雪のマットに抱かれる山
[クウ・ポリアフ]

⟨918⟩

モオウラ
Moʻoula [モオウラ]

[地名] モロカイ島ハラワの滝
モアウラ Moaʻula ともいう。
用例：Kaulana o Moʻoula
Kū ka nani i ke awāwa
名高いモオウラ
谷に見せる見事な姿
[ヘ・メレ・ノ・ヒナ]

⟨919⟩

モオレロ
moʻolelo [モオレロ]

物語、歴史、伝説、ジャーナル、記事
用例：Kuʻu aʻe i ka makani
Ka moʻolelo o Hawaiʻi ē
O Kaʻahumanu
風が伝える
ハワイの歴史物語
カアフマヌ
[マラマ・マウ・ハワイ]

⟨920⟩

モカプ
Mōkapu [モーカプ]

[地名] オアフ島カネオヘにある半島の名前。
現在、海兵隊基地のある場所。
用例：Aia i ka nani aʻo Mōkapu
Me Mokumanu noho i ka laʻi
美しいモカプがあそこに
モクマヌと一緒に静かに
[ナニ・モカプ]

⟨921⟩

も の言葉

モキハナ
mokihana [モキハナ]

【植物】カウアイ島にだけ分布するミカン属のハワイ固有種。レイに使われる小さな果実は、スパイシーな香りが特徴で緑から茶色に変色する。モキハナのレイは、カウアイ島を象徴するレイ。

用例：Lei 'ohu'ohu 'oe Manokalanipō
Ka mokihana hua li'ili'i o Wai'ale'ale
あなたをレイ飾る、マノカラニポ
モキハナ、ワイアレアレの小さな実
［レイ・オフ］

⟨922⟩

モク
moku [モク]

① 島、小島、区域、地帯、森

用例：Ākea ka moana o ka Pākīpika ē
Lei e nā moku ē, auē ē, Hōkūle'a ē
太平洋の大海原に、島のレイを紡ぐおー！（なんて素晴らしい）ホクレアよ
［カウラナ・カ・イノア・オ・ホクレア］

② 船、帆船、ボート

用例：Ua hauhoa aku i nā lio
Kau i ka Pololena, ka moku kia kolu
馬たちに鞍をつけて乗せたのは三本マストのポロレナ
［ナ・バケロス］

⟨923⟩

モクプニ
mokupuni [モクプニ]

島
用例：E nā mokupuni 'o Hawai'i nei e ala mai
E nā mano kini a lehu e ala mai
ハワイの島々よ、立ち上がれ
大勢の民衆よ、立ち上がれ
［エ・ナ・キニ］

〈924〉

モクマヌ
Mokumanu [モクマヌ]

[地名] オアフ島モカプ沖の小島
用例：Aia i ka nani a'o Mōkapu
Me Mokumanu noho i ka la'i
美しいモカプがあそこに
モクマヌと一緒に静かに
［ナニ・モカプ］

〈925〉

モコレア
Mōkōlea [モーコーレア]

[地名] カイルア・ビーチの北側沖にある小島
用例：'O Mōkōlea, he moku li'ili'i
Hoapili pa'a mai me Popoi'a
モコレア、小さな島
ポポイアとは大親友
［ナニ・モカプ］

〈926〉

モニ
moni [モニ]

飲み込む
用例：Kuhi au o ka 'ono i'a
A ke pu'u a'e moni nei
私は美味しいもの想像して
喉に飲み込みたくなる
［プア・ククイ］

〈927〉

も の言葉

モハラ
mohala / mōhala [モハラ／モーハラ]
花が咲く、開花
用例：I ke ano ahiahi, i ka pili aumoe
Mōhala ia pua i ka poli pumehana
夜の時間、深夜の逢瀬
花開く、あたたかい胸の中
［ピカケ・ラウナ・オレ］

〈928〉

モミ
momi [モミ]
① 真珠
用例：Aia i Ka'ena ku'u lei momi
I ka ho'opulu 'ia e ka huna kai
カエナに私の真珠のレイ
波しぶきに濡れて
［カエナ（クウ・レイ・モミ）］

② ニイハウシェル
用例：Ke one kaulana a'o Kaunumui
Ke one u'i o nā momi
名高いカウヌヌイの浜
美しいニイハウ・シェルの浜
［アロハ・カエオ］

〈929〉

モリオ
mōlio [モーリオ]

ピンと張る
用例：Mōlio ke kaula ʻiʻi
I ka lae o ka pipi ohi
ピンと張る革の縄
若い雌牛の額に
[プア・ククイ]

⟨930⟩

モレフレフ
mōlehulehu [モーレフレフ]

黄昏時
用例：ʻAuhea ʻoe e ke ʻala kiele
E liliko ana i ka mōlehulehu
あなたはどこに、ガーデニアの香り
黄昏時に輝く
[アイア・イ・オラア・クウ・アロハ]

⟨931⟩

モロカイ
Molokaʻi [モロカイ]

【地名】ハワイ諸島の島の名前
大きさは5番目で横長の形。愛称はフレンドリー・アイランド。
島花：ククイ
島色：緑
用例：Kaunakakai, ka uapo Molokaʻi
Hoehoe nā waʻa
カウナカカイ、モロカイ島の波止場
カヌーを漕ぐ
[カワイハエ]

⟨932⟩

モロラニ
Mololani [モロラニ]

【地名】オアフ島カネオヘへのモカプ半島にある噴火口と雨の名前。カネ、ロノ、ク、三柱の神が地面に書いた絵から最初の人間を作る伝説の舞台。

用例：E ala ē 'o Ko'olaupoko i ka la'i o Mololani
目覚めよコオラウポコ、モロラニの静寂の中 (938)
[メレ・ホアラ・モク]

らの言葉

ラ
lā / la [ラー／ラ]

① 太陽
用例：Hikina a ka lā ma Kumukahi
Ke ala ka pawa i Puna, ē
東の太陽がクムカヒに
夜明け前の暗い道はプナへ
[ヘ・メレ・アロハ・ノ・プナ]

② 日
用例：Hele aku i ka lā o ka le'ale'a
'Upu a'e ka "i'ini e huli ho'i mai
通り行く喜びの日
込み上げる望み、帰ってくる
[ヒロ・ナニ・エ]

③ 歌の中で句末、語間、文末に付け加えられる音
用例：'Auhea wale 'oe e ku'u aloha lā
Eia mai au ke kali nei lā
聞いてあなた、私の愛する人
私はここで待っている
[クウ・イポ・オナオナ]

〈934〉

ラア
lā'a [ラアア]

① 神聖な
② 冒涜する、呪う
③ 〜もまた、〜と一緒に、〜の他にも、〜のような
用例：Hehi a ka 'ula 'ole i ka hemo
Me ka wai 'o ka ua la'a kua
コツコツするけど開く気配なし
背には雨の水
[ナニ・コオラウ]

〈935〉

ラアウ
lā'au [ラーアウ]

木、植物、森、幹、棒、硬直した
用例：Lehua mai nei nā lā'au
Lehua ho'i me ke aloha
レフア咲く木々
愛を込めて咲くレフア
[カマカヒキラニ]

〈936〉

の言葉

ライ
la‘i [ライ]

静寂、静か、平和、凪、癒し
用例：Ha'ina 'ia mai ana ka puana
Lua 'ole Hanalei i ka pō la'i
歌に伝える
何より美しい、夜の静寂のハナレイ
[ハナレイ・イ・カ・ピリモエ]

〈937〉

ライ
lā‘ī [ラーイー]

【植物】ティー・リーフ
用例：Luhiehu lā'ī e liko nei
A he liko nō au no Lanihuli
青々としたティーリーフ、キラキラしてる
私はラニフリの末裔
[ヘ・アロハ・ヌウアヌ]

〈938〉

ライマナ
Laimana [ライマナ]

【人名】『ライマナ』に歌われるハワイ島コナの
ライマン地所地主ファミリー
用例：'Ike aku i ka nani
Ka home a'o Laimana
美しい眺め
ライマンの家
[ライマナ]

〈939〉

ライラ
laila [ライラ]

そこ、その時
用例：Huli aku nānā i Hālawa Valley
I laila i ka nani, ke alanui o Hawai'i
振り返り見るハラワ谷
そこに立派なハワイのハイウェイ
[ハラワ]

〈940〉

ライライ
laʻilaʻi [ライライ]

ライ laʻi の繰り返し語
用例：ʻO ʻoe aʻo wau i ka pō laʻilaʻi
Hoʻopumehana I ke aloha
あなたと私、夜の静寂に
愛をあたため合う
[クウ・プア・イリマ]

〈941〉

ラウ
lau [ラウ]

葉、若葉
用例：Kuahiwi ani a ka makani
Pā mai kahi lau hinahina
山にそよぐ風
吹く場所にヒナヒナの葉
[フエノエ・マイカイ・ケ・アロハ]

〈942〉

ラウアエ
lauaʻe [ラウアエ]

【植物】ウラボシ科のシダ
マイレに似た香りがするレイに使われる植物。
ラウワエ lauwaʻe ともいう。
用例：Ke ʻala lauaʻe, halihali ʻia mai
Nanea ka manaʻo, ke honi aku wau
ラウアエの香り、運ばれてくる
思考もゆるり、私は香りを吸って
[ケ・アラ・ラウアエ]

〈943〉

ラウアヘア
lauāhea [ラウアーヘア]

噂
用例：A lauāhea ke ʻala
Me he ala kuʻu hoa pili ʻia
噂の香り
友達に触れられているよう
[ハナレイ・ベイ]

〈944〉

らの言葉

ラヴェ
lawe [ラヴェ]

運ぶ、持ってくる、持っていく
用例：Nu'uanu i ka makani lawe mālie
I ke 'ala o nēia pua o ka 'awapuhi
ヌウアヌで穏やかな風に運ばれる
この地に咲くジンジャーの香り
[オアフ]

⟨945⟩

ラウナオレ
launa 'ole / launa'ole [ラウナオレ]

比類のない、無二の、最高の
用例：E ku'u lei onaona
ka pīkake launa 'ole a ka pu'uwai
甘く香る私のレイ
最高の心のピカケ
[ピカケ・ラウナ・オレ]

⟨946⟩

ラウリイ
lau li'i / lauli'i [ラウリイ]

【植物】小さい葉のマイレで品種の呼び名になっている
用例：Carnation i wili 'ia me maile lauli'i
'Iliwai like ke aloha pili pa'a
カーネーションは編まれる、マイレ・ラウリイと
それはまるで、寄り添うアロハ
[カマラニ・オ・ケアウカハ]

⟨947⟩

339　Hawaiian Dictionary for Hula Dancers

ラエ
lae [ラエ]

① 額
用例：Mōlio ke kaula 'ili
I ka lae o ka pipi ohi
ピンと張る革の縄
若い雌牛の額に
[プア・ククイ]

② 岬

③ 歌の中で句末、語間、文末に付け加えられる音
用例：Ke 'ala laua'e, lae, la, lae, lae
ラウアエの香り、ラ～ララ～ラ～
[ケ・アラ・ラウアエ]

⟨948⟩

ラカ
laka / Laka [ラカ]

① 惹かれる、魅力を感じる、魅惑する、呼びこむ

② 鍵がかかった、鍵をかける
用例：I laila aku wau i ka pō nei
Ua pa'a kou puka i ka laka 'ia
そこに私、昨夜
あなたのドアは閉じて鍵がかかっていた
[ナニ・コオラウ]

②【人名】森の女神、フラの守護神

⟨949⟩

ラナ
lana [ラナ]

浮かぶ、（船が）係留してある、船上に、海上に、漂流している、さまよっている、〈海が〉凪いでいる
用例：Nani wale ka 'ikena
Ka wai lana mālie
美しい景色
穏やかに凪いだ水
[クウ・プア・マエ・オレ]

⟨950⟩

らの言葉

ラナキラ
lanakila ［ラナキラ］

栄光、名誉、称賛、勝利

用例：A i mua e nā pōki'i a inu i ka wai 'awa'awa
A e mau ka lanakila, e nā kini o ka 'āina
前進しよう若者よ、苦い水を飲んで
先に栄光あれ、この地の民よ
［エ・ナ・キニ］ 〈951〉

ラニ
lani ［ラニ］

①空、天、天国、神々しい、素晴らしい

用例：'Owaka i ka lani, nokenoke
Ē Pele ē Pele ē
空に光を放ち続ける
ペレよ、ペレよ
［アイア・ラ・オ・ペレ・イ・ハワイ］

②王族、首長

用例：Precious 'ala kūpaoa 'olu'olu a ka beauty
Na ka lani punahele e milimili
満ちる特別な香りが心地よくて美しい
王族が可愛がるお気に入り
［プア・モハラ・イ・カ・ヴェキウ］ 〈952〉

ラニカイ
Lanikai [ラニカイ]

[地名] オアフ島カイルアのビーチ。白砂の浜とエメラルド・ブルーの穏やかな海が特徴。
用例：Ka holu nape o ka lau o ka niu
I Lanikai
風にそよぐヤシの葉
ラニカイで
[イ・ラニカイ]

〈953〉

ラニフリ
Lanihuli [ラニフリ]

[地名] オアフ島ヌウアヌ・パリの西にある峰の名前。
「回る空」という意味。伝説のモオ（大トカゲ）神の名前。
用例：Luhiehu lāʻi e liko nei
A he liko nō au no Lanihuli
青々としたティーリーフ、キラキラしてる
私はラニフリの末裔
[ヘ・アロハ・ヌウアヌ]

〈954〉

ラハイナ
Lahaina [ラハイナ]

[地名] マウイ島西部の地域の名前。かつて19世紀に捕鯨で栄えた。ホノルルに遷都するまでハワイ王国の首都だった（1820-1845）。語源はLā-hainā（過酷な太陽）。
用例：Lahaina, ka uapo aʻo Māla
Kukui mālamalama
ラハイナ、マラの波止場
光がキラキラ輝く
[カワイハエ]

〈955〉

ラハオレ
laha ʻole / lahaʻole [ラハオレ]

希少価値のある、代わりのない、選ばれた
用例：Lehua mamo o ka uka
He pua laha ʻole
山のレフア・マモ
代わりのない花
[ヘ・プア・ヴェヒワ]

〈956〉

らの言葉

ラヒラヒ
lahilahi [ラヒラヒ]
ラヒ lahi（繊細な）の繰り返し語
用例：I ka hele lalahai o ia manu nono ʻula
Hoʻi lahilahi mai i nā pua kaluhea
平行に飛ぶ深紅の鳥
香りのする花に優美に帰る
[スイート・アパパネ]

⟨957⟩

ラフイ
lāhui [ラーフイ]
国、民族、一族、人民、国籍
用例：E mālama pono i ka ʻāina ē
Ka Lāhui Hawaiʻi
ハワイ王国の
大事にしよう、大地を
[マラマ・マウ・ハワイ]

⟨958⟩

ラマラマ
lamalama [ラマラマ]
輝く
用例：Huli hoʻi i Hānaiakamalama
Lamalama ia noho i ke kapu
帰る、ハナイアカマラマへ
輝かしい、神聖な人が住んだ
[ヘ・アロハ・ヌウアヌ]

⟨959⟩

ララヴェ
lalawe [ララヴェ]
ラヴェ lawe の繰り返し語
運ぶ、届く、通る
用例：Kokoni ka ʻiʻini me ka manaʻo, eā
Lalawe a ninihi, lalawe a ninihi
欲求に心乱す
瀬戸際まで迫られる
[アリイ・イオラニ]

⟨960⟩

ララケア
Lalākea [ラーラーケア]

[地名] ハワイ島ワイピオ渓谷を流れる川
用例：E 'au mai ana i Lalākea
Ma'e'ele ku'u kino
ララケアで泳いでみたら
ぞくぞくする私の体
[ワイピオ・パエアエア]

⟨961⟩

ララハイ
lalahai [ララハイ]

釣り合い、バランス
用例：I ka hele lalahai o ia manu nono 'ula
Ho'i lahilahi mai i nā pua kaluhea
平行に飛ぶ深紅の鳥
香りのする繊細な花に帰る
[スイート・アパパネ]

⟨962⟩

ラレ
lale [ラレ]

① 急かす、急ぐ
② 【動物】伝説の鳥ラレ
用例：Kau like Kou leo
Me ka lale o Paliuli
あなたの声はまるで
パリウリのラレみたい
[スイート・アパパネ]

⟨963⟩

ラロ
lalo [ラロ]

下、下方
↕ルナ luna
▼イ・ラロ＝下へ
▼マ・ラロ＝の下に
用例：O luna, o lalo, o uka, o kai
O ku'u nui kino
空も大地も山の手も海も
私のすべても（あなたのもの）
[アカヒクレアナ・ア・カ・ピコ]

⟨964⟩

の言葉

ラワ
lawa [ラヴァ]

① 十分な、満たされた、満足した、豊富な
用例：Pua a'e ka mana'o my beloved
Ua lawa ku'u lei, he wehi nō ia
思い溢れる、愛しい人
満たしてくれる私のレイ、飾り
[ロゼ・オナオナ]

② 強い、がっしりとした

③ 結ぶ、繋げる
用例：E ku'u lei mae 'ole
A'u i kui a lawa
私の枯れないレイ
私が繋げる
[ヴェヒヴェヒ・オエ]

⟨965⟩

ラワイア
lawai'a [ラヴァイア]

漁師、漁
用例：'O 'oe ka 'ulua a'o moana 'eā
A ka lawai'a a'e li'a mau nei 'eā
あなたは海のウルア
漁師のお気に入り
[ファラライ]

⟨966⟩

りの言葉

リア
li'a [リア]

強い願望
用例：Ala ae ka hinano wehi aumoe
O 'ena ku'u li'a nou e Kaha'i
夜の飾りヒナノがそそのかす
燃える私の欲求、カハイへの
[エオ・ハナ]

⟨967⟩

リイ
li'i [リイ]

小さい、少ない
▼マイレ・ラウ・リイ（またはラウ・リイリイ）
＝マイレの一種、葉が小さい
用例：Ka maile lau li'i
Hoa na ke onaona
マイレ・ラウ・リイ
香りのパートナー
[ケ・アラ・ラウアエ]

⟨968⟩

リイリイ
li'ili'i [リイリイ]

リイ li'i の繰り返し語
用例：Nani wale e ka ua a'o Kō'ula
Kiiihune nei i ka ua li'ili'i
なんてきれい、コウラの雨
霧のように降る小雨
[コウラ]

⟨969⟩

リオ
lio [リオ]

【動物】馬
用例：Ua hauhoa aku i nā lio
Kau i ka Pololena, ka moku kia kolu
馬たちに鞍をつけて
乗せたのは三本マストのポロレナ
[ナ・バケロス]

⟨970⟩

りの言葉

リケ like［リケ］

似ている、同じような、同等の、一緒に

用例：Carnation i wili 'ia me maile lauli'i 'Iliwai like ke aloha pili pa'a
カーネーションは編まれる、マイレ・ラウリイと
それはまるで、寄り添うアロハ
[カマラニ・オ・ケアウカハ]

▼リケ・メ＝〜に似て、と同じで

用例：Ke 'oni a'ela i luna
E like me Likelike
上へ向けて動く
リケリケのよう
[サノエ]

用例：A 'ike i ka nani o nā pua like 'ole
'A'ole no e like me 'oe
美しい貴重な花々も見てきた
でもあなたのような人はいない
[クウ・イポ・オナオナ]

〈971〉

リケリケ Likelike［リケリケ］

【人名】カラカウア王とリリウオカラニ女王の妹、リケリケ王妃

用例：Ke 'oni a'ela i luna
E like me Likelike
上へ向けて動く
リケリケのよう
[サノエ]

〈972〉

リコ
liko［リコ］

① 葉芽、若葉、子孫
オヒアの木につく葉芽は、花の蕾が開いたような鮮やかな赤色で、「リコレファ」と呼ばれ愛でられます。
用例：Nānā i mālama i ke ala
Pōpō i ka liko laua'e
見守る小道に
群生するラウアエの若葉
［ノェノェ・マイカイ・ケ・アロハ］
用例：Luhiehu lā'i e liko nei
A he liko nō au no Lanihuli
青々としたティーリーフ、キラキラしている
私はラニフリの末裔
［ヘ・アロハ・ヌウアヌ］

② 光る、キラキラ輝く
用例：Lū ke kēhau mai ka lihilihi
Hia'ai wale i ka liko
雨滴を散らした花びら
きらめくその姿に喜ぶ
［カ・レファ・プノノ］

〈973〉

リハウ
lihau / Līhau［リーハウ］

① 優しく冷たい雨、その露
用例：Eia lā 'oe e ku'u lihau
Na ka makani lau aheahe
ここいるあなた、私の霧雨
優しい風に吹かれて
［クウ・プア・イリマ］

② 潤った、瑞々しい

③【地名】ラハイナの山の名前
「優しく降る涼しい雨」という意味。

〈974〉

Hawaiian Dictionary for Hula Dancers　350

の言葉

リヒ
līhi [リヒ]

① 縁、端、へり
用例：Nanea me nā hoaloha
Ma ka liʻi kai aʻo Kona
友達とリラックス
コナの海辺で
[ライマナ]

② 少ない、微量、少し
▼イケ・リヒ＝ちらっと見る、一目見る、一瞥する、覗き見する

〈975〉

リヒリヒ
līhilīhi [リヒリヒ]

リヒ līhi の繰り返し語

① 縁、端、へり
用例：Iii aku ka manaʻo
I ka liʻilīhi kai aʻo Manolau
思いは走る
マノラウの海岸線まで
[ハナレイ・ベイ]

② 少ない、微量、少し
▼イケ・リヒリヒ＝ちらりと見える、おぼろげな感知、それとなく感づく
用例：Ka wai hanini i ka maka o ka lehua
He ʻike liʻilīhi iā ʻoe e Hōpoe
レフアの花から溢れ落ちた水
垣間見るあなた、ホポエ
[エ・ヒアアイ・イ・カ・ナニ・オ・ホポエ]

③ まつ毛、まぶた

④ レース（透かし模様の編地）

⑤ 花弁
用例：Lū ke kēhau mai ka liʻilīhi
Hiaʻai wale i ka liko
雨滴を散らした花びら
きらめくその姿に喜ぶ
[カ・レファ・プノノ]

〈976〉

リポア
lipoa [リーポア]

【植物】食用の海草
色は茶、細い枝が伸びる。ハワイアンの大好物。
用例：Pā iho ka makani lawe mālie 'eā
Ke 'ala onaona o ka lipoa
穏やかに吹く風が運ぶ
甘く漂うリポアの香り
[ワイキキ・フラ]

〈977〉

リマ
lima [リマ]

手、腕
用例：Na wai ia lima i 'ako aku
A lei a'e i ka nohea o ia pua
誰の手が摘んだのか
レイに飾られる愛らしいその花
[アイア・イ・オラア・クウ・アロハ]

〈978〉

リマロア
Limaloa [リマロア]

【人名】蜃気楼の神の名前
用例：Eo ana 'oe iā Limaloa
I nā kilioe i nā pali
打ち負かされるあなた、リマロアに
頂のキリオエに
[ノエノエ・マイカイ・ケ・アロハ]

〈979〉

リリウオカラニ
Lili'uokalani [リリウオカラニ]

【人名】ハワイ王国第八代国王。ハワイ史上最初で最後の女王
用例：Ku'u a'e nō ka manu ē
Ka mo'olelo o Hawai'i ē
O Lili'uokalani
鳥が伝える
ハワイの歴史物語
リリウオカラニ
[マラマ・マウ・ハワイ]

〈980〉

の言葉

リリコ
liliko [リリコ]

リコ liko の繰り返し語
用例：'Auhea 'oe e ke 'ala kiele
E liliko ana i ka mōlehulehu
あなたはどこに、ガーデニアの香り
黄昏時に輝く
[アィア・イ・オラア・クウ・アロハ] ⟨981⟩

リロ
lilo [リロ]

① 失われる、手放す、〜のものになる、取られる、連れていかれる、〜になる
用例：'A'ole nō e pau lilo ana
I ke a'a kūpa'a o ka 'āina
完全に失われはしない
この地に張った不動の根
[ヘ・レイ・アロハ（ノ・ヒロ）]
用例：I ka lawe, lawe a lilo
I ka pono, pono a mau
手に入れる、取り返す
権利、永遠の権利
[エ・ナ・キニ]

② 夢中の、はまった、熱心な
用例：I ka milimili me kahi sweet oil
A lilo ana uʻi lā iala
甘いオイルを撫でつけた
あの美人にうっとりだ
[クウ・ワ・リイリイ]

③ 遠い、離れた

④ すべて、まとめて ⟨982⟩

リロア
Liloa [リーロア]

【人名】ハワイ島の伝説の王（15世紀）
用例：Kapu ka pali lele manu o Liloa
Ua haku ka ipo na ku'u aloha
神聖なる鳥が飛ぶリロアの頂
統治者は愛しい人、私の愛
［アカヒクレアナ・ア・カ・ピコ］

るの言葉

ル

lū [ルー]

散らす、まく
用例：Lū ke kēhau mai ka ʻihiʻihi
Hiaʻai wale i ka liko
雨滴を散らした花びら
きらめくその姿に喜ぶ
[カ・レフア・プノノ]

〈984〉

ルア

lua [ルア]

数字の2、二つ、二番目、二重
用例：Alo lua Hina me Kāne o ka lā
He pō kapu ʻia, hoʻāo na akua
重なるヒナと太陽のカネ
神聖な夜、神の結婚
[カハ・カ・マヌ]

▼ヘレ・ルア＝一緒に移動する
用例：Haliʻia mai e ka makani
Hele lua i nā paʻi hauliuli
風に運ばれる
一緒に行く、山影に
[カ・ポリ・オ・カハルウ]

〈985〉

るの言葉

ルアオレ
lua'ole / lua'ole [ルアオレ]

無類の、比較にならない、誰にも負けない、唯一の
用例：Hoaka ē ka pi'o a i luna loa Hanohano Kalapawai nani lua 'ole
輝く虹、大空に
壮麗なカラパワイ、二つと無い美しさ
[ナニ・モカプ]

⟨986⟩

ルアナ
luana [ルアナ]

リラックスする、休暇を楽しむ、心地良い環境で楽しむ、気楽で快適に過ごす
用例：'O hea kāua e luana a'e?
I mau ka 'olu o ka nui kino
どこで私たちリラックスして楽しむ？
全身がずっと心地良くいれるところ
[ヘ・ヴェヒ・アロハ]

⟨987⟩

ルアモオ
Luamo'o [ルアモオ]

【地名】オアフ島ヘエイアにある区画
用例：I Luamo'o noho Haumea la
Ika malu o ka pua hau
ハウメアが住んだルアモオ
ハウの花の影
[ヘエイア]

⟨988⟩

ルウルウ
lu'ulu'u [ルウルウ]

暗い、どんよりとした、意気消沈した
用例：Lu'ulu'u i nā ua nui o Hanalei
Pulu pē ana i ku'u kino me ke 'ala laua'e
暗い、ハナレイの大降りの雨で
ずぶ濡れのこの体とラウアエの香り
[ルウルウ・イ・ナ・ウア・ヌイ・オ・ハナレイ]

⟨989⟩

ルナ
luna [ルナ]

高い、上の、上部、上側、天上
↔ ラロ lalo
用例：O luna, o lalo, o uka, o kai
O kuʻu nui kino
空も大地も山の手も海も
私のすべても（あなたのもの）
[アカヒクレアナ・ア・カ・ピコ]

▼イ・ルナ＝高く、上へ
用例：ʻĀ i luna, ʻā i lalo, neʻeneʻe ʻeā
ʻO Pele ka wahine mai Kahiki ʻeā
上へ下へと燃え広がる
カヒキから来た女神ペレ
[アイア・ラ・オ・ペレ・イ・ハワイ]

▼マ・ルナ＝の上に

〈990〉

ルパルパ
lupalupa [ルパルパ]

元気に育つ
用例：Māhuahua ka ʻai o Hoi
Ua lupalupa i ka wai o Pūʻōlena
豊富な食物、ホイのタロ
プオレナの水で元気に育つ
[アロハ・クウ・ホメ・ア・イ・ケアロヒ]

〈991〉

ルヒエフ
luhiehu [ルヒエフ]

美しい、花に囲まれた
用例：Mauna Kea kilakila keu ā ka uʻi
Luhiehu ka Makua o kuʻu lani
美しすぎるマウナケアがそびえる
美しい私の神聖な守護者
[クウ・ポリアフ]

〈992〉

るの言葉

ルプア
Lūpua [ループア]

【固有名詞】カウアイ島ワイニハに吹く風
用例：Kui 'ia e Lūpua, iā 'eā
Hāliua 'ala i ka poli
ルプア風でひとつなぎにする
胸に待ち構える香り
［プア・アナ・カ・マカニ］

〈993〉

ルヘ
luhe [ルヘ]

しおれる、枝垂れる、垂れ下がる、うなだれる
用例：Luhe 'ehu ka palai i ka nu'a
I ka 'olu o ka Old Plantation
霧にしなだれるパライの重なり
心地良い古いプランテーション
［オールド・プランテーション］

〈994〉

ルルウ
lulu'u [ルルウ]

① 実のたくさんなった木、かがむ、身をかがめる
② うつむく、消沈した、重々しい
※ハナレイの表現に多用される。
ルウルウ lu'ulu'u ともいう。
用例：Nā hala o Naue
'Ohu'ohu i lulu'u pali
ナウエのハラ林
霧雲が重々しく崖を飾る
［ナ・ウイ・オ・カウアイ］

〈995〉

れの言葉

レア
le'a [レア]

喜んで、幸せに、楽しげに
※性的な喜び、快感もこの言葉で表現
用例：'Auhea 'oe e ka pua o ka lani
Ka houpo i ka le'a
聞いて、天の花よ
心は喜びに溢れている
[カヒリ・ナイ]

〈996〉

レアレア
le'ale'a [レアレア]

レア le'a の繰り返し語
喜び、陽気な、華やかな、楽しみ
用例：Hele aku i ka lā o ka le'ale'a
'Upu a'e ka "i'ini e huli ho'i mai
通り行く喜びの日
込み上げる望み、帰ってくる
[ヒロ・ナニ・エ]

〈997〉

レイ
lei [レイ]

レイ、花環、花冠、花・葉・貝・骨・羽などで作られた首飾り
レイをかける
親愛、好意の象徴として贈られる。
歌の中でいろいろなレイが、恋人・家族・子供など愛する人に贈られ受け取られます。また歌の中では、大切な人そのものが詩的にレイにとらえられます。

用例：E ku'u lei pua kenikeni
E ku'u lei 'ala onaona
私のプア・ケニケニ・レイ
私の甘く香るレイ
[クウ・レイ・プア・ケニケニ]

用例：Ku'u lei mokihana
Kaulana 'oe Kaua'i
私のモキハナ・レイ
名高いあなた、カウアイ
[ナ・ウイ・オ・カウアイ]

れ の言葉

レイ
lei [レイ]

用例：Aia i Ka'ena ku'u lei momi
I ka ho'opulu 'ia e ka huna kai
カエナに私の真珠のレイ
波しぶきに濡れて
[カエナ（クウ・レイ・モミ）]

用例：Lei 'ohu'ohu 'oe e Hilo Hanakahi
Ka lehua maka noe a'o Pana'ewa
レイで飾られるあなた、ハナカヒ王のヒロ
パナエワの霧を被ったレフア
[レイ・オフ]

用例：'Ike 'ia i ka nani o ka ulu hōkū
Ku'u lei hulili, kau mai i luna
見える星座の輝き
私のまばゆいレイ、空に現れる
[クウ・レイ・フリリ]

用例：Lei Kohala i ka ua ka 'Āpa'apa'a
E pāpahi ana iā Kokoiki
コハラに雨のレイ、アパアパア風
ココイキに授ける
[ヘ・レイ・ノ・カマイレ]

レオ
leo [レオ]

声、音、メロディー、命令、メッセージ

用例：E naue mai i ku'u leo aloha
Ke aloha e pili mau ai
動いて、ぼくの愛の歌声に合わせて
愛しい人、ずっとそばにいて
[クウ・レオ・アロハ]

用例：He leo aloha ē, e ho'i mai ē
'Elele kaulana ē, e ha'aheo ai ē
アロハのメッセージ、帰ってくる
名高き使者、誇り高く
[カウラナ・カ・イノア・オ・ホクレア] ⟨999⟩

⟨998⟩

363 Hawaiian Dictionary for Hula Dancers

レオラニ
Leolani [レオラニ]

【人名】ジョシュ・タトフィ作の『レオラニ』に歌われる女性

用例：He u'i o Leolani
Don't you forget me my love
きれいだ、レオラニ
ぼくのこと忘れないで、愛する人
[レオラニ]

⟨1000⟩

レフ
lehu [レフ]

たくさん
用例：Lehu a lehu ka mana'o
O ku'u nui aloha
たくさんの思い
この深い愛
[プア・アラ・アウモエ]

⟨1001⟩

レフア
lehua / Lehua [レフア]

① 【植物】ハワイ固有種オヒアの木につく花フトモモ科。ハワイ島のシンボル・フラワー。キラウエアには広大なレフアの森が広がる。花は糸状の房で、赤、黄色、オレンジなどが見られる。イイヴィ、アパパネなどハワイミツスイの鳥達が集まる。ハワイ島ヒロに降る雨は「カニレフア」（レフアが飲む雨／レフアを鳴らす雨）と呼ばれる。ほぼ同じ姿の花をつける近種でオアフ島固有種のレフア・アヒヒもある。

用例：Ko ili ka manu i ka pua lehua e
A inu i ka wai o ka hōpoe pua
レフアの花にとまる鳥
満開の花の蜜を吸う
[カ・レフア・プノ]

▼レフア・マカ・ノエ＝霧を被ったレフア
用例：'Alawa i ka nani a'o Alaka'i
Aia ka lehua pua maka noe
目を向けるのはアラカイの美景
レフア・マカ・ノエが咲くところ
[ルウルウ・イ・ナ・ウア・ヌイ・オ・ハナレイ]

の言葉

② 【地名】ニイハウ島の西の小島 〈1002〉

レフレフ
lehulehu [レフレフ]

群衆、観衆、公共の、多数の、無数の
用例：Hanohano 'ia home a'o Kapaka
E kipa a'e e nā pua a ka lehulehu
名声高き故郷、カパカ
たくさんの人々が訪れる
[ホメ・カパカ]

レペ
lepe [レペ]

とさか
用例：Lepe 'ula'ula lepe o ka moa
Ke hua kūlina 'ai a ka pelehū
真っ赤なニワトリのとさか
とうもろこしを食べる七面鳥
[レペ・ウラウラ]

〈1003〉

〈1004〉

レレ
lele [レレ]

① 飛ぶ、跳ねる、出る
用例：Aia i ka lehua popohe ma'ukele
Lele nā kini manu i ka lehulehu
丸く膨らんだレフアが森の中
鳥たちは飛ぶ、咲き乱れる花の中
[カ・レフア・プノノ]

② 【地名】ラハイナの旧名

〈1005〉

レワ
lewa [レヴァ]

① 空中、空、大気、宇宙
用例：Ko'eko'e i ka lewa i Kōke'e
Ua na'e mehana i ku'u poli
冷たいコケエの空気
それでもあたたかい私の胸
[ルウルウ・イ・ナ・ウア・ヌイ・オ・ハナレイ]

② 振る、揺れ動く、浮かぶ、ぶら下がる

〈1006〉

365　Hawaiian Dictionary for Hula Dancers

ろの言葉

ロア
loa [ロア]

① 遠い、広い、長い、高い、永続する
用例：He loa ka helena ma ke ala hele
長い、旅の道のり
E huli i wahi ma kēia ao
探す、この世界に自分の場所
[ヘ・ハワイ・アウ]
▼ マウ・ロア＝いつも、永遠に
用例：Hiʻipoi mau no
Naʻu ʻoe a mau loa
ずっと大切にする
永遠にあなたは私のもの
[クウ・プア・イリマ]

② とても、もっとも、たいへんに、大きな
用例：Hoaka ē ka piʻo a i luna loa
Hanohano Kalapawai nani lua ʻole
輝く虹、大空に
壮麗なカラパワイ、二つと無い美しさ
[ナニ・モカプ]

〈1007〉

ロアア
loaʻa [ロアア]

見つける、手に入れる、得る、成功する、利益、収穫、財産
用例：Loaʻa aku ʻoe iaʻu
I ka welelau o ka lima
あなたは私に捕まった
この手の先に
[プア・ククイ]

〈1008〉

ロク
loku [ロク]

土砂降り
用例：A he ua loku ia
Kaulana o ka ʻāina
土砂降りの雨
名高い地
[ナ・ウイ・オ・カウアイ]

〈1009〉

ろ の言葉

ロケ
loke［ロケ］

【植物】バラ
用例：Hihimanu Hilo i ku'u pua
I ka pua loke kau i ka 'ōnohi
崇高なヒロ、私の花
バラの花、目の前に現れる
[ヘ・レイ・アロハ（ノ・ヒロ）] 〈1010〉

ロコ
loko［ロコ］

内側、中、心
用例：Maopopo a ua 'ike ho'i
Ka home i loko o ku'u pu'uwai
わかった、やっと覚った
故郷が自分の心の中
[ヘ・ハワイ・アウ]
▼ロコ・ワイ＝湧水の池、泉、湖 〈1011〉

ロゼ
rose［ロゼ／ローゼ］

【植物】バラ
用例：'Oiwi nani ku'u rose ku'u lani
He lani nui 'oe na'u e ku'u ipo
美しく姿の良い私の最上のバラ
あなたはとても高貴な私の恋人
[ロゼ・オナオナ] 〈1012〉

ロゼラニ
roselani［ロゼラニ］

【植物】マウイ島のシンボル・フラワーで、濃いピンク色の小ぶりなバラ
ロケラニ lokelani ともいう。
用例：Lei 'ohu'ohu 'oe Maui nui a Kama
Ka roselani onaona o ke 'ala hola
レイで飾られる、偉大なカマ王のマウイ
ロゼラニ、広がる香りの心地良さ
[レイ・オフ] 〈1013〉

ロヒ
lohi [ロヒ]

① のろい、遅い、遅れる
用例：Mai lohi mai 'oe e ku'u ipo iā
E alawiki mai 'oe
もたもたしないであなた
早く来てあなた
[クウ・イポ・オナオナ]

② 輝く、キラキラ光る

⟨1014⟩

ロピ
lopi [ロピ]

ロープ、紐
用例：Eia ka kaula lopi āna
Hei kō pu'uwai kapalili
ここに綱、彼女のロープ
捕らえるのはあなたの高鳴る心
[プア・ククイ]

⟨1015⟩

ロヘ
lohe [ロヘ]

聞く、聴く、従う
用例：Lohe aku nei nā kuhina nui
Ua kau ka hōkū i waenakonu
カリフォルニアは伝え聞く、美しい地のこと
太平洋の真ん中の星印
[ホノルル・ハーバー]

⟨1016⟩

ロマ
Loma [ロマ]

【地名】ローマ
用例：Lohe aku nei nā kuhina nui
A he 'ahahui ko Loma
高官たちは耳にした
ローマの集まりのこと
[サノエ]

⟨1017⟩

Hawaiian Dictionary for Hula Dancers　370

わの言葉

ワ
wā ［ワー／ヴァー］

時、期間、季節、時期、時代、年代
用例：Me he la 'o ia e ka ipo, lā
Ka pili o ka wā pau 'ole, lā
まるでこの人こそが
永遠のパートナーかのよう
［クヒヘワ］

〈1018〉

ワア
wa'a ［ワア／ヴァア］

カヌー
用例：Kawaihae, ka uapo a'o Hilo
Hoehoe nā wa'a
カワイハエ、ヒロの波止場
カヌーを漕ぐ
［カワイハエ］

〈1019〉

ワイ
wai ［ワイ／ヴァイ］

①水、流水、液体、体液、花の蜜
用例：Māhuahua ka wai o Pū'ōlena
Ua lupalupa i ka wai o Hoi
豊富な食物、ホイのタロ
プオレナの水で元気に育つ
［アロハ・クウ・ホメ・ア・イ・ケアロヒ］
用例：Koili ka manu i ka pua lehua e
A inu i ka wai o ka hōpoe pua
レフアの花にとまる鳥
満開の花の蜜を吸う
［カ・レフア・プノ］
▼ワイ・プナ＝わき水（「恋人」を隠喩することも）

②誰
用例：Na wai ia lima i 'ako aku
A lei a'e i ka nohea o ia pua
誰の手が摘んだのか
レイに飾られる愛らしいその花
［アイア・イ・オラア・クウ・アロハ］

〈1020〉

の言葉

ワイアナエ
Wai'anae [ワイアナエ]

【地名】オアフ島6地域の一つ。ワイアナエ山脈のリーワード（風下側）全体とウィンドワード（風上側）の一部を含む地域

用例：E ala ē 'o Wai'anae i ka malu o ka ulu niu
目覚めよワイアナエ、椰子の林に守られた地
[メレ・ホアラ・モク]

〈1021〉

ワイアルア
Waialua [ワイアルア]

【地名】オアフ島6地域の一つ。島の北岸、コオラウ山脈とワイアナエ山脈にはさまれた地域。

用例：E ala ē 'o Waialua o Kūkaniloko i ke kapu
目覚めよワイアルア、聖なるクカニロコの地
[メレ・ホアラ・モク]

〈1022〉

ワイアレアレ
Wai'ale'ale [ワイアレアレ]

【地名】カウアイ島最高峰の山ハワイ一の降水量。名前の意味は「さざ波が立つ／溢れる水」。

用例：Ua pō 'o Wai'ale'ale
E hea mai i ke aumoe
ワイアレアレは闇の中夜に呼びかける
[ルウルウ・イ・ナ・ウア・ヌイ・オ・ハナレイ]

〈1023〉

ワイアロハ
Waialoha [ワイアロハ]

【地名】カウアイ島北岸ハエナにある泉

用例：Maika'i ka pua hīnano, lā 'eā
Nā pua i Waialoha
見事なヒナノ・フラワー
ワイアロハの花々
[プア・アナ・カ・マカニ]

〈1024〉

ワイオリ
Wai'oli [ワイオリ]

[地名] カウアイ島ハナレイのビーチパーク
用例：Kōaniani mai e ka Moa'e
Pā 'olu'i ke kula a'o Wai'oli
そよぐのは貿易風
心地良く吹く、ワイオリの平野に
[ハナレイ・イ・カ・ピリモエ]

〈1025〉

ワイオル
wai'olu [ワイオル／ヴァイオル]

なめらか、心地良い、柔らかい、やさしい
用例：Eia mai 'o Pi'ehu me ka hiehie
Pu'uwai wai'olu me ka nahenahe
ここにいるのは気品に溢れたピエフ
心優しい穏やかな人
[ハレイワ・ホテル（ハノハノ・ハレイワ）]

〈1026〉

ワイオレカ
waioleka [ワイオレカ／ヴァイオレカ]

[植物] スミレ
用例：Kau mai kou lei ia waioleka
Haku 'ia a u'i me ka 'iwa'iwa
あなたのすみれのレイが出来上がる
美しく編まれた、イワイワ（シダ）と
[クウ・ホア・ホロリオ]

〈1027〉

ワイカ
Waikā [ワイカー／ヴァイカー]

[地名] ハワイ島ワイメアの場所の名前
用例：Niniau 'eha ka pua o ke koai'e
'Eha i ke anu ka nahele a'o Waikā
萎れ痛んだコアイエの花
痛い寒さ、ワイカの森
[ホレ・ワイメア]

〈1028〉

の言葉

ワイキイ
Waikiʻi [ワイキイ]

【地名】ハワイ島中北部、マウナケアからワイメアへ続く200号線の途中にある地区
用例：Hāliʻi mai ka noenoe i Waikiʻi Ma ʻaneʻi mai ʻoe e kuʻu aloha
広がる霧がワイキイに
ここにいるあなたは私の恋人
[クウ・レイ・フリリ]

⟨1029⟩

ワイキキ
Waikīkī [ワイキーキー]

【地名】オアフ島ホノルルのビーチ、リゾートタウン
名前の意味は「湧き出す水」。
用例：He aloha ʻia no aʻo Waikīkī ʻeā
Ka nehe o ke kai hāwanawana
愛されるワイキキ
ささやくさざ波の海
[ワイキキ・フラ]

⟨1030⟩

ワイコオリヒリヒ
Waikoʻolihilihi [ワイコオリヒリヒ]

【地名】ハワイ島プナのハエナにある泉の名前
ホポエの死を悲しんだ森のレフアの花が流した涙の泉、と伝えられる。
用例：E huli mai ʻoe, e ka ipo e
E huli mai i ka wai o Waikoʻolihilihi
振り返ってあなた、愛しい人
振り向いて、ワイコオリヒリヒを
[エ・ヒアアイ・イ・カ・ナニ・オ・ホポエ]

⟨1031⟩

ワイピオ

ワイピオ
Waipi'o [ワイピオ]

【地名】ハワイ島北海岸にある渓谷、谷、湾の名前
タロイモ水田とヒイラヴェの滝が美しい。マウイ島にも同地名あり。
用例：Ka 'āina o 'Umialiloa
He aloha Waipi'o pāeaea
ウミアロアの地
愛する穏やかなワイピオ
[ワイピオ・パエアエア]

⟨1032⟩

ワイホ
waiho [ワイホ／ヴァイホ]

去る、出発する、置く、目の前に横たわる・広がる
用例：Waiwai ku'u 'āina e waiho nei
Honehone ē ka leo pāheahea
宝物、私の目の前に広がる地
甘い声が招き寄せる
[ヘ・アロハ・ヌウアヌ]

⟨1033⟩

ワイマ
Waimā [ワイマー]

【地名】ハワイ島ワイピオ渓谷の川
用例：'O Waimā, Kawainui
Ko'iawe me Alakahi
ワイマ、カワイヌイ
コイアヴェとアラカヒ
[ワイピオ・パエアエア]

⟨1034⟩

ワイマカ
waimaka [ワイマカ／ヴァイマカ]

涙
用例：Kulu ka waimaka
Pau'ole no kēia
流れる涙
これは永遠の愛
[レオラニ]

⟨1035⟩

わ の言葉

ワイメア
Waimea ［ワイメア］

① 【地名】ハワイ島北部の地域、町の名前
高地のため気温が低めで、ここに降る冷たい雨風は キプウプウ Kīpu'upu'u と呼ばれる。
② 【地名】カウアイ島南西部の地名
観光名所ワイメア渓谷がある。
オアフ島にも同地名あり。

用例：'Elua wale iho ho'i māua
Ka hau hā'ili'i a'o Waimea
ただ二人きりの私たち
霜が包み広がるワイメア（ハワイ島）
［レペ・ウラウラ］

用例：Hakālia ka iḥona ho'i i Waimea
Ua kō ka 'i'ini a'o ke kuini
ゆっくりと下る、ワイメア（カウアイ島）に
王女の望みは果たされた
［オ・カ・ホロ・リオ］

〈1036〉

ワイリウラ
waili'ulā ［ワイリウラー］

蜃気楼
用例：Ne'e aku iho kula a'o Mānā
I ka waili'ulā
這い出そう、マナの原野に
蜃気楼
［ナ・ウイ・オ・カウアイ］

〈1037〉

ワイレレ
wailele ［ワイレレ／ヴァイレレ］

滝
用例：Pi'o maila i luna ke ānuenue
Hoapili me nā wailele a'o ia uka
弧を描く、空に虹
仲良く、山中の滝と
［ハノハノ・ハイク］

〈1038〉

ワイロア
Wailoa [ワイロア]

【地名】ハワイ島ワイピオ渓谷の川
用例：E kahe ana, kāhele ana
Nā wai i Wailoa
流れる、流れる
いくつもの川がワイロアに
[ワイピオ・パエアエア]

⟨1039⟩

ワイワイ
waiwai [ヴァイヴァイ]

富、財産、資産、遺産、宝石など貴重品、豊か、重要な
用例：Waiwai kuʻu ʻāina e waiho nei
Honehone ē ka leo pāheahea
宝物、私の目の前に広がる地
甘い声が招き寄せる
[ヘ・アロハ・ヌウアヌ]

⟨1040⟩

ワウ
wau [ワウ／ヴァウ]

アウ au (私) と同義
用例：Ua nani kuʻu pua ʻilima
Aloha wau iā ʻoe
美しい私のイリマ・フラワー
愛している
[クウ・プア・イリマ]

⟨1041⟩

ワエナコヌ
waenakonu [ワエナコヌ／ヴァエナコヌ]

中心、真ん中、中間
用例：Lohe aku Kaleponi he ʻāina nani
Ua kau ka hōkū i waenakonu
カリフォルニアは伝え聞く、美しい地
太平洋の真ん中の星印
[ホノルル・ハーバー]

⟨1042⟩

わ の言葉

ワオ
wao [ワオ/ヴァオ]

地帯、領域
用例：Kakani le'a ka wao, na ka manu o uka
楽しげに賑やかな地帯、山の鳥の声で
[スイート・アパパネ]
▼ワオ・ケレ＝森林地帯
用例：Ka ua mai i ke kilikilihune
I ka wao kele 'o Puna, ē
降っているのは霧雨
プナの森林地帯
[ヘ・メレ・アロハ・ノ・プナ] ⟨1043⟩

ワオラニ
Waolani [ワオラニ]

[地名] オアフ島ヌウアヌの高地
人間が現れる前に神々が住んだと神話に伝えられる場所。「天・神の領域」の意。
用例：Ua noa ka uka a'o Waolani
E noenoe ai nei 'ohu kēhau
自由なワオラニの高地
霧が包んで雫が飾る
[ヘ・ヴェヒ・アロハ] ⟨1044⟩

ワヒ
wahi [ワヒ/ヴァヒ]

場所
用例：He loa ka helena ma ke ala hele
E huli i wahi ma kēia ao
長い、旅の道のり
探す、この世界に自分の場所
[ヘ・ハワイ・アウ] ⟨1045⟩

ワヒ
wāhi [ワーヒ／ヴァーヒ]

花をもぎ取る（処女を奪う）
用例：'Auhea wale ana 'oe
E ua wāhi huapala nei
聞いてあなた
もぎ取られた花の恋人
[プア・ククイ]

〈1046〉

ワヒネ
wahine [ワヒネ／ヴァヒネ]

女、女性、妻、女神
用例：Kapa 'ia mai au he hupēkole
A nui a'e he wahine u'i
鼻垂れって呼ばれてたけど
育った今はきれいな女よ
[クウ・ワ・リイリイ]
用例：'Ike 'ia i ka nani a'o Halema'uma'u
Me ke ahi kaulana a'o ka wahine
眺めるはハレマウマウの美しい景色
そこには名高き女神の火
[ハレマウマウ]

〈1047〉

ワリ
wali [ワリ／ヴァリ]

スベスベ、サラサラ、繊細な、パウダー状
用例：Lei ana Pua'ena i ka 'ehu kai
Ua wali ke one o Māeaea
プアエナを包む波しぶき
パウダー・サンドのマエアエア
[ハレイワ・ホテル（ハノハノ・ハレイワ）]

〈1048〉

の言葉

ワレ
wale［ワレ／ヴァレ］

語・句の後につけて以下を表す。
ただ、〜だけ、とても、本当に、何の理由・苦労・報酬もなく、簡単に、楽に

用例：'Elua wale iho ho'i māua
Ka hau hā'ili'i a'o Waimea
ただ二人きりの私たち
霜が包み広がるワイメア
［レペ・ウラウラ］

用例：Nani wale e ka ua a'o Kō'ula
Kilihune nei i ka ua li'ili'i
とてもきれい、コウラの雨
霧のように降る小雨
［コウラ］

〈1049〉

ワレア
walea［ワレア／ヴァレア］

ナネア nanea と同義
くつろぐ、楽しむ、暇をつぶす

用例：E nanea e walea ai
Hō mālie iho nō
リラックスして楽しんで
優しくしてあげる
［クウ・ティタ］

〈1050〉

Hawaiian Dictionary
for
Hula Dancers
たくさんのメレから集めた言葉たち**4**

曲解説
歌詞用例逆引き
(五十音順)

アイア・イ・オラア・クウ・アロハ
Aia I 'Ōla'a Ku'u Aloha

♪アイア・イ・オーラア・クウ・アロ〜ハ♪　という歌い出しで、鳥にたとえられた恋人との親密な時間を描く。舞台はハワイ島オラア。カウマカイヴァ・カナカオレ作・レコーディング。
<ハワイ島>
キーワード：オラア／パライ／キエレ／マヌ／レフア

22, 40, 41, 221, 330, 385, 537, 582, 696, 895, 900, 931, 978, 981, 1020

アイア・ラ・オ・ペレ・イ・ハワイ
Aia Lā 'O Pele I Hawai'i

♪アイア・ラ・オ・ペレ・イ・ハワイ・エ〜ア♪　という歌い出しで、女神ペレとヒイアカをたたえる。古典のチャントに、歌詞を追加しメロディーをつけたアウアナ・バージョンは、クムフラ、メイ・ローベンスタインによる。
<ハワイ島>
キーワード：ペレ／ハワイ／マウケレ／プナ／パリウリ／マウイ／カウルラアウ／カヒキ／ヒイアカ

2, 85, 95, 155, 230, 259, 284, 486, 500, 505, 598, 602, 675, 698, 701, 823, 825, 952, 990

アイナ・オ・ミロリイ
'Āina 'O Miloli'i

♪アロ〜ハ・カ〜・ア〜イナ〜・アオ・ミロ〜リ〜イ〜♪　という歌い出しで、ハワイ島コナの南にある漁村ミロリイを描く。クアナ・トレス・カヘレ作・レコーディングで、彼自身の祖父母の故郷に捧げた。
<ハワイ島>
キーワード：ミロリイ／オロナ／モアケアヴェ／ニウ／ホノマリノ／ホオプロア／ペレ

11, 56, 70, 84, 128, 160, 229, 238, 386, 515, 605, 738, 765, 795, 912

アカヒクレアナ・ア・カ・ピコ
'Akahikuleana A Ka Piko

♪オ・ル〜ナ〜、オ・ラ〜ロ、オ・ウ〜カ、オ・カイ〜、オ〜・ク〜ウ・ヌ〜イ〜・キ〜ノ〜♪　と繰り返す切ない調べが素敵なメレ。歴史上のハワイ島王ウミアリロアの出生にまつわるエピソードをもとにカワイカプオカラニ・ヒューエットが書いたラブソング。
<ハワイ島>
キーワード：アカヒクレアナアカピコ／リロア／マヌ

34, 121, 267, 349, 367, 457, 548, 627, 837, 964, 983, 990

アリイ・イオラニ
Ali'i 'Iolani

♪アウヘア・ヴァレ・オエ・エ・クウ・アロ〜ハ〜・エア〜♪　という歌い出しの古いメレ。「イオラニ」はカメハメハ四世アレクサンダー・リホリホの名前の一部。1850年代にリホリホ王に贈られたこの歌の作者は不明。天高く飛ぶ高貴な鳥ハワイノスリをさすハワイ語「イオラニ」は宮殿の名前にもなった。
キーワード：イオラニ

25, 109, 207, 290, 293, 428, 477, 636, 639, 707, 731, 792, 821, 875, 960

アロハ・カエオ
Aloha Ka'eo

♪アロ〜ハ〜・カエオ・カウ・マイ・イ〜・ル〜ナ〜♪　という歌い出しでニイハウ島をたたえるメレ。島のランドマークである山、海岸、ヘリポート、頂の名前が歌われる。
<ニイハウ島>
キーワード：ニイハウ／カエオ／プウワイ／カウヌヌイ／キイ／カアリ

154, 171, 193, 207, 215, 237, 255, 260, 262, 325, 339, 453, 474, 667, 929

....

アロハ・クウ・ホメ・ア・イ・カネオヘ
Aloha Ku'u Home A I Kāne'ohe

♪アロ〜ハ〜・クウ・ホメ・ア・イ・カネオヘ♪　という軽快な歌い出しで、作者が愛したカネオへの家をたたえる。カネオへから見えるコオラウ山脈の尾根、その美しい景色に囲まれて過ごす幸せな気持ちが描かれる。
<オアフ島>
キーワード：カネオヘ／コオラウ

73, 141, 156, 535, 634, 748, 851

....

アロハ・クウ・ホメ・ア・イ・ケアロヒ
Aloha Ku'u Home A I Ke'alohi

♪アロハ〜・クウ・ホメ・ア・イ・ケアロヒ〜♪　という歌い出しで、オアフ島へエイアの地をたたえるメレ。作者のカワイカプオカラニ・ヒューエットが、生まれ故郷であるケアロヒとその周辺の思い出の地を懐かしんで書いた。
<オアフ島>
キーワード：ケアロヒ／コオラウ／ハウ／マルラニ／カリムロア／アマアマ／クーホヌ／ホイ／プオレナ／マエリエリ／ハワイロア／コモムア／コアモクモク／ヘエイア

8, 72, 153, 266, 315, 377, 393, 412, 439, 504, 527, 532, 555, 603, 670, 730, 805, 834, 887, 890, 991, 1020

....

イ・ラニカイ
I Lanikai

♪カウ・マイ・イ・ルナ・オ・マヘアラニ♪　「現れるよ空に、十六夜月が」という歌い出しで、月夜のラニカイ・ビーチに恋人といる幸せな風景が描かれる。
<オアフ島>
キーワード：ラニカイ／マヘアラニ／ニウ

87, 100, 157, 244, 364, 388, 432, 469, 508, 511, 631, 645, 873, 953

....

ウイラニ
U'ilani

♪ウイラ〜ニ〜・クウ・レイ〜、クウ・ミ〜リ〜ミリ・エ〜♪　という歌い出しで、祖父母が愛おしむ美しい孫娘をたたえるメレ。1940年代のレナ・マシャド作・レコーディング。
キーワード：ウイラニ

134, 142, 376, 417, 613, 785, 830, 897

....

ヴェヒヴェヒ・オエ
Wehiwehi 'Oe

♪ヴェ〜ヒヴェ〜ヒ・オ〜エ〜・エ〜・ク〜ウイ・ポ〜♪　と歌う美しいラブソング。糸を通してレイを紡ぐ夜の時間、山の上に咲き誇る森の中のアヒヒの香り、情景描写の艶っぽさにうっとりさせられる。
キーワード：アヒヒ

15, 62, 95, 359, 414, 471, 550, 590, 659, 760, 883, 965

....

エオ・ハナ
Eō Hāna

♪エオ〜・ハ〜ナイ・カ・ウアケ〜ア♪　という歌い出しで、マウイ島ハナをたたえる軽快なメレ。クムフラ＆シンガーのカマカ・クコナ作。ハナの雨や波、丘などの風物を描く。
＜マウイ島＞
キーワード：ハナ／ウアケア／ハモア／ハラ／ヒナノ／カウイキ／カアフマヌ

10, 64, 135, 146, 166, 179, 180, 209, 251, 276, 488, 498, 517, 551, 578, 664, 967

....

エ・ナ・キニ
E Nā Kini

♪エ・ナー・キニ・オ〜・カ・アーイナ・エ・アラ・マ〜イ♪という歌い出しで、ハワイ全島の民衆が団結することを促すプロテスト・ソング。モロカイ島カラウパパに眠るアーネスト・カラ作。
キーワード：ハワイ、ケアヴェ、カウアイ、マノカラニ

74, 92, 171, 206, 389, 483, 520, 782, 794, 816, 857, 860, 877, 899, 924, 951, 982

....

エ・ヒアアイ・イ・カ・ナニ・オ・ホポエ
E Hia'ai I Ka Nani O Hōpoe

♪エ・ヒアア〜イ・イ〜・カ・ナニ・オ・ホ〜ポエ♪　という歌い出しで、ペレ＆ヒイアカ伝説の中のホポエをたたえる。舞台はハワイ島ハエナ。カワイカプオカラニ・ヒューエット作、ショーン・ナアウアオがレコーディング。
＜ハワイ島＞
キーワード：プナ／ハエナ／ホポエ／ヒイアカ／レフア／ワイコオリヒリヒ

112, 476, 518, 539, 562, 564, 607, 611, 803, 837, 976, 1031

....

オアフ
O'ahu

♪オ〜アフ・カ〜・アーイナ・オ・ケ・ア〜ロ〜ハ〜♪　とオアフ島をたたえるメレ。虹が飾るマノア、輝く海のワイキキ、ジンジャーの香りのヌウアヌ、鳥が空を飛ぶマキキが順番に歌われる。
<オアフ島>
キーワード：マノア／ワイキキ／ヌウアヌ／アワプヒ／マキキ／マヌ／オアフ

50, 93, 112, 173, 194, 387, 481, 522, 622, 667, 844, 859, 882, 945

オールド・プランテーション
Old Plantation

♪プア・ワレ〜・マイ・ノ〜・ケ・アロ〜ハ♪　という歌い出しで、ホノルルの現在ニール・ブレイズデル・センターの場所にあったプランテーション・ハウスをたたえるメレ。メリー・モナーク2018 Hālau Kekuaokalā'au'ala'iliahi のエントリー曲。
キーワード：ニウ／マヌ／パライ

47, 184, 219, 413, 475, 478, 660, 662, 700, 773, 994

オ・カ・ホロ・リオ
O Ka Holo Lio

♪オ・カ・ホロ・リ〜オ・ア・オ・ケ・ク〜イ〜ニ♪　という歌い出しで、ハワイ王国時代の王女がカウアイ島を馬で行く旅のエピソードを伝える。その王女とはカメハメハ四世の后、「クイーン・エマ」ことエマラニ・カラニカウマカアマノ・ナエア。カワイカプオカラニ・ヒューエット作。
<カウアイ島>
キーワード：リオ／アラカイ／カウアイカナナ／ワイメア

35, 77, 80, 124, 174, 250, 546, 771, 775, 1036

カウ・ヌイ
Ka'ū Nui

♪ヘ・アロハ・クウ・オネ・ハ〜ナ〜ウ〜、オ・カウ・ヌイ・ヒエヒエ・イ・カ・マカ〜ニ〜♪　という歌い出しでハワイ島南部のカウを陽気にたたえるメレ。メリー・モナーク2018 Hālau Kekuaokalā'au'ala'iliahi エントリー曲。
<ハワイ島>
キーワード：カウ／キラウエア／パラヘモ／ハアオ／プナルウ／プハウ／イリイリ・ハナウ／コロア／カワ

13, 19, 48, 127, 128, 189, 191, 207, 246, 319, 342, 441, 479, 503, 512, 555, 583, 678, 683

カウラナ・オ・カワイハエ
Kaulana O Kawaihae

♪カ〜ウラナ〜・オ・カワイハエ〜・イ・ケ・カ〜イ・ハ〜ワナワナ♪　「名高いカワイハエ、囁く海の地」という歌い出しで、静かな海と遠くにマウナケアが見えるカワイハエの地をたたえるメレ。歌詞の中のプアカイリマはかつてカワイハエの沖にあった小島の名前。ホオケナ、イズラエル・カマカヴィヴォオレがコーディング。
<ハワイ島>
キーワード：カワイハエ／プアカイリマ／マウナ・ケア

228, 285, 321, 343, 604, 650, 829

カウラナ・カ・イノア・オ・ホクレア
Kaulana Ka Inoa 'O Hōkūle'a

チャド・タカツギが世界一周航海プロジェクトを成功させたハワイの航海カヌー「ホクレア号」に贈った曲。レコーディングには、ナー・ホアとクイニが友情参加。2017年6月のホクレア号帰還に合わせてリリースされた。2018年のメリー・モナークでカレオ・トリニダッド率いるカネ・ダンサーが踊り総合優勝した曲として記憶に新しい。
キーワード：ホクレア／ハワイ／パキピカ／イワ／マヌ

20, 138, 172, 188, 257, 258, 333, 381, 510, 673, 680, 751, 784, 811, 889, 903, 913, 923, 999

カエナ（クウ・レイ・モミ）
Ka'ena (Ku'u Lei Momi)

♪アイア・イ・カエナ・クウ・レイ・モミ♪　という歌い出しでオアフ島での情事を伝えるラブソング。タイトルの『カエナ』は、島の西端にある岬の名前。以前は『クウ・レイ・モミ』というタイトルだった。
<オアフ島>
キーワード：カエナ

261, 269, 361, 674, 764, 791, 929, 998

カネオヘ
Kāne'ohe

♪ナニ・ルア・オレ・オ・カ・パキピカ♪　という歌い出しで、景観すばらしい故郷カネオヘをたたえるメレ。2017年ナ・ホク・ハノハノ受賞アーティスト、ジョシュ・タトフィ作。
<オアフ島>
キーワード：パキピカ／カネオヘ

273, 301, 358, 547, 632, 691, 711, 794, 914

カハ・カ・マヌ
Kaha Ka Manu

♪カハ〜・カ・マヌ〜・パア・カ・ラ〜♪　という歌い出しで、太陽の神カオノヒオカラと月の女神ヒナウリケアカロノの間に生まれた聖なる女性、ケカウヒワオノヒマカオロノをたたえるメレ。カワイカプオカラニ・ヒューエット作、ローナ・リムがレコーディング。
キーワード：マヌ／ハルル／ケカウヒワオノヒマカオロノ／ヒナ／カネ

272, 274, 372, 397, 463, 491, 510, 560, 595, 723, 737, 743, 855, 880, 985

カ・パニオロ・ヌイ・オ・モロカイ
Ka Paniolo Nui O Moloka'i

♪カマリイ・マ〜コウ・オ・クアラ〜プウ〜♪　という歌い出しで、モロカイ島の誇り高いカウボーイの心意気を伝える。20世紀初頭の島の牧場主ジョージ・クックが議員選挙に出馬した際、カウボーイたちが応援歌として書いた。
＜モロカイ島＞
キーワード：クアラプウ／モロカイ／ヒナ

247, 304, 356, 435, 561, 621

カヒコ・カパラマ
Kāhiko Kapālama

♪カヒコ・カパラマ・イ・ケ・アロハ♪　という歌い出しで、丘の上にあるカメハメハ・スクールのキャンパスとその創設者パウアヒ王妃がたたえられる。ケアウホウのジョナ・カハヌオラ・ソラトリオ作。
＜オアフ島＞
キーワード：カパラマ／オラウニウ／パウアヒラニ

68, 125, 143, 152, 171, 222, 279, 305, 454, 510, 529, 647

カヒリ・ナイ
Kāhili Na'i

♪アイア・カ〜・ラニ〜・ケ・アリ〜イ〜、イ・ケ・ク〜プ〜オヒ〜♪　という歌い出しで、カウアイの王カウムアリイをカヒリとともにたたえるメレ。ブレイン・キア作。
＜カウアイ島＞
キーワード：カヒリ／ケクプオヒ／カウアイ／モキハナ／ケアパパヌイ

107, 134, 145, 287, 391, 398, 425, 455, 669, 736, 996

カ・ポリ・オ・カハルウ
Ka Poli O Kahalu'u

♪アイア・イ・カ・ポリ〜・オ・カ〜ハルウ〜♪　という歌い出しで、鳥たちがさえずりパライとハラが茂る自然に囲まれた地、オアフ島ウィンドワードのカハルウをたたえる。歌詞にあるポアイハレはカハルウの雨の名前。
＜オアフ島＞
キーワード：カハルウ／ポアイハレ／マヌ／アフイマヌ／パラア／ハラ

66, 169, 171, 281, 353, 543, 712, 722, 749, 778, 807, 985

カマカヒキラニ
Kamakahikilani

♪ウプ・ホウ・マイ・ケ・アロ～ハ～♪　という歌い出しで、大切な人（作者にとっての母）をクウ・レイ「私のレイ」と呼んでたたえる、クアナ・トレス・カヘレ作のメレ。カウアイ島ケカハ地区の雨（ナウル）と風（モエアフア）が優しく包む。
<カウアイ島>
キーワード：レフア／カマカヒキラニ／カヘレラニ／ナウル／モエアフア

283, 295, 300, 316, 401, 404, 460, 566, 917, 936

....

カマラニ・オ・ケアウカハ
Kamalani O Keaukaha

♪ナ～ニ・プア・アアラ～・オナオ～ナ・イ・カ・イフ～♪　という歌い出しで、甘く香る花のレイと愛溢れるケアウカハを描く。ケアウカハに住む恋人との愛が歌われていると受け取れるが、あたたかく迎え入れるケアウカハの人々の愛という解釈もある。レナ・マシャドの代表曲。
<ハワイ島>
キーワード：プハラ／カーネーション／マイレ・ラウリイ／ケアウカハ

99, 119, 131, 274, 303, 390, 510, 537, 639, 684, 947, 971

....

カ・レオ・マヌ・オ・ハワイ
Ka Leo Manu O Hawai'i

♪ア～ロ～ハ～・イ・カ・レオ～・マヌ・オ～・ハワ～イ～♪　という歌い出しで、「ハワイのソングバード」と呼ばれた伝説的女性シンガー、レナ・マシャドをたたえるメレ。彼女の素晴らしい歌声はハワイの誇りであると伝える。1958年に書かれた。
キーワード：ハワイ

108, 514, 530, 750, 840, 865

....

カ・レフア・プノノ
Ka Lehua Pūnono

♪アイア・イ・カ・レフア・ポポヘ・マウケ～レ♪　という歌い出しで、雨降る森の中で咲き乱れるレフアと、そこに集まるミツスイ鳥たちの姿を描くメレ。
キーワード：レフア／マヌ／イイヴィ

103, 115, 183, 415, 527, 643, 644, 682, 693, 800, 803, 804, 824, 973, 976, 984, 1002, 1005, 1020

....

カワイハエ
Kawaihae

♪カワイハ〜エ〜、カ〜・ウアポ・アオ・ヒロ〜♪　という歌い出しで、船が停泊する波止場の名前を伝える。一行目のカワイハエは本来ヒロではなく島の反対側にあるが、ハワイ島に馴染みのない作者が間違えて書いたままに歌われているという。この歌のなかの「マウナケア」は山のことではなく船の名前。
<ハワイ島、マウイ島、カウアイ島>
キーワード：カワイハエ／ヒロ／マフコナ／ミロリイ／ラハイナ／マラ／／ククイ／マウナケア／カウナカカイ／モロカイ

119, 136, 253, 283, 447, 741, 747, 829, 872, 878, 898, 932, 955, 1019

クウ・イポ・オナオナ
Ku'u Ipo Onaona

いい香りの恋人に「早く来て、あなたを待ってるの」と明るく誘う、アップテンポなオールド・スタイルのハワイアン・ソング。
「あなたのことが頭から離れない、私の心のなかの一番大切なもの、あなたの声を聴くだけで幸せ」と歌う。

32, 76, 95, 176, 312, 387, 470, 483, 816, 901, 934, 971, 1014

クウ・ティタ
Ku'u Tita

♪アウヘア・ヴァレ・オエ・エ・クウ・ティ〜タ、ティ〜タ・オ・ケ・アウモエ・ラ・エア♪　という歌い出しで、夜の時間の快楽を楽しむお相手を誘う艶っぽいメレ。軽快なテンポでセクシャルなことを明るく歌うこの歌は、近年ワイプナやナー・ホアがレコーディング。

30, 199, 244, 448, 449, 594, 692, 718, 791, 856, 1050

クウ・プア・イリマ
Ku'u Pua 'Ilima

♪エイア・ラ〜・オ〜エ・エ・クウ・リ〜ハウ、ナ・カ・マカニ・ラウ・アヘア〜へ♪　という歌い出しで、イリマの花にたとえた愛する人の美しさをたたえるメレ。ジョシュ・タトフィのアルバム『Pua Kiele』に収録。
キーワード：イリマ

69, 130, 456, 502, 647, 763, 820, 837, 941, 974, 1007, 1041

クウ・プア・マエ・オレ
Ku'u Pua Mae 'Ole

♪エ・クウ・プア・マエ・オ〜レ〜・カウ・イ・カ・ヴェ〜キ〜ウ♪　という歌い出しで、枯れることのない花にたとえた愛する人への狂おしいほどの想いを伝えるラブソング。ケアリイ・レイシェル初期の代表曲のひとつ。

113, 589, 671, 742, 950

クウ・ホア・ホロリオ
Ku'u Hoa Hololio

♪ナニ・ワ〜レ〜・ノ〜・オ〜エ・エ〜・クウ〜・イ〜ポ〜♪　という歌い出しで、夜の馬乗り友達の美しさを伝えるメレ。1950年代に書かれた、ハワイ島ハマクアを舞台にしたメレ。メリー・モナーク2018 Ka Lā 'Ōnohi Mai O Ha'eha'e ミス・アロハ・フラ部門エントリー曲。
＜ハワイ島＞
キーワード：ワイオレカ／イワイワ

9, 133, 270, 297, 402, 524, 548, 720, 812, 845, 865, 1027

クウ・ポリアフ
Ku'u Poli'ahu

♪マウナ・ケア・キラキラ・ケウ・ア・カ・ウ〜イ〜♪　という歌い出しで、ハワイ島マウナケア山頂の雪の女神ポリアフに母親を重ねてたたえるメレ。2017年グラミーとナ・ホク・ハノハノ受賞シンガー、カラニ・ペア作。
＜ハワイ島＞
キーワード：マウナ・ケア／ポリアフ

71, 139, 275, 396, 596, 609, 808, 827, 846, 918, 992

クウ・レイ・プア・ケニケニ
Ku'u Lei Pua Kenikeni

♪エ・クウ・レイ・プア・ケニケニ〜、エ・クウ・レイ・アナ・オナオ〜ナ♪　という歌い出しで、ケニケニの花のレイにたとえた大切な人の思い出をつづるメレ。カワイカプオカラニ・ヒューエット作。若くして亡くなられた息子さんを思って書いたという。
キーワード：ケニケニ

75, 203, 216, 400, 531, 617, 619, 706, 746, 761, 843, 998

クウ・レイ・フリリ
Ku'u Lei Hulili

♪イ〜ケ・イ〜ア〜・イ・カ・ナ〜ニ〜・オ・カ・ウル・ホク〜♪　という歌い出しで、ハワイ島の大平原で見る夜空の星座をレイにたとえて恋人を想うラブソング。クアナ・トレス・カヘレ作・レコーディング。
＜ハワイ島＞
キーワード：アアリイ／ワイキイ

5, 12, 22, 53, 695, 783, 789, 814, 853, 870, 998, 1029

クウ・レイ・マイレ
Ku'u Lei Maile

♪ナニ・ヴァ〜レ・ク〜ウ・レイ・マイレ・ア〜オ〜・ウ〜カ♪　という歌い出しで、マイレの香りの恋人ととの親密な時間を求めるメレ。ウルヴェヒ・ゲレロ作。
キーワード：マイレ

1, 244, 264, 371, 378, 572, 577, 725, 797, 901

クウ・レオ・アロハ
Ku'u Leo Aloha

♪ウプ・ア〜エ〜・ネ〜イ〜・カ・ハリア〜・ア〜ロ〜ハ〜♪　という歌い出しで、自分の歌声に合わせて美しく踊るフラダンサーをたたえるメレ。
ジョシュ・タトフィ作・レコーディング。フラ・ハーラウ・オ・カムエラとコラボしたミュージック・ビデオが人気に火をつけた。

24, 67, 129, 350, 416, 458, 483, 516, 588, 719, 754, 809, 837, 999

クウ・ワ・リイリイ
Ku'u Wā Li'ili'i

♪ホオマナオ・アエラ・アラ・ワウ、イ・クウ・ヴァー・リイリイ♪　という歌い出しで、大人の女性になった自分の少女時代を振り返り、コミカルに伝えるメレ。レナ・マシャドによる1940年代の作品。

8, 24, 26, 102, 275, 399, 451, 553, 661, 686, 739, 815, 894, 982, 1047

クヒヘワ
Kuhihewa

♪クヒヘ〜ヴァ・アウ・オ・ナネア・ラ〜、カ・ホ〜オヘノ・アナ・マイ・ラ〜♪　という歌い出しで、思い違いから始まる愛を伝えるメレ。マカハ・サンズ、チャド・タカツギらがレコーディング。
キーワード：アウクウ

21, 33, 280, 323, 375, 496, 680, 766, 1018

ケ・アラ・ラウアエ
Ke 'Ala Laua'e

♪ケ・アラ・ラウアエ・ラエ・ラ・ラエ・ラエ♪　という歌い出しのアップテンポなメレが伝えるのは、甘い香りで名高いカウアイ島マカナのラウアエ。初めて贈られたラウアエのレイに心動かされた作者が書いた。
＜カウアイ島＞
キーワード：ラウアエ／マイレ・ラウリイ／マカナ／ハラ

468, 587, 642, 645, 656, 787, 840, 943, 948, 968

コウラ
Kō'ula

♪ナニ・ワ〜レ〜・エ・カ・ウア〜・アオ・コ〜ウ〜ラ♪　という歌い出しで、カウアイ島コロア地区の山と、そこに降る雨、虹、泉の景色をたたえるメレ。カハウアヌ・レイク・トリオの代表曲。
＜カウアイ島＞
キーワード：コウラ、マノワイオプナ

41, 150, 348, 418, 467, 767, 863, 969, 1049

サノエ
Sanoe

♪アウヘ〜ア・オ〜エ・エ・サノ〜エ〜♪　という歌い出しで、リケリケ王女をたたえメレ。姉のリリウオカラニ女王が1870年代に友人と共作。真意の不明な表現が謎めく曲。メリー・モナーク2018　Hula Hālau O Kou Lima Nani E ミス・アロハ・フラ部門エントリー曲。
キーワード：サノエ／レフア／ウォーター・リリー／マヌ／ロマ／リケリケ

27, 58, 60, 205, 307, 337, 374, 408, 444, 479, 484, 526, 625, 640, 717, 971, 972, 1017

スイート・アパパネ
Sweet 'Apapane

アパパネとは鳥の名前で、赤い羽根に包まれた小さなミツスイのこと。声は聞こえても姿を見つけるのが難しいアパパネは、神話の中にも登場する神秘的な鳥。この歌の中では恋人が、山の上の森の中を美しい声で歌いながら飛び回り、花の蜜を吸うアパパネにたとえられている。
<ハワイ島>
キーワード：アパパネ／ピイホヌア／カニレフア／マヌ／ラレ／パリウリ

59, 263, 271, 452, 501, 591, 614, 957, 962, 963, 1043

ナ・ウイ・オ・カウアイ
Nā U'i O Kaua'i

♪ホオヘノ〜・メ・カ・ウ〜ア〜・アオ・ハナ〜レ〜イ〜♪　という歌い出しでカウアイ島の名所を描く軽快なメレ。オリジナルは8バースに渡って島の各地を巡るが、一般的に歌い踊られるのはそのうちの4〜5バースとなっている。メリー・モナーク2017 Hālau Hula 'o Nāpunaheleonāpua 男性チームのエントリー曲。
<カウアイ島>
キーワード：ハナレイ／ナモロカマ／ハエナ／ナウエ／ハラ／マナ／マカナ／モキハナ／カウアイ

86, 198, 218, 249, 458, 472, 539, 852, 905, 995, 998, 1009, 1037

ナナクリ
Nānākuli

♪カウラ〜ナ〜・マイ・ネイ・ア〜オ・ナ〜ナ〜クリ・エア♪　という歌い出しで、オアフ島西部の海の色がひときわ青く眩しい砂浜が美しいナナクリ地区をたたえるメレ。
<オアフ島>
キーワード：ナナクリ／キアヴェ／プウオフル／ヘレアカラ

42, 204, 324, 465, 665, 668, 714, 740, 798

ナニ・コオラウ
Nani Koʻolau

♪ナ〜ニ・コオラウ・ア・ヘ・ポ〜・ア〜ヌ♪　という歌い出しで、コオラウの山の上を舞台に二人の逢瀬が描かれるメレ。
＜オアフ島＞
キーワード：コオラウ／ヌウアヌ／マカシラ／シロシア

6, 114, 148, 161, 163, 352, 420, 445, 510, 623, 625, 672, 708, 710, 839, 935, 949

....

ナニ・モカプ
Nani Mōkapu

♪アイア・イ・カ・ナニ・アオ・モ〜カブ♪　という歌い出しで、カイルアの景色、地名を称えるメレ。チンキー・マホエ作・レコーディング。
＜オアフ島＞
キーワード：モカプ／モクマヌ／モコレア／ポポイア／マヌ／イワ／コオラウ・ポコ／カラパワイ

332, 724, 802, 921, 925, 926, 986, 1007

....

ナ・バケロス
Nā Vaqueros

♪ヘ・メ〜レ・ノ・ナ〜・バケ〜ロス・ナ・ブ〜・ア〜・セパニ〜ア♪　という歌い出しで、王国時代のハワイに渡ってきたスパニッシュ・カウボーイたちをたたえるメレ。クアナ・トレス・カヘレ作・レコーディング。
キーワード：セパニア／リオ／ポロレナ／カメハメハ

322, 331, 438, 440, 446, 533, 753, 813, 923, 970

....

ネネウ
Neneʻu

♪カウラナ〜・オエ〜・ネネウ〜・イ〜・コウ・イ〜ノ〜ア〜♪　という歌い出しで、オアフ島西部のワイアナエ地区を山や風の名前とともにたたえるメレ。曲名のネネウはポカイ・ベイ・ビーチのハワイ語名。
＜オアフ島＞
キーワード：ネネウ／カアラ／ワイアナエ／カイアウル／リポア

236, 240, 336, 355, 442, 485, 487, 592, 721

....

ノエノエ・マイカイ・ケ・アロハ
No'eno'e Maika'i Ke Aloha

♪ノエノエ・マイカイ・ケ・アロハ、イ〜・カ・オフ・ハウ・オ・ハ〜ウプ♪　という歌い出しでカラカウア王をたたえるメレ。チャントだったメレのアウアナ・バージョンは、ブラザーズ・カジメロやマノアDNAがレコーディング。メリー・モナーク2018 カウアイ島の Hālau Ka Lei Mokihana o Leinā'ala のエントリー曲。
<カウアイ島>
キーワード：ハウプ／ヒナヒナ／モキハナ／マイレ／キロハナ／マヌ／ハウ／マカヴェリ／リマロア／キリオエ／ラウアエ／マカナ／カナロア／カラカウア

17, 46, 116, 151, 178, 268, 283, 310, 326, 346, 349, 351, 462, 489, 499, 508, 510, 532, 630, 685, 799, 838, 902, 942, 973, 979

....

ハナレイ・イ・カ・ピリモエ
Hanalei I Ka Pilimoe

♪ヒアエ〜・ア〜エ〜・クウ・ワヒ・モ〜エ〜♪　という歌い出しで、ハナレイの月夜の美しさを描くメレ。ナ・ホク・ハノハノ音楽賞受賞シンガー、カラニ・ペアの2016年デビュー・アルバム収録の美しい曲。
<カウアイ島>
キーワード：ハナレイ／ピリモエ／マヘアラニ／モアエ／ワイオリ／カリコ

112, 223, 314, 410, 559, 606, 641, 719, 788, 837, 911, 916, 937, 1025

....

ハナレイ・ベイ
Hanalei Bay

♪ハアヘオ・ヴァレ・ホ〜イ・オ〜エ、カ・ウア・キ〜コニ・イ〜リ♪　という歌い出しで、ハナレイ・ビーチの景色を描く軽快なメレ。
<カウアイ島>
キーワード：マノラウ／アオ／ハナレイ／ナモロカマ／パイナ

29, 36, 74, 126, 335, 523, 702, 862, 944, 976

....

ハノハノ・ノ・オ・カイルア
Hanohano Nō 'O Kailua

♪ハノハノ・ノ〜・オ・カイルア・イ・カ・マ〜リエ♪　という歌い出しの軽快なメレ。クムフラ、チンキー・マホエ作。自身が暮らすカイルアの美しい自然と歴史を、地名を織り交ぜてたたえる。
<オアフ島>
キーワード：カイルア／マヌ／イワ／カラパワイ／クアリイ／ニウ／カワイヌイ／コオラウ／コオラウポコ／ハラ

117, 118, 132, 243, 244, 311, 320, 329, 357, 566, 793, 866, 893

....

ハノハノ・ハイク
Hanohano Ha'ikū

♪ハノハ～ノ～・ハイク～・ケ～・イ～ケ・ア～ク～♪　という歌い出しで、コオラウ山脈の麓、虹のかかるハイクの美しい景観が描かれる。ファルセット・ボイスが美しいケアウホウのオリジナル曲。
＜オアフ島＞
キーワード：ハイク／ケアヒアカホエ

368, 392, 464, 521, 567, 615, 627, 734, 818, 1038

ハラワ
Hālawa

♪アロ～ハ～・イ～ア～・ノ～・アオ・ハ～ラ～ワ～♪　という歌い出しの軽快なメレ。故クムフラ、オブライアン・エセル作。モロカイ島出身のライアテアがレコーディングしているので、モロカイのハラワと誤解されがちだが、オブライアンが少年時代に過ごしたオアフ島ハラワが舞台。
＜オアフ島＞
キーワード：ハラワ／プウロア／カアフパハウ／ハワイ

79, 81, 211, 214, 234, 585, 666, 940

ハレイワ・ホテル（ハノハノ・ハレイワ）
Hale'iwa Hotel (Hanohano Hale'iwa)

♪ハノハ～ノ～・ハ～レイワ～・ク～キ～ラ～キ～ラ～♪　という歌い出しで、オアフ島ノースショアにかつてあったホテルをたたえる。20世紀初頭、ホテル全盛期の頃のハレイワの川、岬、砂浜の名前、そしてホテルの支配人ファミリーの名前が歌詞に編み込まれている。
＜オアフ島＞
キーワード：ハレイワ／アナフル／コオラウ／プアエナ／マエアエア／ピエフ／カハロイプア／カヒリ／ハワイ／マレカ

24, 44, 45, 140, 185, 186, 192, 254, 282, 287, 345, 363, 420, 536, 567, 597, 608, 620, 649, 759, 786, 806, 831, 848, 891, 1026, 1048

ハレマウマウ
Halema'uma'u

♪イケ・イ～ア・イ～・カ～・ナ～ニ・アオ・ハレ～マウマ～ウ♪　という歌い出しで、キラウエア火山の火口ハレマウマウをたたえる。近年クムフラ＆シンガー、ナプア・グレイグがレコーディング。
＜ハワイ島＞
キーワード：ハレマウマウ

28, 61, 83, 112, 200, 231, 479, 575, 600, 1047

ハワイ・アケア
Hawai'i Ākea

♪エ・ハワイ〜・ア〜ケア〜・オ・オエ〜・ヘ・フリアウ♪　という歌い出しの映画『ハウマーナ』主題曲のひとつ。もうひとつの主題曲だった『アロハ・アク・アロハ・マイ』同様、ケオ・ウールフォード監督とクムフラ、マイケル・キャスパングの共作。長い間離れていた故郷ハワイに戻る気持ちを歌にしたもので、ケオ監督自身の思いが込められている。
<オアフ島>
キーワード：ハワイ／トゥアヒネ

27, 37, 39, 134, 181, 450, 602, 694, 729, 762, 772, 807, 854, 904

ピカケ・ラウナ・オレ
Pīkake Launa 'Ole

♪アウヘア・ワレ・アナ・オエ、エ・クウ・レイ・オナオナ♪　という歌い出しで、ピカケにたとえた恋人との親密な時間を綴るラブソング。ケアウホウのニコラス・ケリィ・ラム作。
キーワード：ピカケ

4, 6, 23, 54, 248, 286, 624, 687, 787, 816, 869, 928, 946

ヒロ・ナニ・エ
Hilo Nani Ē

♪オ・ヒロ・ナ〜ニ〜・エ〜、クウ・ア〜イナ・ハ〜ナウ・エ〜♪　と繰り返し歌い、雨と緑に包まれた美しい故郷のヒロをたたえるメレ。
<ハワイ島>
キーワード：ヒロ／マイレ／レフア／パナエワ

165, 354, 556, 642, 712, 755, 934, 997

プア・アナ・カ・マカニ
Pua Ana Ka Makani

♪エ〜・プ〜ア〜・アナ・カ・マカ〜ニ〜・ラエア〜♪　という歌い出しで、カアフマヌ王妃をたたえるカウアイ島を舞台にするメレ。メリー・モナーク2018 Kawaili'ulā ミス・アロハ・フラ部門エントリー曲。
<カウアイ島>
キーワード：ハラ／マレレワ／ルプア／ヒナノ／ワイアロハ／ハラリイ／カアフマヌ

584, 593, 629, 647, 817, 841, 892, 993, 1024

プア・アラ・アウモエ
Pua 'Ala Aumoe

♪ヘ〜・プア・アラ・オエ・ナ〜ウ〜、イ〜・ホニ・イ・ケ・アウモ〜エ〜♪　という歌い出しで、恋人を夜咲く花にたとえるラブソング。胸に溢れる愛にため息をついて、夜に香るその花にクラクラしている主人公が歌われている。マカハ・サンズとジェリー・サントスの共演レコーディングで知られる名曲。

52, 224, 232, 292, 433, 563, 565, 657, 832, 1001

プア・オ・カ・ヘイ
Pua O Ka Hēʻī

♪アロ～ハ～・ノ～・パハ・オ～エ～、エ・カ・プ～ア～・オ・カ・ヘ～イ～♪　という歌い出しで、パパイヤの花にたとえられたカパラマの女性に告白するラブソング。ケアウホウとケアリイ・レイシェルがコラボしたカバーバージョンが美しい。
キーワード：ヘイ／カパラマ／ククイ／オラウニウ／ワイメア／キプウプウ

161, 298, 340, 426, 492, 568, 639, 676, 704, 822

....

プア・ククイ
Pua Kukui

♪アウヘア・ワレ・アナ・オ～エ・エ・カ・リコ・プア・ク～ク～イ♪　という軽快な歌い出しで、ククイの花にたとえた恋人を、カウボーイが牛を縄で捕らえるようにつかまえると冗談交じりに求愛するメレ。メリー・モナーク2017でHālau Hula ʻO Kahikilaulani 男性チームのエントリー曲。
キーワード：ククイ／リオ／ピピ

43, 208, 213, 256, 328, 364, 373, 383, 423, 612, 633, 652, 664, 703, 849, 927, 930, 948, 1008, 1015, 1046

....

プア・メリエ
Pua Melie

♪ハアヘオ・ヴァ～レ～・オ～エ～・エ～・カ・プア・メ～リ～エ～、ヘ・プア・オ～イ～・マ・カ・ハ～ノ～ハ～ノ～、ウア・リケ・コウ・ナニ・メ・ケ・ア～ヌエヌエ～、カウ・マイ・イ～・ル～ナ～♪　「誇り高いあなた、プルメリアの花、すばらしい崇高な花、あなたの美しさは空にかかる虹のよう」と歌う古き良きフラソング。メリー・モナーク 2018 Hālau Hula Ka Lehua Tuahine エントリー曲。
キーワード：メリエ

95, 104, 171, 494, 586, 647, 680, 774, 907

....

プア・モハラ・イ・カ・ヴェキウ
Pua Mōhala I Ka Wēkiu

♪マエマエ・ケ～・キ～ノ～・オ・カ・パ～ラ～ア～♪　という歌い出しで、森の中、露に濡れたシダと開く花びらが艶っぽく恋人同士にたとえられるメレ。メリー・モナーク2017 Hālau Kekuaokalāʻauʻala ミス・アロハ・フラ部門エントリー曲。
＜オアフ島＞
キーワード：パラア／マウナウィリ

55, 144, 168, 226, 540, 580, 677, 697, 828, 833, 952

....

フアラライ
Hualālai

♪カウラ〜ナ・カ・イノア・オ・フアラ〜ライ・エア♪　という歌い出しで、かつて隣島間を行き来した蒸気船「フアララライ」をたたえる軽快なメレ。カハウアヌ・レイク・トリオ、マカハ・サンズ・オブ・ニイハウ、ロバート・カジメロなどがカバー。
キーワード：フアララライ／パキピカ／ウルア／ヒナノ／ホノルル

90, 167, 360, 654, 752, 836, 886, 966

ヘ・アロハ・エ・カ・メリア
He Aloha E Ka Melia

♪ヘ・アロハ・エ・カ・メ〜リ〜ア・ヘ・プア・アラ〜・オ〜ナオナ♪　という歌い出しで愛しい孫娘をたたえるメレ。クムフラ＆ソングライターのカワイカプオカラニ・ヒューエット作。繰り返しの「サシー (sassy)」は英語でいろいろな意味に使われるが、ここでは「生意気だけどかわいい＝おませさん」が合うだろう。
キーワード：メリア

688, 729, 761, 768, 777, 853, 906

ヘ・アロハ・ヌウアヌ
He Aloha Nu'uanu

♪ヘ・アロハ・ヌウアヌ・イ・カ・ウ〜イ〜ケ〜♪　という歌い出しでヌウアヌの地をたたえるメレ。レコーディングしたチャド・タカツギが、クムフラとしてウニキする妻と2012年に共作。
〈オアフ島〉
キーワード：ヌウアヌ／カヴェル／ライ／ラニフリ／ハナイアカマラマ／アヒヒ／プナワイ

63, 225, 245, 252, 394, 483, 509, 554, 574, 679, 938, 954, 959, 973, 1033, 1040

ヘ・ヴェヒ・アロハ
He Wehi Aloha

♪ウア・キ〜リ〜・イホ・マイ〜・ヘ・ヴェヒ〜・アロ〜ハ〜♪　という歌い出しで、雨に煙るヌウアヌを挟むワオラニとマウナヴィリの美しい景色を描く。山の上の霧雨と恋人を重ねて歌うのは、2017年ナ・ホク・ハノハノ受賞シンガー、カラニ・ペアとローナ・リム。
〈オアフ島〉
キーワード：ワオラニ／、マウナヴィリ

51, 145, 344, 403, 493, 987, 1044

ヘエイア
He'e'ia

♪イ・ケ・ク〜ラ〜・オ〜・ヘエイ〜ア〜・ラ〜♪　という歌い出しで、作者カワイカプオカラニ・ヒューエット自身の家系が暮らしたヘエイアをたたえるメレ。この地を舞台にした伝説に伝えられる地名や動植物の名前が並ぶ。ライアテアがレコーディング。
<オアフ島>
キーワード：ヘエイア／ホオワアワア／イオレカア／イオレ／アワ／プウ・マエリエリ／ヒナ／ルアモオ／ハウメア／ハウ／コアマノ／マカヌイ／マノ

24, 91, 110, 111, 288, 411, 534, 552, 553, 610, 628, 705, 780, 842, 858, 874, 988

....

ヘ・ハワイ・アウ
He Hawai'i Au

♪イ〜・ケイア・ポ〜・エイア・アウ〜・メ〜・オエ〜♪　という歌い出しで、自分の居場所を世界中探し回って、ハワイに帰ってきたひとりの男の心情を描く。「もう二度と彷徨わない、私はハワイアンなのだから」と歌われる。ピーター・ムーン&ロン・ロシャのペン作。
キーワード：ハワイ

14, 18, 27, 74, 112, 171, 602, 712, 715, 735, 835, 1007, 1011, 1045

....

ヘ・プア・ヴェヒワ
He Pua Wehiwa

♪ヘ・マナオ〜・ノ・カ・プ〜ア、ヘ・プ〜ア〜・レ〜イ〜♪　という歌い出しのラブソング。恋人を、山頂で雨に濡れるレフアにたとえ、自分の全身を飾り包むレイのようなその人と愛を交わす。
デニス・パヴァオのレコーディングで知られるこのメレの作者は、2017年に他界したシンガーのパラニ・ヴォーン。
キーワード：レフア・マモ

105, 134, 147, 210, 507, 639, 728, 877, 956

....

ヘ・メレ・アロハ・ノ・プナ
He Mele Aloha No Puna

♪ヒキナ・ア・カ・ラ〜・マ〜・クムカヒ〜♪という歌い出しで女神ペレの住まう地プナをたたえる。ローナ・リムがレコーディング。
<ハワイ島>
キーワード：クムカヒ、プナ、ペレ、レフア、ハラ

27, 74, 347, 379, 406, 473, 513, 601, 626, 713, 826, 934, 1043

....

ヘ・メレ・ノ・ヒナ
He Mele No Hina

♪アイ〜ア・ホイ〜・イ・モロカイ〜、カ・ヘケ・オ・ナ〜・プ〜ア♪ という歌い出しで、女神ヒナの島の名所を伝えるメレ。カマカケハウ・フェルナンデス作。
＜モロカイ島＞
キーワード：モロカイ／ヒナ／ハラワ／モオウラ／パラアウ／ナナホア／カラウパパ

94, 122, 170, 289, 309, 351, 466, 581, 585, 628, 781, 919

．．

ヘ・レイ・アロハ（ノ・ヒロ）
He Lei Aloha (No Hilo)

♪ヒ〜ヒマヌ・ヒロ・イ〜・クウ・プ〜ア♪ という歌い出しで、出身地ヒロをたたえるメレ。波に打たれてもしっかりと砂浜に根を張るナウパカが描かれる。カラニ・ペアがデヴィン・フォレストと共作してレコーディング。
＜ハワイ島＞
キーワード：ヒロ／キウ／フアヘキリ／ナウパカ

3, 7, 31, 106, 197, 227, 277, 327, 459, 528, 549, 635, 653, 690, 801, 982, 1010

．．

ヘ・レイ・ノ・カマイレ
He Lei No Kamaile

♪レイ・コハ〜ラ・イ・カ・ウ〜ア〜、カ・ア〜パアパ〜ア♪ という歌い出しで祖母をたたえるメレ。作者のケアリイ・レイシェルが愛してやまなかった祖母カマイレの生誕地を描く。
＜ハワイ島＞
キーワード：コハラ／アパアパア／ココイキ／カマイレ／パイア／ニウ／ポリアフ／マイレ

57, 299, 302, 427, 436, 519, 525, 544, 637, 658, 663, 819, 998

．．

ホオハエハエ
Ho'ohaehae

♪マアネイ・マイ・オエ・マアネイ・マイ・オエ・オー・ユー・スイート・シング♪ という歌い出しの軽快なメレ。ナープア・グレイグ2007年のデビューアルバム収録曲。「どう？私のこの身体、このお尻」と歌う積極的な女子からの誘惑ソング。

177, 334, 382, 618, 709, 744, 756

．．

ホノルル・ハーバー
Honolulu Harbor

♪カウラナ〜・マ〜イ・ネ〜イ〜・ホ〜ノル〜ル〜・ハーバー♪ 「広く知れ渡るホノルル港」という歌い出しで、船旅時代の往年のアロハタワーが建つホノルル港が描かれる。1920年代に書かれたメレ。
＜オアフ島＞
キーワード：ホノルル／カレポニ／ラウアエ

89, 120, 149, 195, 217, 318, 364, 405, 407, 1016, 1042

．．

ホメ・カパカ
Home Kapaka

♪ハノハノ〜・イア・ホメ〜・アオ・カ〜パ〜カ〜♪　という歌い出しで、オアフ島ウィンドワード、ハウウラ地区をたたえる。作者のひとり、マディー・ラムの出身地らしい。海草の香り漂う海辺、滝が流れる谷、両親の住む家と幼馴染たちに囲まれてくつろぐ幸せが描かれる。往年のカハウアヌ・レイク・トリオのレパートリーとして知られる曲。近年ホオケナ、ワイプナによってレコーディングされた。
<オアフ島>
キーワード：カパカ／リポア／カリウワア／セイクレッド・フォールズ

278, 313, 338, 490, 647, 727, 847, 884, 1003

ホレ・ワイメア
Hole Waimea

♪ホレ・ワイメア・イ・カ・イヘ・ア・カ・マカニ♪　という歌い出しの古いチャントで、軽快なテンポのアウアナとしても歌われる。カメハメハ一世をたたえるメレで二世のリホリホが相続した。キプウプウはワイメアの刺すような風の名前であると同時に、槍での戦闘に長けたワイメアの兵士団の名前でもあった。
<ハワイ島>
キーワード：ワイメア／キプウプウ／マヒキ／マラナイ／オハワイ／ウリ／コアイエ／ワイカ／ハナカヒ

1, 164, 201, 212, 308, 409, 476, 506, 541, 558, 573, 810, 867, 879, 1028

マイ・スイート・ピカケ・レイ
My Sweet Pīkake Lei

♪マイ・スイート・ピカケ・レ〜イ・アウヘ〜ア・オ〜エ・エ・クウ・イ〜ポ〜♪　という歌い出しで、ピカケ・レイにたとえた愛しい人をたたえるメレ。ブラザーズ・カジメロの代表曲のひとつ。ピカケのレイがお気に入りのロバート・カジメロに捧げられた歌。
キーワード：ピカケ

97, 123, 175, 599, 850, 896

マラマ・マウ・ハワイ
Mālama Mau Hawai'i

♪クウ・アエ・イ・カ・マカ〜ニ〜・カ・モオレロ・オ・ハワ〜イ・エ〜♪　という歌い出しで、王と女王のハワイの歴史に思いを馳せ、ハワイの大地の命が永遠に守られることを願うメッセージ・ソング。
キーワード：カアフマヌ／カメハメハ／マヌ／ハワイ／リリウオカラニ

49, 173, 235, 306, 380, 570, 776, 779, 794, 881, 920, 958, 980

メレ・ア・カ・プウワイ
Mele A Ka Pu'uwai

♪ヘ・マナオ・ヘ・アロハ・エ〜、ノ・ケ・コ〜ニ〜コニ〜・ア〜・カ・プウヴァ〜イ♪　という歌い出しで特別な人を見送るメレ。空から照らす陽光のように、人生の道案内をしてくれた美しい女性への敬愛の気持ちが歌われる。作者が大学を去ることになった教授に贈ったという。

166, 220, 239, 434, 495, 542, 550, 655, 681, 871

メレ・ホアラ・モク
Mele Hoʻāla Moku

♪エ・アラ・エ〜、エ〜・ア〜ラ・エ〜♪　と繰り返しながら、オアフ島を6つに分ける地域の名前を、その地の歴史を伝えるシンボルとともに歌うメレ。ケアリイ・レイシェル作・レコーディング。
＜オアフ島＞
キーワード：エワ／コナ／カレフアヴェへ／コオラウポコ／モロラニ／コオラウロア／マルアルアキイワイ／ワイアルア／クカニロコ／ワイアナエ／ニウ

74, 98, 171, 172, 190, 317, 362, 421, 422, 431, 576, 726, 888, 908, 933, 1021, 1022

....

モアニケアラオナプアマカヒキナ
Moanikeʻalaonāpuamakahikina

♪エイア〜・マイ〜・アウ〜・モ〜アニ〜ケア〜ラ♪　という歌い出しで、月夜に美しい女性を甘く香る花にたとえてたたえるメレ。レナ・マシャド作・レコーディング。クムフラ、サリー・ウッドに捧げられた。長いタイトルは彼女のハワイアン・ネーム。
メリー・モナーク2018 Hālau Nā Mamo O Puʻuanahulu ミス・アロハ・フラ部門エントリー曲。
キーワード：モアニケアラオナプアマカヒキナ

96, 158, 192, 408, 732, 820, 837, 868, 915

....

ライマナ
Laimana

♪イケ・アク・イ・カ・ナニ、カ・ホメ・アオ・ライマナ♪　という歌い出しで、コナにあるライマン地所をたたえる。ライマン・ファミリーは19世紀前半に米本土から渡ってきてこの地に定住した宣教師の家系。
＜ハワイ島＞
キーワード：ライマナ／コナ／フアラライ

88, 241, 369, 395, 431, 437, 480, 814, 885, 939, 975

....

ルウルウ・イ・ナ・ウア・ヌイ・オ・ハナレイ
Luʻuluʻu I Nā Ua Nui O Hanalei

♪ルウルウ・イ・ナ・プア・ヌイ・オ〜・ハナレイ♪　という歌い出しで、雨のハナレイや冷気に包まれたコケエ、モキハナの香り、アラカイ湿原の絶景が描かれる。主人公はカウアイ島の自然を満喫する愛し合う二人。作者はオアフ島のクムフラでカニラウのメンバーだった故ノエラニ・チャン。
＜カウアイ島＞
キーワード：ハナレイ／ラウアエ／コケエ／モキハナ／アラカイ／レフア／ワイアレアレ

77, 82, 101, 202, 419, 424, 461, 701, 837, 989, 1002, 1006, 1023

....

レイ・オフ
Lei 'Ohu

♪レイ・オフオフ・オエ・エ・ヒロ・ハナカ〜ヒ〜♪　という歌い出しで、ハワイ・マウイ・オアフ・カウアイ四島をそれぞれのアリイ＆島花とともにたたえるメレ。ギャビー・パヒヌイ、ナー・パラパライなどがレコーディング。
＜ハワイ島、マウイ島、オアフ島、カウアイ島＞
キーワード：ヒロ・ハナカヒ／レフア／パナエワ／ヒロ／マウイ／カマ／ロゼラニ／カクヒヘワ／イリマ／オアフ／マノカラニポ／モキハナ／ワイアレアレ／カウアイ

1, 182, 265, 296, 557, 642, 646, 758, 806, 861, 909, 922, 998, 1013

レイ・ハラ
Lei Hala

♪レイ・イア〜・エ・カ・レイ・ハラ〜、ホオハ〜リア・マウ・ア・マ〜ウ♪　という歌い出しで、ハラのレイによって沸き起こる特別な感情を伝えるメレ。作者のジョシュ・タトフィによると、ハラのレイは「新たな始まり」の象徴、ミュージシャンとしてハワイアンに取り組むことを決めたときに「新たな始まり」の曲を書こう、と考え完成したのがこの曲だそうだ。
キーワード：ハラ

95, 370, 430, 571, 579, 625, 689, 757, 770, 876, 902

レオラニ
Leolani

♪アウヘア〜・ヴァレ・オエ〜・メ・ク〜ウ・ア〜ロ〜ハ♪　という歌い出しで、レオラニへの永遠の愛を告白するラブソング。ジョシュ・タトフィ作・レコーディング。
キーワード：レオラニ

137, 385, 1000, 1035

レペ・ウラウラ
Lepe 'Ula'ula

♪レペ・ウ〜ラウラ・レペ・オ〜・カ・モ〜ア〜♪　という歌い出しで、ワイメアを舞台に真っ赤なとさかのニワトリと投げ縄使いの男子のことを陽気なリズムで伝えるエッチ系ラブソング。
＜ハワイ島＞
キーワード：モア／ペレフ／カワイハエ／ワイメア

38, 108, 127, 162, 187, 341, 365, 366, 384, 429, 541, 569, 716, 729, 769, 910, 1004, 1036, 1049

ロゼ・オナオナ
Rose Onaona

♪アウヘア・オエ・エ〜・カ・ロゼ・オナオ〜ナ♪ という歌い出しで、愛しい人をバラの花にたとえるラブソング。チャド・タカツギ作・レコーディング。奥様へのウェディング・ソングとして生まれた。メリー・モナーク2017 Hālau Nā Lei Kaumaka O Uka ミス・アロハ・フラ部門エントリー曲。
キーワード：ロゼ／アプアケア

22, 65, 97, 196, 443, 497, 745, 965, 1012

ワイキキ・フラ
Waikīkī Hula

♪ヘ・アロハ・イア・ノ〜・アオ・ワイキ〜キ〜・エ〜ア〜♪ という歌い出しで、ワイキキの囁く海、リポアの香る風、そして振り向けば見えるダイアモンド・ヘッドの風景をつづる。ワイキキにあった「プアレイラニ」という名前のプリンス・クヒオの家をたたえた古いメレ。
＜オアフ島＞
キーワード：ワイキキ／リポア／カイマナ・ヒラ／ホノルル

233, 242, 638, 693, 790, 796, 977, 1030

ワイピオ・パエアエア
Waipi'o Pāeaea

♪アイ〜ア・イ・カ・ヌパ・オ〜・ワイピ〜オ♪ という歌い出しで、ワイピオ渓谷に流れる水をたたえるメレ。クアナ・トレス・カヘレ作・レコーディング。メリー・モナーク2018 Hālau Hula O Kauhionāmauna エントリー曲。
＜ハワイ島＞
キーワード：ワイピオ／ハカラオア／ヒイラヴェ／ウミアリロア／ワイロア／ワイマ／カワイヌイ／コイアヴェ／アラカヒ／ララケア

16, 78, 159, 291, 294, 413, 482, 538, 545, 616, 648, 864, 961, 1032, 1034, 1039

おわりに

本書の制作を終えて、「たくさんのメレから集めた言葉たち」シリーズのために400曲のメレを訳したことになります。メレを訳す、という作業はとても個人的で楽しいものです。ぼくにとっては、大好きなハワイの秘密の暗号を解くような、宝の地図をあぶりだすような、そんなワクワク感がいつもあります。「なんて素敵なんだ!」「そういう意味だったのか!」「へー、こういう表現のしかたをするのか!」「いやいや、そんなこと歌にする?!」「その景色を見てみたい!」単語の意味をひとつひとつ調べて、メレの詩を自分の言葉に置き換えていくプロセスの中で、心の中で、時には声に出して、つぶやいていました。

それにしても、ハワイ語の詩というのは一筋縄ではいきません。辞書にもない単語や、どう訳したらいいのか意味不明のフレーズに時々出くわします。ハワイ語の人に聞いても、解釈は人それぞれだったり…文字表記に関してもそう。カハコーやオキナの扱い、単語の区切りが統一されていない語句があるのを、ハワイ語書籍や歌詞カードをよく見る勉強熱心なあなたは見つけることでしょう。

方程式で解く数学や物理の問題とは違うので、正しい正解を求めることが重要なのではないのです。ハワイ語に関しては特に、文字を持たない口承文化であったこと、アメリカ化政策で言語使用を禁止された時代があったこと、ハワイ語標準語がハワイ島の言葉に準じたことなどの背景も影響しています。大切なことがどこにあるか、あなたはわかっているはず。

ぼくの訳詞作業には、ハワイでの暮らし、ハワイの人との交流、メレの地への旅の体験が、大きな助けになっています。今回も質問に答えてくださったメレの作者の方々に感謝しつつ、本書を生み出せた喜びを制作に携わってくださったすべての方と共有したいと思います。今後もセミナー・講演で日本の各地を訪れ、メレの理解のお手伝いを続けていきます。この本を持ってあなたの町を訪れる日を楽しみに。この本を持ってあなたがハワイを訪れる日を楽しみに。

2019年3月　マノアにて　よしみ だいすけ

よしみ だいすけ

文筆家。ハワイ州観光局カルチャー・コミッティー・メンバー。
1991年よりハワイ在住。ハワイ大学卒業。
フラ&ハワイアン・カルチャーのスペシャリストとして、ハワイを拠点に執筆、司会・通訳翻訳、コーディネートを行う。
著書にフラダンサーのためのハワイ語辞書『たくさんのメレから集めた言葉たち』シリーズ、『LIVE ALOHA ～アロハに生きるハワイアンの教え』『メレ旅』(文踊社)がある。

よしみだいすけ　オフィシャルサイト
https://www.yoshimidaisuke.com/

参考文献:
Mary Kawena Pukui & Samuel H. Elbert. 1986. Hawaiian Dictionary: University of Hawaii Press
Mary Kawena Pukui, Samuel H. Elbert & Esther T. Mookini. 1974. Place Names of Hawaii: University of Hawaii Press
Dorothy Kahananui Gillett. 1999. The Queen's Songbook: Hui Hānai
Pi'olani Motta & Kīhei De Silva. 2006. Lena Machado - Songbird of Hawai'i: Kamehameha Schools
Collette Leimomi Akana. 2015. Hānau Ka Ua - Hawaiian Rain Names: Kamehameha Publishing

文踊社 出版ラインアップ
www.bunyosha.com

Vol.1 価格 1,800 円＋税／ B6 サイズ／
384 ページ／ ISBN 978-4-904076-49-1

お求めは全国の書店・フラショップでどうぞ
お問合せ **フラレア編集部**［株式会社 文踊社］☎**045-450-6011**
www.hulalea.com

第3弾好評発売中！

Vol.3 価格1,850円+税／ B6サイズ／
448ページ／ ISBN 978-4-904076-60-6

お求めは全国の書店・フラショップでどうぞ

お問合せ フラレア編集部［株式会社 文踊社］☎045-450-6011

www.hulalea.com

Hawaiian Dictionary
for
Hula Dancers
たくさんのメレ(うた)から集めた言葉たち4

2019年4月26日　第1刷発行

著　者	よしみ　だいすけ
装丁デザイン	木村　貴一
編　集	吉見　明子
ＤＴＰ	ダーツフィールド
印刷・製本	図書印刷株式会社
発 行 人	平井　幸二
発 売 元	株式会社 文踊社
	〒220-0011　神奈川県横浜市西区高島2-3-21
	ABEビル4F　TEL 045-450-6011

ISBN978-4-904076-73-6

価格はカバーに表示してあります。
©BUNYOSHA 2019
Printed in Japan

本書の全部または一部を無断で複写、複製、転載することは、著作権法上の
例外を除き、禁じられています。乱丁、落丁本はお取り替えします。